北京师范大学 中国社会管理研究院
中国社会治理智库论坛丛书（2018）
Social Governance Think Tank

志愿家庭

北京经验与反思

FAMILY VOLUNTEERING

A Critical Evaluation on
its Practices in Beijing

张网成　郭新保／著

社会科学文献出版社
SOCIAL SCIENCES ACADEMIC PRESS (CHINA)

目　录

第一章　导　论 ……………………………………………………… 1

　一　研究缘起与问题 ……………………………………………… 1

　二　文献回顾 ……………………………………………………… 6

　三　他山之石 ……………………………………………………… 11

　四　理论依据 ……………………………………………………… 17

　五　研究假设 ……………………………………………………… 23

　六　研究方案与实施情况 ………………………………………… 25

第二章　"志愿家庭"的特征 ……………………………………… 28

　一　"志愿家庭"家长之特征 …………………………………… 28

　二　"志愿家庭"家长的时间利用 ……………………………… 34

　三　"志愿家庭"的家庭特征 …………………………………… 44

　四　"志愿家庭"的家庭教育 …………………………………… 55

第三章　"志愿家庭"的行动参与 ………………………………… 68

　一　"志愿家庭"的构成 ………………………………………… 68

　二　"志愿家庭"参与服务的情况 ……………………………… 76

　三　"志愿家庭"服务中的亲子合作 …………………………… 96

　四　"志愿家庭"参与的制约因素 ……………………………… 102

第四章　"志愿家庭"行动的影响力 ……………………………… 109

　一　"志愿家庭"行动的家庭建设功能 ………………………… 109

二　对"志愿家庭"功能的认识 ……………………………… 124

三　对"志愿家庭"未来的期待 ……………………………… 130

第五章　"志愿家庭"行动中存在的问题 ……………………… 138

一　注册而不参加的因素分析 ………………………………… 138

二　未来不更多参加的影响因素现象分析 …………………… 151

三　专业机构介入与未来取向 ………………………………… 160

第六章　发现与讨论 …………………………………………… 177

一　主要发现 …………………………………………………… 177

二　反思 ………………………………………………………… 180

参考文献 ………………………………………………………… 186

后　记 …………………………………………………………… 193

第一章 导 论

如果说家庭志愿服务意味着多名家庭成员无偿提供助人服务或一起参与无偿助人服务，那么家庭志愿服务作为一种现象可以说是古已有之，且可以见于各文明社会。但本书中所说的家庭志愿服务是一种当代志愿服务类型，其形成标志是政府有意识地推动政策出台。在美英等西方国家，政府有意识地推动家庭志愿服务发展始于20世纪90年代，在我国则始于21世纪初。尽管已经历十几个年头，且妇联和共青团等人民团体均有过尝试性的介入，个别地方（主要是中山、深圳、成都、上海和北京）也曾呈现过短暂的良好发展势头，但从家庭志愿服务发展模式的角度看，还存在各式各样的问题。总体上可以说，我国的家庭志愿服务至今仍然在"黑暗"中摸索。本书以近年来北京市志愿服务联合会推进的"志愿家庭"行动为例，通过对北京先行经验的实证分析，系统考察与反思了我国家庭志愿服务发展的推动主体、动力机制及存在问题，希望借此为我国家庭志愿服务的健康发展提出一些可供参考的意见。

一 研究缘起与问题

北京市的家庭志愿服务一开始是一场民间行动，所使用的名称是"志愿家庭"。应该是受到北京奥运会的激励，台湾著名音乐人季忠平先生2008年初在北京发起了"志愿家庭"公益环保行动，主要涉及三个服务领域，即社会公益、节能环保和文化传承。至于为何提倡以家庭为单位参与志愿服务，季忠平对媒体的解释是：一方面可以"在亲子间传递大爱精神"，"寓家庭教育于志愿服务"；另一方面可以"打造节能减炭新生活"，

"对社会付出关怀"。我国台湾地区的家庭志愿服务行动始于 20 世纪末，从 1998 年起每年都会评选"模范志愿服务家庭"，但从入选条件看，"模范志愿服务家庭"虽然一般都有多名家庭成员长期参加志愿服务，但并不要求家庭成员一起参加志愿服务。① 由此可以推测，季忠平所谓"以家庭为单位"，其基本含义是两名以上的家庭成员参与志愿服务，而不要求他们在志愿服务的参与过程中有沟通和互动；简单地说，是要求"家庭参与"，而不是"家庭一起参与"。季忠平对家庭志愿服务的理解显然没有中山"亲子义工"的组织者深刻。从媒体报道的情况看，参与公益活动的北京"志愿家庭"迅猛增加，至 2008 年 6 月底已逾 4 万，② 至 9 月初接近 20 万，③ 至 9 月中旬更超过了 22 万。④ 遗憾的是，季忠平的"志愿家庭"行动几乎是昙花一现。在百度网页输入"季忠平志愿家庭"进行搜索，结果显示，2009 年起已无相关信息；为申报和登记而建设的志愿家庭网站（www. zhiyuanjiating. cn；www. cciidf. org）早已打不开；从搜狐公益专设的"志愿家庭"板块所载内容看，2008 年以后已无活动。笔者无从知晓季忠平发起的"志愿家庭"行动匆匆失败的具体原因，但仅仅依靠个人的影响力而没能及时地将动员起来的志愿家庭有效地组织起来，显然加速了行动的终止。这是否也与北京市志愿服务管理机构在这一时期援用团中央颁布的《中国注册志愿者管理办法》（2006）中对志愿者的年龄进行了明确的限定有关，笔者无从证实。顺便说一下，北京市 2010 年制定的《北京市志愿者管理办法》也做了同样的规定。

季忠平先生的"志愿家庭"尝试失败后，北京市的家庭志愿服务有长达数年的间歇期。在百度网页输入"北京志愿家庭"进行搜索，结果显示，2009～2013 年还是有零星的"志愿家庭"活动的。这些志愿家庭活动

---

① 这可能与"台湾志愿服务法"在志愿服务的界定中排斥了"基于家庭或友谊原因而执行之志愿服务计划"有关。参见张网成《台湾地区模范家庭志愿服务评选》，《中国社会工作》2017 年 11 月上。

② 中华网娱乐频道，《台著名音乐人季忠平永远的专辑〈志愿家庭〉》，http://ent. china. com/zh_cn/music/pop/11015604/20080701/14940816. html。

③ 搜狐公益，《志愿家庭奥运体验系列活动之一·人文奥运》，http://gongyi. sohu. com/20080903/n259359524. shtml。

④ 搜狐公益，《志愿家庭人文奥运展望　10 月启动环保节能影院》，http://gongyi. sohu. com/20080918/n259625718. shtml。

可以分为三类：第一类志愿家庭在参与过程中需要家庭成员或多或少地配合，如北京市国际教育交流中心的"国际志愿家庭项目"中为留学生提供寄宿服务而招募的"志愿家庭"，① 崔永元的乡村教师培训项目中招募的"志愿家庭"，② 北京春苗儿童救助基金会为孤儿家庭寄养招募的"教育寄宿家庭"；③ 第二类志愿家庭要求家长与孩子一起参加，如学而思教育联手清华大学"书脊计划"、新浪公益"扬帆计划"的"同一课堂"暑期支教项目招募的"志愿家庭"；④ 第三类志愿家庭并不以多名家庭成员的参与为前提，如北京浩源明顺公益招募的生态厕所试用"志愿家庭"。⑤

北京市的家庭志愿服务近年来进入全新的发展阶段，其标志是北京市志愿服务联合会（以下简称"北志联"）启动的"志愿家庭"行动计划。该行动计划首先在海淀区（2013 年 12 月）和丰台区（2014 年 3 月）试点，2015 年 5 月 15 日正式启动，并获得了快速发展。至 2016 年 5 月 10 日，已在线注册的"志愿家庭"有 6436 个，⑥ 至 7 月 11 日达到 10650 个，⑦ 至 12 月 5 日更增加到 17500 个，⑧ 占当年北京市中小学学生总数的 1.35%。⑨ 此后一年，注册"志愿家庭"的增幅出现了下降趋势。至 2017 年 12 月 4 日，共有注册"志愿家庭"2.2 万余个，年内新增不足 5000 个。⑩ 北志联开展"志愿家庭"行动的目的是，通过"家长带动孩子参与志愿服务，孩子促

---

① 新华网，《北京市招募志愿家庭　接待寄宿留学生》，http://www. bj. xinhuanet. com/bjpd_sdzx/2010 – 07/16/content_20355228. htm。

② 中国网教育频道，《"爱飞翔乡村教师培训"面向北京市民招募爱心家庭》，http://edu. china. com. cn/news/2013 – 07/18/content_29462341. htm。

③ 腾讯公益，《北京春苗儿童救助基金会简介》，http://gongyi. qq. com/a/20131114/010748. htm。

④ 家长帮网，《学而思教育"同一课堂"暑期支教招募家庭志愿者》，http://jzb. com/bbs/thread – 2348370 – 1 – 1. html。

⑤ 北京浩源明顺生态科技有限公司，《生态厕所试点开征志愿家庭》，http://www. hymscs. com/xwzx/hyxw/284. html。

⑥ 新华网北京频道，《北京市已有 6400 多个注册"志愿家庭"》，http://www. bj. xinhuanet. com/bjyw/2015 – 05/15/c_1118868639. htm。

⑦ 中国文明网北京站，《本市已注册万余个志愿家庭》，http://bj. wenming. cn/chy/yw/201607/t20160712_3516096. shtml。

⑧ 首都政法综治网，《全市注册志愿者近 368 万人》，http://www. bj148. org/zongzhi/zzzzdt/201612/t20161206_1274535. html。

⑨ 北京市中小学生数来源于《北京市 2016 年国民经济和社会发展统计公报》，http://www. bjstats. gov. cn/tjsj/tjgb/ndgb/201702/t20170227_369467. html。

⑩ 陈斯：《北京注册志愿者超过 411 万人》，http://www. fawan. com/2017/12/05/731155t185. html。

进家长加入志愿服务"，① 发挥家庭在志愿服务中的作用，创新志愿者动员方式，提升市民的志愿服务参与率，② 从而更好地奉献社会。③

　　严格地讲，北志联的"志愿家庭"行动计划是一个探索性的"四无计划"：无（深入的）理论研究或经验研究先导，无（完整的）政策文本或指导文件，无（具体的）行动计划或实施方案，无（充足的）资源配置或组织准备。唯一贯穿始终的就是在"志愿北京"网上开设的"志愿家庭"注册系统。正因此，北京的"志愿家庭"在注册数量快速增长、活动形式"百花齐放"的同时，也呈现过度开放、混乱发展的态势，可持续发展的潜力严重不足。仅以对"志愿家庭"的含混理解就足以说明目前发展中的"乱象"。在具体实践中，北志联的"志愿家庭"既可以指以家庭为单位参加志愿服务活动，也可以指"家庭主要成员发挥各自特长参与志愿服务活动"，④ 甚至可将为空巢、失独、残疾和困难家庭及其家人提供的服务称为家庭志愿服务。⑤ 更有报道指出，"志愿家庭"所提供的并不一定要是志愿服务，也可包括慈善捐赠。⑥ 北京市"志愿家庭"的以上特点使"志愿家

---

① 海淀新闻中心，《2014 年海淀区将选拔千户志愿家庭标兵》，http：//hdwmb. bjhd. gov. cn/
　 zthd/cqg/zxdt/t20140303_562792. htm。
② 志愿北京网，《北京市启动"志愿家庭"行动计划》，http：//www. bv2008. cn/show/1017511. html。
③ 开展"志愿家庭"行动的目的是，"号召更多的家庭行动起来，走出家门，走进社会，全
　 家一起志愿服务，将爱心不断传递"。这与成都市和上海市提出的家庭志愿服务目标差不
　 多。参见共青团北京市委《小手拉大手：做志愿，家庭一起来》，《中国共青团》2015 年
　 第 9 期。
④ 新华网北京频道，《北京海淀区"志愿家庭"跑起来》，http：//www. bj. xinhuanet. com/
　 bjyw/2015 - 12/12/c_1120099806. htm。
⑤ 翠微小学网，《关于开展"缤纷暑假微公益　志愿家庭我先行"北京市中小学生暑期"志
　 愿家庭"服务活动的通知》，http：//www. cwxx. cn/xyzx/xyxw1/2015 - 07 - 12/3080. html。
⑥ 有一个例子可以很好地说明这一点。在海淀区开展的一个家庭志愿服务活动中，小朋友
　 们将自己不用的文具和玩具拿到"公益集市"上卖，通过答题闯关，可以免费获赠一个
　 精致的牛仔笔袋或"一平米小菜园"（种子可放在盘子里在阳台上便捷地种植）。牛仔笔
　 袋是由孩子们动员家长捐赠的废旧牛仔裤通过清洗消毒剪裁，由下岗女工缝制而成的，
　 而"一平米小菜园"则是来自爱心企业的捐赠或用项目经费购买的。捐赠废旧牛仔裤家
　 庭的孩子，也可获赠"一平米小菜园"。在这次活动中，家长及孩子捐赠旧牛仔裤的行为
　 属于慈善捐赠，在自家种植小菜园的行为是一种慈善类的公益环保行为，孩子们捐出自己
　 的文具或玩具是一种捐赠行为，只有孩子们的公益义卖过程可以理解为一种志愿服务。总
　 体而言，组织方所做的是一次以孩子或家长与孩子为主体参与的、兼具公益教育和慈善募
　 捐双重功能的复合性的公益慈善行动，将其界定为家庭志愿服务显然并不恰当。案例参见
　 网易新闻《海淀孩子们带动家中父母长辈参与家庭志愿服务》，http：//news. 163. com/14/
　 0917/01/A6ABM6D300014AED. html。

庭"所包含的内容宽泛无边。这一方面降低了对"志愿家庭"内在含义的要求，使得以"志愿家庭"名义开展的活动非常容易发生，如海淀区在启动"志愿家庭"行动计划后的短短 9 个月就动员 3 万社区居民以家庭为单位参加志愿服务。① 但另一方面吸纳过多的异质因素可能会破坏"志愿家庭"作为一个独立概念的内在一致性。通过使用"志愿家庭"可以使北京的家庭志愿服务获得一个新的特征，即以家庭为单位从事慈善捐赠，但为此目的完全可以使用更为合适的概念，即"公益家庭"。② 更为异质的因素是将"家庭主要成员发挥各自特长参与志愿服务活动"也归入"志愿家庭"行动，而又不对"家庭主要成员"做出界定。这样一来，所有个体所从事的志愿服务都有可能被划入"志愿家庭"行动，因为没有人不属于家庭，没有家庭成员不在某种情景下是主要的。一个连自己的行动对象都没有搞明白的行动计划，事实上也很难制订出具有可操作性的理性行动方案。正是考虑到北京"志愿家庭"内涵的复杂性和模糊性，本书中一般不将"志愿家庭"与家庭志愿服务通用。

凭借北志联强大的志愿服务动员能力——除了经验丰富的动员和管理团队外，还有着完备的区县街乡志愿服务组织架构，新启动的北京"志愿家庭"行动也许不会像季忠平的"志愿家庭"那样昙花一现，但无序发展的前景显然是晦暗不明、令人忧虑的。在"四无计划"下，北京的 2 万多个"志愿家庭"究竟是如何动员起来的？它们参与志愿活动的表现如何？获得了哪些收益？遭遇了什么样的挫折？未来的参与倾向怎样？"志愿家庭"活动是由谁策划和组织的？组织方有着怎样的特征和行动习惯？"志愿家庭"作为一个整体有着什么样的模式特征？存在哪些问题？改变其无序发展的突破口在哪里？良性地发展需要什么样的政策设计？这些都是本研究关注的核心问题。

---

① 人民网北京频道，《推动家庭文明微行动 北京海淀志愿服务薪火传》，http://bj.people. com.cn/n/2014/0914/c82838-22303529.html。

② 笔者作为机构督导曾经参与策划北京朝阳区社会志愿者公益储蓄中心 2015 年开展的"万星万家 公益家庭"项目。见中国文明网北京站《朝阳区志愿者队伍再添新力量 "公益家庭"一年服务 3000 人次》，http://bj.wenming.cn/chy/yw/201601/t20160104_3061350.html。

二 文献回顾

西方国家有组织地推动家庭志愿服务发展比我国早20年，相关的学术研究也比较成熟。按理说我国的家庭志愿服务事业完全可以在借鉴西方国家的经验和做法的基础上进行创新并取得更为明显的成效，遗憾的是，从现有资料看，学术界和实务界都还未受到西方国家家庭志愿服务发展实践和学术研究的影响。考虑到家庭志愿服务和亲子义工既有密切联系又有关键区别，下面的文献回顾是分两方面进行的。

（一）家庭志愿服务研究

为了避免媒体报道的影响，从而更集中地了解关于家庭志愿服务的学界研究现状，笔者仅在中国知网（CNKI）的"期刊"库和"博硕士"论文库进行检索。以"家庭志愿服务"、"家庭志愿者"、"志愿家庭"、"家庭义工"和"家庭志工"为"关键词"在"期刊"库中搜寻发现，除"志愿家庭"有1篇外，其余关键词下均为0篇，以这五个词为"篇名"的文章分别有6篇、16篇、10篇、1篇和0篇；以这五个词为"关键词"在"博硕士"论文库中搜索的结果均为"0"篇，以这五个词为"题名"的论文分别有0篇、0篇、2篇、0篇和1篇。去除重复的，一共有31篇论文，其中8篇发表于2008年及以前，其余31篇发表于2009年及以后。仔细阅读文献内容后发现，2008年及以前发表的8篇文章中其实只有2篇与家庭志愿服务有关，均为报道性文章，其中1篇是关于上海市妇联开展的"星期六家庭志愿者活动"的文章，另一篇是关于成都市家庭志愿服务的文章；2009年及以后发表的文章中也仅有8篇与家庭志愿服务相关。在这10篇有效文献中，有1篇是天津师范大学的硕士学位论文，也是唯一一篇有学术价值的文章，下面将做单独说明。

这里先对9篇期刊文章进行分析和总结。从中可以看到，国内学者目前关于家庭志愿服务的研究有以下几个特点。一是关注这一领域的学者非常少，这不仅表现在论文的数量上，也表现在单一作者的论文数量上，目前还没有发现持续关注该领域的学者（以发表2篇以上的文章来衡量）。二是现有研究均停留在对实践经验的简单介绍和描述上，缺少理论讨论和基于科学方法的实证调查研究，这导致文章水平总体偏低，尚未发现核心期刊（CSSCI）发表过有关我国家庭志愿服务的文章。三是缺乏运用理论视角和科学方法的习惯，通盘吸收实务界的观点。如关于家庭志愿服务概念，有的认为，只要家庭成员参与志愿活动就是家庭志愿者，而有家庭志愿者参与的活动就是家庭志愿服务；① 有的认为，只要多名家庭成员参加志愿活动就是家庭志愿者，只要有部分家庭志愿者参加的队伍就是家庭志愿者队伍，而只要是家庭志愿者队伍开展的活动就是家庭志愿服务；② 也有的认为，开展"净化家园文明行动"与"节能环保家庭社区行动"的志愿者队伍就是家庭志愿者队伍；③ 还有的将监督自己亲人遵医嘱的家庭成员称为家庭志愿者；④ 仍没有人愿意花点精力下一个学术一点的定义。四是缺少基本的学术素养和科学精神，缺少自己的立场和判断力，如有人宣称新加坡 2003 年启动过家庭志愿者计划，⑤ 但实际上新加坡启动的是一项为遭受家庭虐待或忽视的儿童提供额外支持的志愿者行动计划［Enable-A-Family（EAF）Volunteer Scheme］，而不是一项家庭志愿者（Family Volunteer）计划，⑥ 而问题恰恰在于作者之所以会牵强附会地将其译为家庭志愿者计划，是因为他们未加批判地接受了"志愿家庭"的国内界定，这从他们将"志愿家庭"列为关键词之一可以看出。

廖丰淇的硕士学位论文的研究对象是台湾地区的"志工家庭"，而不是大陆地区的家庭志愿服务，其所参考的文献也都是台湾地区的，与大陆的家庭志愿服务研究无关。但考虑到"志工家庭"与"志愿家庭"的表述相近，加上论文的主题——参与志愿服务如何影响亲子关系恰恰是大陆研究中所缺失的，因此这里将做简单的介绍和说明。"志工家庭"（Volunteer Family）在台湾又称志愿服务家庭，其鲜明的特征是家庭中有两名及以上

---

① 上海市妇联：《人人参与 人人分享——记上海"星期六家庭志愿者活动日"活动》，《中国妇运》1997 年第 9 期。
② 邵兰芳、冯舒明：《因为我们是上海世博志愿者——记南码头社区家庭志愿者分队二三事》，《浦东开发》2010 年第 10 期。
③ 湖北省妇联：《家庭志愿者在行动》，《中国妇运》2009 年第 11 期。
④ 李俊娟等：《家庭志愿者督导下的流动人口肺结核患者遵医行调查》，《医学动物防制》2013 年第 12 期。
⑤ 李珊、李小艺、杨健羽：《探析新加坡儿童权益保护法律体系》，《广西青年干部学院学报》2016 年第 3 期。
⑥ Minister for Social and Family Development. Protecting Children in Singapore. June 2016.

成员参与志愿服务。① 正是两个以上家庭成员的志愿服务参与所形成的关系体（群体、单位）特质，使"志工家庭"区别于其他家庭。北志联发起"志愿家庭"行动，显然也是想在北京的家庭中培养出某种特质，或者更现实的是想使部分北京家庭发育出这种特质。但与台湾"志工家庭"的"培养基"是志愿服务不同，北京"志愿家庭"的"培养基"是志愿动机或志愿精神，而（参与）志愿服务仅仅是获得志愿动机或志愿精神的方式或途径之一。这意味着，即便以多名家庭成员具有志愿动机或志愿精神来界定"志愿家庭"，也不一定要以多名家庭成员参加志愿服务为前提。如果上述理解是正确的，那么北志联"志愿家庭"的英译"Volunteer Family"就是值得商榷的，② 更合适的译法应该是"Voluntary Family"。顺便提一下，季忠平先生在北京发起的"志愿家庭"的英译名为"Family Volunteer"，③ 是更不准确的，因为志愿家庭与家庭志愿服务是两个完全不同的概念。

廖丰淇论文的价值在于她通过实证研究观察到，志工家庭父母通过持续参加志愿服务，不仅获得了个人成长，而且改善了家庭亲子互动关系、婚姻关系及人际关系等。④

（二）亲子义工研究

以"亲子义工"、"亲子志愿者"、"亲子志愿服务"、"亲子公益"和"亲子志工"为"关键词"在 CNKI"期刊"库搜寻的结果均为"0"，以这些词语为"篇名"的文章共有 14 篇；再以这五个词为"关键词"在"博硕士"论文库中搜索发现 1 篇硕士学位论文，以这五个词为"题名"搜索发现 3 篇硕士学位论文。除去重复的、与主题无关的，剩下 10 篇论文，均未在 2009 年前发表。10 篇中有 7 篇期刊文章，均未发表在核心刊物上，更遗憾的是，其中仅有一篇实证调查文章有较高的参考价值。3 篇硕士学位论文中有一篇仅是涉猎到亲子义工，另一篇是上面提到的关于台

---

① 廖丰淇：《志工家庭亲子关系之研究》，天津师范大学学前教育学硕士学位论文，2012，第 25 页。

② 见志愿北京网的"志愿家庭"板块，http://www.bv2008.cn/。

③ 搜狐公益，《志愿家庭人文奥运展望　10 月启动环保节能影院》，http://gongyi.sohu.com/20080918/n259625718.shtml。

④ 廖丰淇：《志工家庭亲子关系之研究》，天津师范大学学前教育学硕士学位论文，2012，第 31～35 页。

湾志工家庭父母参与对亲子关系影响的文章，事实上只有一篇文章与国内亲子义工实践有关。

　　总体而言，国内关于亲子义工的研究现状也存在关注学者少且无资深学者、论文数量少且学术水平不高、理论分析少且少学术争论、实证调查研究少等特点，但与关于家庭志愿服务的研究现状相比，还是略好些。首先，与家庭志愿服务尚无定义不同，亲子义工已有定义。虽然社会科学领域的概念一般都没有一致接受的定义，但合乎规范的概念界定却是学术研究得以开展的初始条件。曾锦华将亲子义工定义为"家庭的成人与孩子一道参与志愿服务的志愿行动"，[①] 李玉洁将亲子义工活动理解为"父母与孩子一起参与志愿服务，通过生动的社会实践，有力地促进未成年人思想情感、个性品格、能力素质等方面的进步的活动"。[②] 两个定义的相同之处在于，都强调家庭成员一起参与志愿服务是亲子义工的核心内容；不同的是，曾锦华的亲子界定过于宽泛，因为家庭成人与孩子的关系要比亲子关系宽得多，如成年兄长与弟妹的关系，而李玉洁的亲子界定又过于狭窄，[③] 因为父母与孩子不能代表所有的亲子关系，如爷孙关系也应该是亲子关系。之所以会出现这样的情况，与两位作者都只看到自己的调研案例而没有进行一般性的概念分析有关。其次，与对如何开展家庭志愿服务尚无清晰的构想不同，关于亲子义工的操作要领有比较清晰的认知，且均认可亲子共同参与志愿服务的重要性。当然，对亲子义工在志愿服务活动中的动态关系是存在不同理解的。再次，与家庭志愿服务空洞地强调奉献和"家庭建设"不同，对亲子义工的功能或影响有较全面的认识和总结。[④] 如李玉洁发现，亲子义工对参与学生的情感态度、意志品质、个性成长、自我

---

① 曾锦华：《亲子义工现象探究——以广东省中山市为例》，《少年儿童研究》2010 年第 13 期。

② 李玉洁：《小学亲子义工活动现状研究与调试——以西岗区石道街小学为个案研究》，辽宁师范大学教育管理硕士学位论文，2013。

③ 李玉洁将亲子义工译为"Family Volunteer Activities"。且不论作者的译文是否合乎文法习惯，但可以肯定的是，作者并未思考过亲子义工与家庭志愿服务之间的区别与联系，而是将它们混为一谈。参见李玉洁《小学亲子义工活动现状研究与调试——以西岗区石道街小学为个案研究》，辽宁师范大学教育管理硕士学位论文，2013，第 5 页。

④ 廖丰淇也发现，台湾的志愿服务有从强调利他奉献到向兼顾利他和利己双重动机的转变。廖丰淇：《志工家庭亲子关系之研究》，天津师范大学学前教育学硕士学位论文，2012，第 12 页。

意识、个人能力、亲子关系和学校教育等都有影响。[①] 曾锦华发现，亲子义工有利于实现学校教育、社会教育和家庭教育三者之间的相互衔接、相互补充及相互促进。[②] 值得注意的是，李玉洁在调研中还发现了目前的亲子义工活动中存在的一些问题，如学生的参与率低，对亲子义工的内涵和意义理解不深，活动内容单调，活动次数少，家长和学生缺乏主动策划、主动选择的热情和愿望等。[③]

从上面的分析可以看到，国内关于家庭志愿服务的研究几乎乏善可陈，关于亲子义工的研究也仅有 3 篇有一定的学术价值。[④] 很明显，在成都市妇联、上海市妇联和全国妇联出台有关家庭志愿服务的文件之前和以后，学术界近乎"集体失语"。[⑤] 在这些文件出台前欧美学界关于家庭志愿服务的相关研究已经比较成熟，国内学界关于家庭教育功能弱化、工作-家庭冲突和志愿服务不足的研究也已有了一定积累的背景下，学术界在政策执行过程中的无所作为更多地反映了学术界自身的问题。而在同样的知识背景下，学术界在政策制定阶段的缺位则更多地反映了政策制定者对学术研究介入的必要性缺乏足够的认识。反过来，这也说明，政策制定者对学术研究的外部依赖很弱，之所以如此，既与全国妇联政策过程的"议行合一"（即既负责政策制定又承担政策执行）的特点有关，也与全国妇联自设的政策咨询机构研究能力不强有关。中山市团市委也是"议行合一"的机构，虽然在推动亲子义工的过程中因为能够借鉴香港经验而避免走上弯路，但其目前所处的发展困局仍与缺少学术研究的介入有关。这些案例也许有些极端，但足以说明学术研究缺位给政策制定过程所带来的不利影响。[⑥]

---

① 李玉洁：《小学亲子义工活动现状研究与调试——以西岗区石道街小学为个案研究》，辽宁师范大学教育管理硕士学位论文，2013，第 14 ~ 30 页。
② 曾锦华：《亲子义工现象探究——以广东省中山市为例》，《少年儿童研究》2010 年第 13 期。
③ 李玉洁：《小学亲子义工活动现状研究与调试——以西岗区石道街小学为个案研究》，辽宁师范大学教育管理硕士学位论文，2013，第 33 ~ 35 页。
④ 中国知网上的搜索结果还显示，这 3 篇文章的"转引"均为"0"，从一个侧面也说明学术界对相关议题的冷淡。
⑤ 张网成：《什么是家庭志愿服务》，《中国社会工作》2016 年 10 月上。
⑥ 张网成：《家庭志愿服务：欧美经验及对我国政策设计的启示》，《社会发展研究》2017 年第 1 期。

三　他山之石

由于国内关于家庭志愿服务的研究还没有真正开始，了解他山的攻玉之石就很重要。因此，开启研究工作的首要任务就是搜集和分析先行国家（主要是美国、加拿大、英国和澳大利亚）的实践资料与研究文献。这里从家庭志愿服务（Family Volunteering）的定义与功能两个方面进行简单的梳理和介绍。

（一）家庭志愿服务定义

20 世纪 90 年代初，欧美各国开始有组织地推动家庭志愿服务发展。随之，欧美各国学术界也开始了家庭志愿服务相关研究，目前已经取得了较为丰硕的成果。加拿大志愿者协会在比较各类定义后提出了一个最为被广泛接受的定义，即"家庭志愿服务"是指家庭的成员共同合作参与同一项志愿服务活动。[①] 根据这一定义，家庭志愿服务具有三个明显的特征：一是有两个及以上的家庭成员参与；二是他们参加的是同一项志愿服务活动（项目）；三是他们在志愿服务活动过程中有合作。这三点共同构成了西方国家家庭志愿服务的基本模式，其中第二个特征和第三个特征尤为重要，因为正是志愿服务过程中家庭成员之间的交流与互动、沟通与协作才使家庭志愿服务产生了区别于其他形式的志愿服务的特质。家庭志愿服务也因此不同于一般的团体志愿服务。

除了上述三个共同特征外，现有关于家庭志愿服务的定义之间的差异也很明显，且主要在两个互相关联的维度上有异议：一是关于"家庭"的界定不同，二是关于家庭志愿服务的功能定位（目标）不同。家庭志愿服务概念中的"家庭"有广义和狭义两种理解。广义的"家庭"被定义为"任何一个由两个及以上的成员组成自认为是一家人的群体"。这样的定义涵盖六类家庭形式：核心家庭、大家庭、混合家庭、单亲家庭、无子女家

---

① Volunteer Canada. Volunteer Connections：Family Volunteering-Making It Official. Canadian Volunteers Association，2004.

庭和同居关系家庭。① 狭义的"家庭"要求至少有一个成年人和一个未成年人。②

关于家庭志愿服务的功能定位区别，主要体现为在三类功能取向［家庭教育取向、家庭休闲取向及社区服务（志愿服务）取向］中的选择偏向。不过，正是通过功能定位的偏向选择，家庭志愿服务才呈现不同的模式。如美国国家人类服务会议的家庭强化政策中心在《家庭志愿服务：滋养家庭，营造社区》中将家庭志愿服务定义为：由两个及以上的不同代人组成的家庭单位进入社区参与志愿服务，它为家庭提供了在一起的美好时光，促进了彼此之间的交流，为父母提供了一个做好孩子榜样的机会。③这一定义下的家庭志愿服务在同时实现三种功能的同时偏重于亲子教育功能，即偏重于价值观的代际传递。亲子教育只是家庭教育的一个重要组成部分。

博文和麦克科其尼在《家庭志愿服务：问题与研究现状》一文中讨论了家庭志愿服务更广泛的家庭教育功能，他们将家庭志愿服务定义为由两个及以上的成员（包括父母、子女、兄弟姐妹、养父母、祖父母/外祖父母、阿姨叔伯、堂/表兄弟姐妹、朋友以及那些认为属于同一个家庭的人）组成的团队（unit）共同参与公益活动，家长在活动中向孩子介绍互惠的价值观，增强其责任感。④

帕尔梅在《通过社区外家庭志愿服务深化家庭关系》一文中将家庭志愿服务定义为志愿服务与休闲活动的整合性行动，通过共同参与，促进家庭内部沟通、提高家庭生活满意度、增加家庭凝聚力。⑤ 这一定义中的家

---

① Porritt, K. (1995). "Family Volunteering: The Ties that Bind. An Introduction to Preparing Your Agency for Family Volunteers." Volunteer Action Centre of Kitchener-Waterloo and Area. Voluntary Action Program. Department of Canadian Heritage, Ottawa.

② Metro Volunteers and the Young Philanthropists Foundation. Youth and Family Volunteering Toolkit.

③ Family Strengthening Policy Center of National Human Services Assembly (2006). Family Volunteering: Nurturing Families, Building Community, Policy Brief No. 17.

④ Paddy Bowen, A. J. McKechnie (2002). Family Volunteering: A Discussion Paper. Volunteer Canada.

⑤ Alexis Palmer (April 2005). "Family Deepening: A Qualitative Inquiry into the Experience of Families Who Participate in Service Missions." Master of Science Department, Brigham Young University.

庭志愿服务在同时实现三种功能的同时偏重于家庭休闲功能，即在休闲过程中深化家庭关系的功能。雷利和费西克在《家庭志愿服务：一起推动改变》中将家庭志愿服务界定为一种具有首创精神的社区服务计划，试图将不断发展变化的家庭结构形式、具有共享性的家庭休闲活动以及一个具有服务他人意愿的家庭联结在一起，进而推动社区改变。① 显然，这一定义下的家庭志愿服务模式所偏重的是（社区）志愿服务。

（二）家庭志愿服务功能

从上述定义可以看出，家庭志愿服务是有别于其他形式的志愿服务的特定内涵的，因此也具有针对特定问题的潜在功能。如果相应的问题确实存在，推动家庭志愿服务的政策也就具备充分的因果律。从笔者所能收集到的文献看，西方国家的家庭志愿服务对志愿者家庭及其成员、社区、志愿者组织乃至志愿者用工单位都产生了广泛的正面影响。

1. 家庭教育与家庭团结功能

家庭是社会的基本细胞，创建和谐家庭是构建和谐社会的基础，然而当今社会竞争激烈，生活节奏加快，尤其是中青年人学习和工作压力剧增，这在一定程度上影响了他们在工作和生活上保持平衡状态。在这种情况下，家庭志愿服务以家庭成员共同参与同一项志愿服务活动（项目）这一独特的志愿服务形式，创新性地解决了工作与生活的平衡问题，无论是对父母（成人）、子女（儿童和青少年）个人还是对整个家庭都大有裨益。

父母是子女的榜样，他们的言行为子女树立了标准。对于父母来说，参加家庭志愿服务，不仅可以以言传身教的方式为自己的孩子以及周围的年轻人树立积极向上的榜样，帮助他们了解公民之间互助的责任和服务社区的意义（价值观传播功能），而且可以在帮助他人的同时获得社会认可、体现自我价值，尤其是对全职妈妈来说，在服务过程中获得社会认同是她们最期待的（自我实现功能）；家庭志愿服务还可以帮助父母建立新的社会关系、扩大交际圈（社会交际功能）；在家庭志愿服务过程中，父母还可以学习新的技能，提升自身的领导力、决策力以及竞争力（能力提升功能）；相关研究还表明，家庭志愿服务可以帮助父母提高对婚姻生活和家

---

① Rosemary C. Reilly & Vesna Vesic (2002). "Family Volunteering: Making a Difference Together." Department of Applied Human Sciences, Concordia University, Montreal, Quebec.

庭生活的满意度（家庭团结功能），提高对工作的积极性（职业教育功能）。

对于未成年子女来说，与父母一起参与志愿服务不仅可以和家人一起分享有意义的时光（家庭团结功能），能够观察父母如何展示其在现实生活中所追求的价值观（价值观教育功能），而且能认识新的伙伴，学会如何与他人相处，尤其是如何与有帮助需要的人进行互动（社会交际功能），并由此加深对社会及帮助需求的理解（社会认知功能）；研究还发现，家庭志愿服务为父母和孩子提供了一个增进亲子关系的机会，有助于儿童与父母形成和保持融洽和相互支持的关系（家庭团结功能），从而降低儿童反社会行为以及犯罪的发生概率（社会整合功能）。①

父母与未成年子女一起参加志愿服务只是家庭志愿服务的一种组合形式，现实中的家庭组合类型有很多，如父母与成年子女、祖父母与孩子、有爱心的成年人与孩子、继父母与孩子等。研究者发现，不管家庭的组合类型如何，参与志愿服务的家庭成员都能从中受益。特别是对于退休老年人来说，与家人一起参加志愿服务不仅能结识更多的朋友（社会交际功能）、更有效地利用闲暇时间、促进身体和精神健康，还能在很大程度上缓解由职业角色转入闲暇角色而造成的冲击或者由于失去配偶等而引起的不适应、② 降低抑郁程度、③ 增进个体的幸福感（情绪疏解功能）。

对于整个家庭而言，一起参与志愿服务除了可以使一家人共度美好时光外，还能够增加家庭沟通，通过共同的志愿经历增进孩子与家长之间的情感互动（情感纽带功能），促使家庭成员之间互相理解、互相尊重、互相支持，共同创造能彼此分享的回忆（家庭合作功能）。总的来说，家庭志愿服务可以强化家庭情感纽带、密切家庭成员关系、培育家庭公益文化、增进家庭凝聚力。④

---

① National & Community Service. The Health Benefits of Volunteering-A Review of Recent Research, Apr. , 2007.
② Greenfield, E. A. and Marks, N. F. "Formal Volunteering as a Protective Factor for Older Adults' Psychological, Well-being. " *The Journals of Gerontology Series*, Vol. 39 (4), 2004.
③ Musick, M. A. and Wilson J. "Volunteering and Depression: The Role of Psychological and Social Resources in Different Age Groups. " *Social Science and Medicine*, Vol. 56 (2), 2003.
④ Policy Brief No. 17. Family Volunteering: Nurturing Families, Building Community, Nov. , 2006.

2. 志愿者组织建设功能

志愿者组织在当今西方社会中发挥着十分重要的作用，[①] 其在社会中的独特地位常常使其对当地社区和个人的需求有特别的了解，可帮助他人解决社会问题，因而能成为政府与企业、政府与社会之间的沟通桥梁，并使社区和个人能够清楚地表达自己的需求和观点。而作为公共利益代表的政府，也可以此为参考有针对性地提供多层次、多样化的社会服务来提升社区居民尤其是弱势群体的满意度和幸福感。[②] 然而，随着社会对志愿服务的需求不断增加，志愿者组织开始普遍遭遇志愿者招募困难。到 21 世纪，志愿者招募困难已经成为志愿者组织面临的最严峻的挑战。[③] 在这种背景下，家庭志愿服务成为新的希望，因为家庭志愿服务的特殊组织方式能很好地克服组织儿童参与志愿服务所面临的障碍（对儿童的监督、培训、评估、保密和责任问题），同时也能吸引更多成年人参加。

对于志愿者组织来说，策划和组织家庭志愿服务可以帮助机构发展壮大志愿者队伍（志愿者动员功能）、促进志愿活动的多样性、扩大志愿服务的范围、增加对社区居民需求的认知，进而提供更优质的服务（服务改善功能）。家庭志愿服务以家庭为单位，可以吸引那些行动能力受限制的人群（老年人、儿童、残疾人、低收入家庭成员等）参加，不仅有利于扩大志愿者来源，而且能够增加志愿者组织的服务供给类型；通过吸引更多的父母（中青年），特别是那些有技术能力的"社会精英"如医务人员、教师、法律工作者及专业社工等，志愿者组织可以在提供更多专业志愿服务的同时，为志愿者组织本身的建设提供人才基础（机构建设功能）；研究还发现，家庭是潜在的志愿者生长的温床，[④] 家庭志愿服务充当了助推志愿者自然增长的角色，因为招募任何一个家庭成员做志愿者都会成为其

① Freeman, P., & Zabriskie, R. B. Leisure and Family Functioning in Adoptive Families: Implications for Therapeutic Recreation. *Therapeutic Recreation Journal*, 2003, Vol. 37 (1), pp. 73 – 93.

② Psychology & Marketing. "Trust and Relationship Commitment in the United Kingdom Voluntary Sector: Determinants of Donor Behavior." Adrian Sargeant & Stephen Lee, 2004.

③ Paddy Bowen, A. J. McKechnie. Family Volunteering: A Discussion Paper. Volunteer Canada, 2002.

④ Paddy Bowen, A. J. McKechnie. Family Volunteering: A Discussion Paper. Volunteer Canada, 2002.

他家庭成员参与志愿服务的一种催化剂，尤其是儿童青少年群体的加入不仅使得志愿者的数目增加，而且为创造新一代的志愿者奠定了坚实的基础（志愿者动员功能）。① 来自美国的调查研究表明，在志愿服务参与率总体上稳中有降的情况下，与家庭成员一起参与服务的志愿者在 1990 年呈增长的趋势。②

3. 社区服务拓展功能

20 世纪 80 年代开始的西方国家福利体制改革、自由主义经济体制下的两极分化以及不断提高的老龄化程度，使得家庭作为最基本的福利供给主体所承受的压力不断加大，人们对社区服务的潜在需要随之迅猛增加，并很快超出了传统志愿服务体制的供给能力。在社区层面，人们开始探索各种新的志愿服务模式，如地区贸易体系（LETS）、时间银行（Time Bank）、家庭志愿服务等。在这个背景下，也可以将家庭志愿服务理解为一种创造性地将家庭发展形式、共享的休闲活动和家庭成员希望服务他人的愿望联系在一起的社区服务。家庭志愿服务不仅可以强化家庭成员彼此间的联系，更重要的是其还被寄望于提高整个社区的生活质量。

对于社区来说，家庭志愿服务不仅提供了家庭及其成员回馈邻居、志愿服务机构和社区的好机会（自我实现功能），还有助于增加家庭及其成员与社区各服务机构之间的联系（社会交际功能）、增加家庭及其成员对社区和社会问题的理解和认识（社区教育功能），并使家庭及其成员在参与改善家庭所在街区的生活环境的过程中收获成就感和自豪感，增强人们的社区归属感（情感纽带功能）。在参与家庭志愿服务的过程中，来自不同家庭的志愿者相互认识、相互合作，共同解决社区问题，不仅能丰富各自的人生阅历，还能使人们从中体会到家庭与家庭之间、家庭与社区机构之间合作所产生的效益和意义（社区互惠功能）。③ 事实证明，在低收入社区引入家庭志愿服务项目，不仅可以改变低收入家庭传统上志愿服务接受者的地位，成为志愿服务的提供者，还可以密切低收入家庭成员之间的联

① ISUMA. Volunteering Parents: Who Volunteers and How are Their Lives Affected? Jones, Frank, 2001.
② Family Strengthening Policy Center of National Human Services Assembly. Family volunteering: Nurturing Families, Building Community. Policy Brief No. 17, Nov. , 2006.
③ Policy Brief No. 17, November 2006. Family Volunteering: Nurturing Families, Building Community.

系，从而起到巩固低收入家庭的作用，而且可以使不同阶层的家庭在共同参与志愿服务的过程中加深了解和建立友谊。研究者发现，在民族社区和移民社区开展家庭志愿服务活动有助于在增强家庭归属感的同时加强社区融合。① 研究者还发现，家庭志愿服务有利于吸引企业投资社区发展项目。②

四　理论依据

从上节关于西方国家家庭志愿服务的简介看，家庭志愿服务的共同特征是以家庭为单位一起参加志愿服务。显然，了解"以家庭为单位"的内涵，就成为理解家庭志愿服务的关键。然而，以家庭为单位和以个人为单位参加志愿服务究竟有着怎样的区别？换句话说，家庭志愿者究竟在何种意义上区别于个人志愿者？西方学者至今也没有提出合适的解释。团队动力学可以用来分析"以家庭为单位"的内涵，但考虑到家庭志愿服务涉及家庭与志愿服务组织之间的复杂互动，这里选择运用卢曼的系统理论（Systemtheorie）进行尝试性解释。③

尽管北志联的"志愿家庭"行动带有自上而下的行政化动员色彩，但其"四无计划"特征以及北志联自身的群团组织性质决定了"志愿家庭"动员过程中不会有太多的"强制"，因此，"志愿家庭"的注册和参与总体上可以被理解为一个自主自决的过程。基于这样的认识，可以将每一次"志愿家庭"活动看作由多个"志愿家庭"与一个或几个"志愿家庭"活动组织者为服务特定的服务对象而开展的系统间合作行动。该合作行动发生在一定的场域中，而该场域不仅有时间和空间的具体性，还有政治和文化的规定性。整个北京的"志愿家庭"行动计划就是在时间和空间两条轴线上通过这些合作性行动点推进、延伸和累积的。因此，要了解"志愿家

---

① Cackowski, E., Sanders, J., and Styers, D. (n. d.). Family Volunteer Primer. Washington, DC：Points of Light Foundation.

② POLF (n. d.). Business Leadership Forum Monograph. Washington, DC：Points of Light Foundation. http：//www. pointsoflight. org/downloads/pdf/resources/CVDBusLeaderForum2005. pdf, accessed on 8/23/06.

③ Luhmann, Niklas. Soziologische Aufklärung, Band 6：Die Soziologie und der Mensch. Opladen：Westdeutscher Verlag, 1995.

庭"行动计划的动态形势，最重要的就是了解"志愿家庭"与"志愿家庭"活动组织者之间关系的构成原理和结构特征。

　　至少在理论上，"志愿家庭"是以"团体"形式参与注册和活动的，家长们的决策和行动不可能完全是个体性的，他们无法完全将参与"志愿家庭"的其他成员视为可以随意处置的客体，因此"志愿家庭"的自主自决过程或多或少是一个集体决策的过程。同样，"志愿家庭"的参与动机和收益也是"家庭"的，而非个人的。表面上，研究者收集到的看法和意见都是"志愿家庭"家长的，但实际上也是"志愿家庭"的。在参与"志愿家庭"行动的过程中，不仅家长和（参加行动及不参加行动的）其他家庭成员之间会相互观察，而且"志愿家庭"与周围环境（其中最重要的是"志愿家庭"活动的组织者）之间也会相互观察。①"志愿家庭"作为一个具有某种整合意义的"团体"，正是在这种双重的相互观察的过程中逐渐形成的。经过多次反复的双重相互观察，"志愿家庭"的内在一致性、关系结构和系统整体性就可能形成，其中包括"志愿家庭"的参与动机、收益预期、活动组织者及活动类型的选择偏好等。这也是一个"志愿家庭"的参与动机因受到所获收益影响而不断矫正的过程。"志愿家庭"作为"团体"的内在一致性或者说作为"整体"的系统性，与卢曼所说的规定系统运行原则的"自我基准"（Selbstreferentialität）类似。② 有五个方面的因素可能会阻碍"志愿家庭"的内在一致性的形成：一是家庭成员之间在参与"志愿家庭"行动的意义理解上有难以调和的异见，二是"志愿家庭"活动的组织者对家庭志愿服务的特殊性缺乏理解，三是"志愿家庭"活动的组织者之间高度异质，四是"志愿家庭"的参与频度不足，五是社会文化环境中没有关于家庭志愿服务特殊性的意义解释。这五个方面的因素在一定程度上会相互影响。一旦"志愿家庭"的内在一致性和系统整体性难以形成，那么"志愿家庭"就会更多地呈现"志愿家庭"家长的个人特征。

---

① 需要提醒的是，卢曼本人不会使用相互观察这样的表述方式，因为在他看来，与系统相对应的是环境，而不可能是另一个系统，也就是说，系统不会观察系统。这里使用相互观察这样的表述方式完全是出于理解上的方便。

② Luhmann, Niklas. Soziologische Aufklärung, Band 6：Die Soziologie und der Mensch, Opladen：Westdeutscher Verlag. 1995.

　　"志愿家庭"内向的观察点很多，其中最重要的是与"志愿家庭"作为"团体"的意义和凝聚力相关的动机和表现。动机是志愿者参与志愿活动的内在动力，表现则是志愿者基于动机而做出的具体参与行动，二者互为表里。与强行政动员下的赛事志愿者等不同，"志愿家庭"是弱行政动员下的自主参与主体，因此要回答北志联"志愿家庭"行动为什么能在短期内聚集上万家庭，弄清"志愿家庭"的动机和表现是必要的。由于涉及多个参与者，作为"团体"的"志愿家庭"的动机显然要比单个志愿者复杂得多。在"志愿家庭"形成伊始，"志愿家庭"实际上还表现为几个相互独立的家庭成员的简单相加，"志愿家庭"的动机可以理解为参与"志愿家庭"的家庭成员的个体性的利他动机和利己动机的相加（集合），"志愿家庭"的行动表现也由家庭成员各自的行动表现构成。随着"志愿家庭"的内在一致性逐渐形成，"志愿家庭"的动机中会出现区别于个体的"团体"动机或"家庭"动机，"志愿家庭"的行动中也会相应地出现区别与个体行动表现的"团体"表现或"家庭"表现。从构成的角度看，"志愿家庭"的动机既包括"团体"动机，也包括家庭成员的个体性动机。与"志愿家庭"的个体性动机既可以是利己的也可以是利他的一样，"志愿家庭"的"团体"动机同样既可以以家庭或家庭关系利益为取向，也可以以社会或公益组织的利益为取向。从组合的角度看，"志愿家庭"的动机既可以由较少的"团体"动机和较多的个体动机组成，也可以由较多的"团体"动机和较少的个体动机组成；相应地，"志愿家庭"的参与表现也可以有不同的组成形态。一旦"团体"动机形成出现困难，"志愿家庭"的动机就会呈现为参与者个体动机的简单集合，"志愿家庭"的表现也就相应地呈现为多个家庭成员的分别行动，此时的"志愿家庭"的唯一内涵就是多名家庭成员各自独立地参与了志愿服务。而一旦"志愿家庭"的"团体"动机成为唯一的参与动机，"志愿家庭"的表现也就成为彻底的"团体"行动，此时的"志愿家庭"就是理念型的"志愿家庭"。

　　与"志愿家庭"一样，"志愿家庭"活动的组织者作为一个系统也会在观察外在环境（其中最重要的是"志愿家庭"）的同时做内向观察，其内向观察的核心是组织的运行表现和功能状态。组织的运行表现是组织机能的自我呈现，涉及组织的效率和效能；组织的功能则体现为组织的产出，涉及组织的生存意义和相对于环境的交换价值。组织和个人一样，也是一个自我再生系统，有着自己的"自我基准"。当"志愿家庭"活动作为一项前所未有的新任务进入组织的日程后，一般来说会在组织内部分化出一个相对独立的运行团队或行动小组（或成立相对独立的组织），就像在家庭中形成"志愿家庭"一样。我们姑且称这样的运行团队为"志愿家庭运行团队"。与"志愿家庭"一样，"志愿家庭运行团队"也由数名来自组织的成员人组成，所不同的是，家庭、"志愿家庭"及家庭成员之间的利益差别是非本质性的，很少会形成实质的区分和对立，因此为简单起见，我们在上面讨论"志愿家庭"的动机时将家庭忽略了；但"志愿家庭运行团队"与其所在组织及其成员之间的利益关系则要复杂得多，甚至有可能在本质上就是相互对立的，如一个企业出于宣传自己的目的而责令数名团干组成临时的"志愿家庭运行团队"就会存在三重动机的冲突问题。先考虑"志愿家庭运行团队"能够独立运作的情况。"志愿家庭运行团队"的内在一致性从无到有也需要一个过程。随着"志愿家庭运行团队"的内在一致性逐渐形成，"志愿家庭运行团队"的动机中会出现区别于个体成员的"团队"动机，"志愿家庭运行团队"的行动中也会相应地出现区别于个体成员行动表现的"团队"表现。[①] 从组合的角度看，"志愿家庭运动团队"的动机既可以由较少的"团队"动机和较多的个体成员动机组成，也可以由较多的"团队"动机和较少的个体动机组成；相应地，"志愿家庭运行团队"的参与表现也有不同的组成形态。一旦"团队"动机形成出现困难，"志愿家庭运行团队"的动机就会呈现为参与者的个体动机集合，"志愿家庭运行团队"的表现也就相应地呈现为多个团队成员的分别行动，此时的"志愿家庭团队"的唯一内涵就是多名组织成员各自独立地参与了志愿服务的组织工作。而一旦"志愿家庭运行团队"的"团队"动机成为唯一的参与动机，"志愿家庭运行团队"的表现也就成为彻底的"团体"行动，此时的"志愿家庭运行团队"就是理念型的"志愿家庭运行团队"。

　　与家庭和"志愿家庭"之间关系的和谐本质不同，"志愿家庭"活动的组织者与其下设的"志愿家庭运行团队"及其成员之间本质上是上下级关系。一旦"志愿家庭运行团队"形成，所在组织就会一直观察"志愿家

---

① 为区别起见，本书在描述"志愿家庭"的集体动机时使用"团体"一词，而在描述"志愿家庭运行团队"的集体动机时使用"团队"一词。

庭运行团队"的功能及其成员的表现。所在组织会基于"自我基准"对
"志愿家庭"活动进行意义加工,在此过程中,组织会形成对"志愿家庭"
的理解,并尝试将"志愿家庭"的意义接入组织的意义体系。同时,"志
愿家庭运行团队"也会观察所在组织,并尽量使"志愿家庭运行团队"的
功能与所在组织的原有功能保持一致。如果所在组织原有的意义体系与
"志愿家庭"的意义相去甚远,那么"志愿家庭运行团队"的"团队"功
能就难以被接纳,团队成员的个体性动机也是如此。这就是为什么群团系
统的推动者容易将"志愿家庭"理解为多个家庭成员的无偿奉献行为,而
教育系统的推动者容易将"志愿家庭"理解为家长监护孩子参加公益活动
的原因所在。相比较而言,如果"志愿家庭"行动的推动者是志愿服务组
织或家庭服务机构,那么其"志愿家庭运行团队"的"团队"功能就比较
容易形成并被所在组织接受。归纳起来,阻碍"志愿家庭运行团队"的
"团队"动机形成的因素有五:一是"志愿家庭"活动组织者所从事的业
务与家庭志愿服务关联甚微,二是"志愿家庭运动团队"没有得到所在组
织的充分授权,三是"志愿家庭运行团队"的参与频度低、深度浅,四是
"志愿家庭"的"团体"动机无法形成,五是所处社会文化环境中没有关
于家庭志愿服务特殊性的意义解释。

　　假如"志愿家庭"和"志愿家庭运行团队"的成员对家庭志愿服务或
"志愿家庭"的独特性一无所知,"志愿家庭"和"志愿家庭运行团队"
的内在一致性显然是无法形成的。换句话说,"志愿家庭"和"志愿家庭
运行团队"的内在一致性的形成始于双方或一方尝试回答这样的问题:
"志愿家庭"作为一个"团体"参与志愿服务究竟与家庭的单个或多个成
员独立地参与志愿服务有何区别,以及这种区别对双方各有什么样的意
义?答案既可能是双方或一方在意义加工中的发现,也可能是向第三方学
习的结果。不过,即便一方或双方找到了问题的答案,一致性的形成也无
法由一方或双方通过内向观察单独完成。原因在于,有组织的志愿服务只
能由志愿者和志愿服务的组织者双方合作才能完成,因此"志愿家庭"及
"志愿家庭运行团队"对"志愿家庭"活动独特性的理解需要通过外向观
察彼此来印证或调整。"志愿家庭"是作为一个"团体"对"志愿家庭运
行团队"展开观察的,所观察的内容不仅涉及"志愿家庭运行团队"及其
背后的支持性组织所采取的行动和行动过程中所体现出来的意义构建,而

且涉及组织者行动和意义构建的人文与政治背景。利用观察到的信息，"志愿家庭"会加工自己的意义系统，更新"团体"内在一致性的内涵或排斥信息所蕴含的意义，并决定是否及如何与后者保持沟通（互动）。同样，"志愿家庭运行团队"也会观察"志愿家庭"的参与表现、合作习惯、参与动机和所获收益，并有可能采取激励措施观察"志愿家庭"的反应。利用观察到的信息，"志愿家庭运行团队"还会加工自己的意义系统，更新"团队"内在一致性的内涵或排斥信息所蕴含的意义，并决定是否及如何与"志愿家庭"维持沟通（互动）。

"志愿家庭"与"志愿家庭运行团队"之间的相互观察，从过程看，是可以彼此分离的，既可以发生在双方沟通（互动）的过程中，也可以发生在彼此分隔的时空中。双方能否经由互相观察在彼此的意义系统内形成某些"共识"（关于"志愿家庭"特殊意义的理解），结果是开放的。如果双方形成了"共识"，那么双方共同合作开展"志愿家庭"公益服务就有了动力基础；反过来，双方之间如果没有形成任何"共识"，就不会有实质性的合作。①"共识"既有多少区分，也有层次区别。双方形成的"共识"越多，合作的基础就越宽阔；"共识"的层次越深，双方合作开展的志愿服务就越接近理念型的家庭志愿服务。"共识"的层次差异则主要体现在动机层次的区别上。如果"共识"形成于"志愿家庭"的个体性动机或"志愿家庭运行团队"的个体性动机基础上，那么双方合作开展的"志愿家庭"活动在本质上就与一般的志愿服务活动没有什么区别；如果"共识"形成于"志愿家庭"的"团体"动机或"志愿家庭运行团队"的"团队"动机基础上，那么双方开展的"志愿家庭"活动才会具有家庭志愿服务的特征。

在现实环境中，"志愿家庭"一般不会面对单一的"志愿家庭运行团队"，同样"志愿家庭运行团队"也不会面对单一的"志愿家庭"。换句话说，"志愿家庭"的外向观察对象既可能是不同的"志愿家庭运行团队"，也可能是其他的"志愿家庭"；同样，"志愿家庭运行团队"的外向观察对象可能是不同的"志愿家庭"或其他"志愿家庭运行团队"。众多"志愿家庭"和"志愿家庭运行团队"的存在，为双方提供了不同的观察

---

① 据此可以很好地解释，注册但尚未参与活动的"志愿家庭"也能在一定程度上了解"志愿家庭"行动的功能和意义。

机遇和意义选择，从而增加了"志愿家庭"服务活动发生的概率、推动了"志愿家庭"特殊意义的生成及流通；在此基础上，"志愿家庭"和"志愿家庭运行团队"之间的沟通模式会逐渐固定下来，区域内"志愿家庭"中观生态系统也会逐步生成。"志愿家庭"中观生态系统是在更大的社会环境生成的，因此还会受到系统外其他因素的影响，其中最重要的影响因素是其他志愿服务系统及慈善捐赠系统。由于先于"志愿家庭"存在，其他志愿服务系统和慈善捐赠系统对"志愿家庭"的意义生成有着非常重要的影响。如果外在社会环境不提供关于家庭志愿服务特殊性的意义支持，"志愿家庭"中观生态系统的生成过程就会非常缓慢，甚至可能因为受阻而发生形变（deformation），乃至退化（retrogression）。

五　研究假设

从前面关于北京"志愿家庭"发展的简单介绍和国内学界关于家庭志愿服务及亲子义工的研究回顾中可以看出，北京"志愿家庭"行动的宏观社会环境和中观生态系统中均不存在关于家庭志愿服务的共识性理解和意义构建机制。在这种形势下，北志联推出"志愿家庭"行动计划是一场非常冒险的事。作为北京市志愿服务领域的枢纽型社会组织，[①] 北志联的组织优势是高度的政治合法性及与此相关的倡导和动员组织能力，其组织劣势是配套资源的筹集能力不足和基层志愿服务组织的职业能力（professional capacity）不够。如果将动员理解为发动人们参加某项活动，北志联的实际动员能力因受其组织劣势的影响而更多地表现在"发动"能力上，而不在发动后的组织实施能力上。因此，北志联在推进"志愿家庭"行动的初期应该将工作重点放在引导基层志愿服务组织接受家庭志愿服务基本理念和培育"志愿家庭运行团队"上。但令人遗憾的是，"志愿家庭"行动计划是一个"四无计划"，并且至今并未得到修改和完善。在这样的背景下，

---

① 根据北京市社会工作委员会 2008 年出台的《关于构建市级枢纽型社会组织工作体系的暂行办法》，所谓枢纽型社会组织是指在同类别、同性质、同领域社会组织的发展、服务、管理工作中，在政治上发挥桥梁纽带作用、在业务上处于龙头地位、在管理上经政府授权承担业务主管职能的联合性社会组织。这一凸显我国政府在社会组织管理工作方面特色的组织形态，目前在上海和广东等地也得到了推广。

我们提出以下几点研究假设。

假设1：受"志愿家庭"行动计划动员主体的单一性的影响，"志愿家庭运行团队"的同质性很高。虽然在"志愿家庭"行动的推进过程中，也有其他动员主体如教育部门和妇联组织的活动，但参与程度都很低，因此，北志联始终是"志愿家庭"行动最重要的行政型倡导性"推手"。受此影响，互相观察的"志愿家庭运行团队"会逐渐同质化。对于"志愿家庭"来说，同质化的"志愿家庭运行团队"会产生"匿名"效应，具体表现为"志愿家庭"很难清楚地区分不同的组织方。

假设2：受"志愿家庭"行动的"四无计划"特性的影响，"志愿家庭运行团队"的"团队"动机总体上很难形成。作为"志愿家庭"行动的倡导者，北志联始终没能足够清晰地说明"志愿家庭"的特征、行动目标和达成方式，这显然不利于"志愿家庭运行团队"通过外向观察达成对"志愿家庭"特殊含义的了解并由此生成"团队"动机。反过来，这也不利于"志愿家庭"的"团体"动机的形成，具体表现为"志愿家庭"的参与动机中"团体"因素不足。

假设3：由于响应"志愿家庭"行动号召的组织多数都不以提供志愿服务为主业，因此，"志愿家庭运行团队"很少有足够的自主发展空间。缺少自主性，使"志愿家庭运行团队"无法独立地决定开展"志愿家庭"活动的内容、范围、频次和周期，因而难以有足够的时间和机会通过内向观察和外向观察形成内在一致性。而反过来这又容易使所在组织对"志愿家庭运行团队"做出撤回委托的决定，从而导致"志愿家庭"活动缺少连续性。具体表现之一为组织方自身存在的问题会成为制约"志愿家庭"参与的主要因素，具体表现之二为"志愿家庭"参与的活动次数会偏少。

假设4：由于"志愿家庭"活动的开展以"志愿家庭"和"志愿家庭运行团队"的合作为前提，"志愿家庭"的"团体"动机和"志愿家庭运行团队"的"团队"动机在形成过程上是彼此影响、相互依赖的，因此，"志愿家庭运行团队"发育不良将阻碍"志愿家庭"的"团体"动机的形成。鉴于北志联"志愿家庭"行动的现有特点，"志愿家庭"的"团体"动机是很难成形的，具体表现为"志愿家庭"在参与过程中较难获得"团体"方面的收益。

假设 5：由于"志愿家庭"的"团体"动机和"志愿家庭运行团队"的"团队"动机均未能形成，"志愿家庭"与"志愿家庭运行团队"双方也就无法经由互相观察在彼此的意义系统内形成某些"共识"，双方不会有实质性的合作，北京"志愿家庭"中观生态系统也就无法成形。具体表现之一为"志愿家庭"的参与行为更多地会受到自身内在因素的影响，表现之二为"志愿家庭"行动未来参与取向不明。

假设 6：如果上述五个假设成立，则北志联推动的"志愿家庭"行动不会有助于家庭志愿服务特殊意义的生成，所开展的"志愿家庭"活动总体上与一般的志愿服务没有什么本质的区别，具体表现为"志愿家庭"活动在家庭建设功能方面的能力不足。

六　研究方案与实施情况

由于研究者本人一开始对家庭志愿服务也所知有限，研究起步于收集和分析国内外与家庭志愿服务相关的政策文件和学术文献。接下来的研究工作是访谈市区志联及相关机构，试图了解北志联系统如何推进"志愿家庭"行动，其他有关部门如何配合与跟进，有关机构如何开展活动以及"志愿家庭"参与情况如何。在上述工作的基础上，问卷调查法被选定为最后的研究方法。考虑到部分参与"志愿家庭"活动的未成年人在回答问题能力上的局限，调查对象确定为"志愿家庭"的家长。

为更好地设计调查问卷，研究者在正式调查之前进行了预调查。预调查的对象是参加通州区 SG 社工机构（成立于 2016 年）的"志愿家庭"活动的家长，最终收集到有效问卷 246 份。出乎研究者的最初意料，后文在分析中不得不在多处使用预调查数据做补充。鉴于此，有必要在此做简单介绍。作为朝阳区某社工机构的分支机构，SG 社工机构开展"志愿家庭"活动并非始于北志联的"志愿家庭"行动动员，而是源于北京市社会工作委员会 2015 年购买朝阳区社会志愿者公益储蓄中心的"万星万家公益家庭"服务项目。[①] 该项目的设计初衷是，通过动员年轻父母带着自己的孩

---

① 中国文明网北京站，《朝阳区志愿者队伍再添新力量，"公益家庭"一年服务 3000 人次》，http://bj. wenming. cn/chy/yw/201601/t20160104_3061350. html。

子一起出来参加公益活动，尝试性地改变社区志愿者以退休老人为主的格局。作为该项目的督导，笔者当时对家庭志愿服务这种形式也缺乏真正的了解，只是相信家庭志愿者不同于个体志愿者是由于"家庭"的整体性，也知道孩子的利益在家庭中的特别地位，因此在督导时偏重于强调在设计具体活动时要考虑到年轻家庭对孩子的公益教育需求，在原理上与北志联的"小手拉大手"相似。通州区 SG 社工机构在随后开展的"志愿家庭"活动中延续了这一动员策略。虽然该机构的社工也没有接受过家庭志愿服务方面的训练，但与偏重于倡导性动员的北志联所不同的是，通州区 SG 社工机构不仅有项目经费支持，而且有相对稳定的社工项目团队投入。尽管项目经费有限，项目团队还需要同时执行其他项目，但这至少保证了项目团队在一定时期内观察和反思的连续性以及团队自身的成长。虽然从后文的分析中可以看到，尽管 SG 社工机构开展的"志愿家庭"活动存在多个层面的问题，但在总体上还是要比北志联推动的"志愿家庭"活动强很多。

最后确定的《北京市"志愿家庭"调查问卷》分为四个部分，共计48 个封闭性问题。第一部分共 13 个问题，反映"志愿家庭"家长的个人基本信息（性别、年龄、学历、信仰、职业及收入）、时间利用情况（工作时间、家务劳动时间、家庭休闲时间、儿童照料时间以及社会交往时间）和基本教育理念（价值观和教育儿童方式）；第二部分共 12 个问题，反映"志愿家庭"的家庭结构与家庭生活（家庭人口、生活水平、家庭游戏以及家庭休闲）、家庭教育（教育主体、夫妻关系、亲子关系以及孩子成就）和家庭公益倾向（祖辈志愿服务情况、一年内公益捐赠情况和一年内志愿服务情况）；第三部分共 15 个问题，反映"志愿家庭"的公益活动参与情况，包括"志愿家庭"的构成（报名时间、参加人数以及亲子结构）、参与表现（参与时间、参与次数、参与动机、活动类型、信息渠道、承担角色、活动举办方、亲子参与次数、亲子合作阶段）和制约因素（个人方面及组织方面）；第四部分共 8 个问题，反映参与公益活动对"志愿家庭"带来的影响，包括收益（家长、孩子、其他家人、整个家庭）、对"志愿家庭"行动功能的认知以及"志愿家庭"的未来参与倾向。

正式调查于 2017 年 7 月 20 日至 2017 年 8 月 7 日，依托网络问卷调查平台——问卷星专业在线问卷调查平台（www.sojump.com）开展，调查对象为在"志愿北京"平台上注册的 2 万多个"志愿家庭"家长，调查范围涉及北京市十六个区县。[①] 最终收到问卷共 2766 份。利用 SPSS 软件对问卷进行信度分析的结果表明，克隆巴赫（Cronbach）系数为 0.919，信度很高，符合问卷编制要求。

---

① 本次调查得到了北京市志愿服务联合会的小额经费支持，在此表示感谢。

第二章　"志愿家庭"的特征

　　自 2014 年以来,在"志愿北京"平台注册的"志愿家庭"已经有 2 万余户,略高于北京常住人口总户数的 2.5‰,发展速度之快、规模之大,非常引人注目。本章的主要任务是弄清以下几个问题:其一,什么样的家庭会倾向于接受北京市志愿服务联合会的倡导而登记注册成为"志愿家庭",并参加"志愿家庭"公益活动?其二,在假设家长在此类事务上具有重要决策权的前提下,问题就转变为,哪些类型的家长更愿意参与"志愿家庭"公益活动?换句话说,"志愿家庭"的家长群体有着怎样的特征?其三,"志愿家庭"的构成情况如何?是全部家庭成员还是只有部分家庭成员会注册"志愿家庭"?参与"志愿家庭"公益活动的家庭成员之间的关系类型是怎样的?对上述问题的回答,既有助于了解"志愿家庭"的特征,也有助于了解为什么绝大多数家庭还没有参与"志愿家庭"行动。

一　"志愿家庭"家长之特征

　　为了确保调查对象能够准确理解问卷内容,本次调查规定由"志愿家庭"的家长(年龄在 18 周岁以上)填写问卷。通过分析调查对象的性别、年龄、学历、信仰、职业和收入等,希望能够了解"志愿家庭"的家长作为一个群体的内部特征及其与其他北京市成年居民的异同。

(一)性别分布

　　本次参与问卷调查的人群中,男性有 693 人,占 25.1%;女性有 2073 人,占 74.9%。根据北京市第六次全国人口普查数据,2015 年北京市常住人口的男女比例为 51.7:48.3。① 显然，本次调查对象的性别比例与北京总体人口自然性别分布有很大的偏离。

女性参与"志愿家庭"行动的比例远高于男性，说明母子或母女一起（注册）参与家庭志愿服务的情况居多，这与我国根深蒂固的性别角色分工与性别观念有关，社会要求男性承担更多的社会责任，而妇女则要承担更多的家庭责任，包括教育子女的责任。将性别分别与家务劳动时长及儿童照料时长进行相关分析，结果表明性别确实影响家庭责任的承担多寡：在置信水平（双侧）为 0.01 时，性别与家务劳动时长及儿童照料时长都是显著相关的，Pearson 相关系数分别为 0.167 和 0.244。同样，双变量相关分析还发现，性别对"志愿家庭"的公益活动参与频率也有显著影响，只不过 Pearson 相关系数偏低，只有 0.046（相关性为0.013）。

（二）年龄分布

在此次调查问卷划分的 5 个年龄段里，大部分志愿家庭家长年龄集中于"30～39 岁"，共有 1472 人，占总数的 53.2%；其次是"40～49 岁"，共有 1134 人，占 41%；排在第三位的是"18～29 岁"的志愿家庭家长，共有 100 人，占 3.6%，这与北京市的晚婚现象有关；② 紧接着的"50～59岁"的有 43 人，占比 1.5%；最后，60 岁及以上的仅有 17 人，占 0.6%。根据北京统计年鉴的数据，2015 年常住人口中年龄为 30～49 岁的占 35%，占 30 岁以上人口总数的 53.6%，③ 而本次调查数据显示，这一年龄段的调查对象超过了 90%，是"志愿家庭"的主力。由于晚婚，这个年龄段家长的子女以中小学生为主。这说明，目前北京的"志愿家庭"中可能以年轻家长配对未成年子女的模式为主。这一点，后面会继续分析和说明。

（三）学历分布

本次调查对象以"本科或大专"学历为主，共有 1830 人，占 66.2%，"硕士研究生及以上"学历有 300 人，占 10.8%，两项相加比例达 77.0%，

---

① 北京市统计局网，http://www.bjstats.gov.cn/nj/main/2015-tjnj/zk/indexch.htm。
② 根据北京大学社会调查研究中心联合百合网婚恋研究院发布的《2015 中国人婚恋状况调查报告》，北京市的平均结婚年龄接近 27 岁，略高于全国平均水平，网易新闻，http://news.163.com/16/0111/13/BD25DG7J00014Q4P.html。
③ 北京市统计局网，http://www.bjstats.gov.cn/nj/main/2015-tjnj/zk/indexch.htm。

而"高中或中专及以下"学历有 636 人，占比 23.0%。根据北京市第六次人口普查数据，2010 年北京市常住人口中大专及以上学历者占比为 31.5%，居全国最高水平。假设大专以上学历者年龄均在 20 岁及以上，那么可以推算，20 岁以上的北京常住人口中拥有大专及以上学历者的比例为 37.6%。[①] 本次调查对象中大专及以上学历者的比例远远高于这一平均值。这说明，学历水平高低可能是影响家长是否注册"志愿家庭"及参与相关公益活动的重要因素。双变量相关分析证实了这一点，在 0.01 置信水平下，Pearson 相关系数为 0.058.

表 2-1　"志愿家庭"家长的特征（$N = 2766$）

变量	分类	频次	占比（%）	累积占比（%）
性别	男	693	25.1	25.1
	女	2073	74.9	100
年龄	18~29 岁	100	3.6	3.6
	30~39 岁	1472	53.2	56.8
	40~49 岁	1134	41.0	97.8
	50~59 岁	43	1.6	99.4
	60 岁及以上	17	0.6	100
学历	初中及以下	137	5.0	5.0
	高中或中专	499	18.0	23.0
	本科或大专	1830	66.2	89.2
	硕士	251	9.1	98.3
	博士及以上	49	1.8	100
信仰	中共党员	1142	41.3	41.3
	民主党派	58	2.1	43.4
	共青团员	335	12.1	55.5
	佛教	169	6.1	61.6
	道教	5	0.2	61.8
	基督教	48	1.7	63.5
	天主教	12	0.4	63.9
	伊斯兰教	24	0.9	64.8
	无神论	696	25.2	90.0
	其他宗教信仰	277	10.0	100

---

① 国家统计局网，《北京市 2010 年第六次全国人口普查主要数据公报》，http://www.stats.gov.cn/tjsj/tjgb/rkpcgb/dfrkpcgb/201202/t20120228_30381.html。

变量	分类	频次	百分比（%）	累积百分比（%）
职业	单位负责人	123	4.5	4.5
	单位中层管理人员	567	20.5	25.0
	专业技术人员	531	19.2	44.2
	普通员工	857	31.0	75.2
	个体经营人员	133	4.8	80.0
	企业主	30	1.1	81.1
	离退休人员	30	1.1	82.2
	非就业人员	114	4.1	86.3
	学生	57	2.1	88.4
	其他	324	11.7	100
收入	2500元及以下	294	10.6	10.6
	2501~5000元	839	30.3	40.9
	5001~7500元	715	25.9	66.8
	7501~10000元	453	16.4	83.2
	10001元以上	465	16.8	100

（四）信仰分布

本次调查中，将信仰宗教和信仰共产主义的调查对象均视为有信仰者。统计结果发现，无神论者约占1/4，无神论者占比偏低，这与中国综合社会调查（CGSS）2010年的北京数据（24.1%）相当；[1] 有各类宗教信仰的占比19.3%，其中五大传统宗教的信仰比例为9.3%，均高于CGSS2010年的北京数据（4.9%），这是否意味着宗教信仰对家长教育方式及家庭休闲方式有影响，还有待进一步检验。另外，此次调查对象中，信仰共产主义的党员比例高达41.3%，明显偏高：2015年底的北京市常住人口中党员的比例仅为9.4%，[2] 在忽略不计19岁以下常住人口中的党员数量的情况下，20岁以上的北京市常住人口中党员的比例则提高至11.3%。党员、团员和民主党派三类调查对象和在一起，共占全部调查对象的55.5%，明显高于正常分布。[3] 这种情况与调查对象的受教

---

[1] 盖荣华、高军晖：《基于GIS的中国宗教信仰人口比例的地理分布研究》，《科技创新导报》2016年第1期。

[2] 根据北京日报提供的消息，2015年底北京市党员总数为202.7万人，http://bj.people.com.cn/GB/n2/2016/0701/c82840-28593906.html。

[3] 民主党派在我国是参政议政团体，并无独立于执政党的意识形态，因此与党员、共青团归为一类应无不妥之处。

育程度、收入水平及职业层次均偏高有关联。鉴于已有研究均证实信仰
对人们是否参与志愿服务有影响，[1] 这里将调查对象分为有/无信仰两类
后与家庭志愿服务参与次数进行了相关分析，结果发现，二者之间存在
正相关关系，Pearson 系数为 0.073，属于弱相关，相关性为 0.000。

（五）职业分布

从调查对象的职业分布看，企业主和单位负责人等职业高层的占比为
5.5%，单位中层管理人员、个体私营人员及专业技术人员等职业中层的
占比为 44.5%，而普通员工等职业占比为 31.0%，说明整体上职业层次偏
中高，这与家庭人均收入水平偏高是相关联的，也暗示职业中高层次人士
更加重视家庭建设和儿童教育。

选择"其他"的调查对象超过了 10%，说明问题选项罗列不够细致。
为了进一步分析"其他"家长的职业群体特征，我们对"职业"变量进行
了三分处理，即单位负责人等"从业人员"作为一类；离退休、非就业及
学生等"非就业人员"作为一类；"其他"作为一类。并将该变量分别与
收入、学历和工作时间进行交叉分析，结果显示如下。①与问卷所列举的
"从业人员"相比较，选择"其他"的调查对象中没有接受高等教育的比
例要高出 14.8 百分点，而接受过硕士及以上教育的则要少 2.9 百分点；月
均收入低于 2500 元（大致相当于北京市的收入相对贫困线）的比例高出
18.1 百分点，而月均收入高于 10000 元的则要少 7 百分点；工作时间在 7
小时以下的比例高出 29.2 百分点，而工作时间在 10 小时以上的则要少
5.7 百分点。这说明"其他"调查对象相比较而言具有学历偏低、收入偏
低、工作时间偏短等特征。②与处于"非就业"状态的调查对象相比，
"其他"调查对象在收入、学历和工作时长方面的表现又要好得多，说明
他们确实处于就业状态。③选择"其他"的调查对象各种受教育程度、各
类收入水平都有，说明他们的具体职业发布很广，不可能属于一种职业
类型。

---

① 张网成：《我国宗教信徒志愿行为的殊异性及其解释——基于一项调查的实证分析》，《社
会建设》2016 年第 1 期。

表 2 - 2 　"志愿家庭"家长的职业特征（$N = 2766$）

		职业状态		
		从业人员（%）	非就业（%）	其他（%）
学历	初中及以下	3.5	13.4	9.6
	高中或中专	15.4	37.8	24.1
	本科或大专	69.3	45.3	57.4
	硕士	9.9	2.5	7.7
	博士及以上	1.9	1.0	1.2
收入	2500 元及以下	4.1	65.2	22.2
	2501 ~ 5000 元	30.2	22.4	36.4
	5001 ~ 7500 元	28.5	6.0	20.1
	7501 ~ 10000 元	18.6	3.0	9.6
	10001 元以上	18.7	3.5	11.7
工作/学习时间	4 小时以下	8.7	39.3	21.6
	4 ~ 5 小时	3.8	14.9	11.7
	5 ~ 6 小时	3.0	8.0	7.4
	6 ~ 7 小时	4.7	8.0	7.7
	7 ~ 8 小时	21.7	10.4	19.1
	8 ~ 9 小时	26.4	6.5	15.4
	9 ~ 10 小时	17.2	5.0	8.3
	10 ~ 11 小时	7.2	3.0	3.7
	11 ~ 12 小时	4.1	2.5	1.9
	12 小时以上	3.1	2.5	3.1
合计		100	100	100

（六）收入分布

根据《北京统计年鉴（2016）》提供的五等分法居民可支配收入数据，2015 年"中高档"家庭的月均收入约为 5000 元人民币。由此可以推算，当年全市人均月收入低于 5000 元的应该高于 70%。[①] 考虑到 2015 年北京市常住人口中尚有约 38% 的非本市居民，其收入水平明显低于本市居民，因此，若以常住人口计算，月均收入在 5000 元以下的比例应该在 80% 左右。根据北京市居民的实际收入情况，本次调查设计了问卷的收入分类。问卷统计结果显示，调查对象中月收入为"2501 ~ 5000 元"的人数最多，有 839 人，占总数的 30.3%；其次是月收入为"5001 ~ 7500 元"的人群，有 715 人，占比为 25.8%；再次是"10001 元以上"的有 465 人，占比为

① 北京市统计局网，http://www. bjstats. gov. cn/nj/main/2015 - tjnj/zk/indexch. htm。

33

16.8%；"7501～10000元"的有453人，占16.4%；最后，有294人的月收入为"2500元及以下"，占比为10.6%。可见，有一成多调查对象的收入在相对贫困线之下。本次调查对象并没有局限于本市居民，甚至没有局限于常住人口。相比之下，本次调查中家庭人均月收入在5000元以下的还不足四成，可见此次调查对象的收入分布是偏高的。这与调查对象文化程度偏高是相一致的。收入分层与文化程度的相关分析表明，在0.01置信水平下，Pearson相关系数高达0.438。收入分层与性别之间也呈显著性相关关系，Pearson相关系数为-0.112，相关性为0.000，说明女性平均收入要低于男性。这些与通常的研究结论相一致。① 双变量检测也表明，收入水平与家庭志愿服务参与次数之间存在正相关关系，Pearson系数为0.058，相关性为0.002。

（七）小结

从上面的描述可以看出，一方面，"志愿家庭"的家长分布在各类性别、年龄、学历、收入、信仰、职业分层中，并不排斥任何群体。另一方面，"志愿家庭"的家长们又相对集中在以下几类人群中：①以30岁以上50岁以下的女性为主；②近八成受过高等教育；③大多数有信仰，以共产党员、共青团员和民主党派人士为主；④职业以中上层的人士居多，尤以中层职业为主；⑤多数家庭收入超过北京市平均水平。

二 "志愿家庭"家长的时间利用

由于当下社会竞争日趋激烈、生活节奏不断加快，如何平衡好工作、家务劳动、个人休闲与儿童教育之间的关系，已经成为每个家长日常生活中必须应对的难题。参与志愿服务同样需要投入时间、情感和精力，因此也会在时间上与其他日常活动形成竞争。家长们能否合理安排时间，也就成为家庭志愿服务能否顺利开展的关键因素之一。

时间利用调查最初是为了研究妇女的家庭工作负担，从而推动妇女从家务劳动中解放出来。从20世纪90年代开始，各国陆续开展了国民时间

---

① 陈宗胜、周云波：《文化程度等人口特征对城镇居民收入及收入差别的影响》，《南开经济研究》2001年第4期。

利用调查，并且形成了一套国际通用的标准和方法。目前流行的做法是将人们的日常活动分为无偿工作（如家务）、有偿工作（工作、学习等）、个人护理（睡觉、吃饭等）和休闲四大类，通过调查人们在各类活动上的时间分配及其在 24 小时中所占比重，分析其生活模式。我国近年来开展的时间利用调查也沿用了国际通用的标准做法，将生活时间分为工作/学习时间、个人生活必需时间、家务劳动时间和闲暇时间四类。[①]"中国妇女社会地位调查"课题组则将时间利用区分为五个方面，即因生存需要而投入的社会劳动（或工作）时间、因发展需要而投入的学习时间、因生活需要而投入的家务劳动时间、因生理和心理双重需要而投入的休闲娱乐时间、因生理需要而投入的睡眠时间。[②] 两份调研的共同之处是，没有意识到个人休闲与家庭休闲之间的区别。

考虑到家庭志愿服务中亲子参与的普遍性以及家庭休闲之于家庭志愿服务的重要性，本次研究将"志愿家庭"家长时间分为工作/学习时间、家务劳动时间、家庭休闲时间、照料孩子时间和社会交往时间五类。为了调查对象给出的数据接近真实，同时考虑到调查对象时间利用方面的季节性变化，问卷要求调查对象提供近一个月的时间利用数据。需要在此说明的是，因调查目的需要，本次调查采用的时间利用调查技术是比较简易和粗糙的，由此可能造成一些未曾预想的问题，如因问卷未能精确定义概念而导致调查对象理解上的偏差等。

（一）工作/学习时间

根据《2015－2017 年中国休闲发展报告》，2016 年北京市居民工作日的平均工作时间为 7 小时 55 分钟，周平均为 6 小时 02 分，[③] 另据《中国新型城市化报告 2012》，北京平均每天上下班需花费 52 分钟，[④] 两项相加为 8 小时 47 分钟（工作日）及 6 小时 54 分钟（周平均）。本次调查的是

① 王琪延：《中国城市居民生活时间分配分析》，《社会学研究》2000 年第 4 期。
② 杨菊华：《时间利用调查的性别差异——1990～2010 年的变动趋势与特点分析》，《人口与经济》2014 年第 5 期。
③ 刘德谦、夏杰长、杜志雄等编著《2015－2017 年中国休闲发展报告》，社会科学文献出版社，2017。
④ 牛文元主编《中国新型城市化报告 2012》，科学出版社，2012。

周平均数据（含交通用时）。从统计结果看，近 3/4 的"志愿家庭"家长的周平均工作/学习时间超过了北京市的平均值，近三成的家长每天花在工作/学习（含交通用时）上的时间超过 9 小时。总体上看，本次调查对象的工作/学习时间要高于北京市民的均值。这与他们的收入和学历高于北京市平均水平是相一致的：在 0.01 置信水平下，"志愿家庭"家长的工作/学习时长与收入水平的 Pearson 相关系数为 0.230，其工作/学习时长与文化程度的 Pearson 相关系数为 0.149。从性别比较看，男性家长的工作时间要长于女性。这与全球最大的职业社交网站 LinkedIn（领英）发布的《2014 中国职场发展满意度报告》所提供的数据是一致的。稍早开展的三次"中国妇女社会地位调查"也发现了类似的现象。[1]

为了初步了解"志愿家庭"家长用于工作/学习的时间与其参加志愿服务活动频率之间的关系，我们采用了双变量 Pearson 相关性分析，结果显示，在置信水平为 0.01 时，相关系数为 −0.077，说明二者之间存在显著负相关，不过相关程度不高。因为时间原因而不参加或较少参加志愿服务是国内外常见的现象。[2] 在后面的分析中将发现，调查对象的主观归因未必是真正起作用的影响因素。

表 2-3　"志愿家庭"家长的工作/学习时间分布（日平均）

单位：%

工作/学习时间	男	女	全部样本
4 小时以下	9.2	13.5	12.4
4~5 小时	4.9	5.8	5.6
5~6 小时	3.2	4.1	3.9
6~7 小时	5.3	5.3	5.3
7~8 小时	19.2	21.1	20.6
8~9 小时	22.1	24.2	23.7
9~10 小时	17.5	14.6	15.3
10~11 小时	8.4	5.9	6.5

① 杨菊华：《时间利用调查的性别差异——1990~2010 年的变动趋势与特点分析》，《人口与经济》2014 年第 5 期。
② 张网成、林伟伟：《大学生志愿者的挫折反应及其对策调查》，《中国青年社会科学》2016年第 3 期。

续表

工作/学习时间	男	女	全部样本
11~12 小时	4.9	3.3	3.7
12 小时以上	5.3	2.3	3.0
总计	100	100	100

（二）家务劳动时间

根据《2015－2017 年中国休闲发展报告》，2016 年北京市居民每周平均的日家务劳动时间为 1 小时 47 分钟。[①] 本次调查的数据显示，每天家务劳动时间（用于做饭、洗衣、购物等）超过 2 小时的占 44.8%，其中超过每天 4 小时的占近 10%。从性别比较看，女性家长的家务劳动时间要明显长于男性家长（在 0.01 置信水平下的 Pearson 相关系数为 0.167）。这与经济合作与发展组织（OECD）2014 年公布的中国男性分担家务时间调查数据是一致的。[②] 从受教育程度看，学历越高，家务劳动时间越短（在 0.01 置信水平下的 Pearson 相关系数为 － 0.163）。这与王琪延的调查结论相一致。[③] 相关性分析的结果还表明，收入水平与家务劳动时间呈显著负相关关系，Pearson 系数为 － 0.223。杨菊华对此的解释是，较高的受教育程度和较多的收入有助于人们从繁重的家务劳动中解放出来。[④] 与离退休等"非就业"的家长相比较，处于就业状态的"志愿家庭"家长的家庭劳务时间要短。这一结论符合日常的理解。由此可以推断，本次调查对象的平均家务劳动时间要略短于北京市平均水平。

为了了解"志愿家庭"家长家务劳动时间对其参与家庭志愿服务是否有影响，本研究进行了相关性分析，结果显示二者是显著相关的，Pearson 相关系数为 0.057。这说明，调查对象的家务劳动时间越长，参加志愿服务的频率越高，反之亦然。这也意味着，参与家务劳动和参加家庭志愿服

---

① 刘德谦、夏杰长、杜志雄等编著《2015－2017 年中国休闲发展报告》，社会科学文献出版社，2017。

② 凤凰财经网，《调查称中国男性不爱做家务》，http://finance.ifeng.com/a/20140314/11887017_0.shtml。

③ 王琪延：《从时间分配看北京人 20 年生活的变迁》，《北京社会科学》2007 年第 5 期。

④ 杨菊华：《时间利用调查的性别差异——1990~2010 年的变动趋势与特点分析》，《人口与经济》2014 年第 5 期。

务可能并不矛盾。

表 2-4 "志愿家庭"家长的家务劳动时间分布（日平均）

单位：%

家务劳动时间	男	女	总计
1 小时以下	27.3	10.3	14.6
1~2 小时	44.7	39.3	40.7
2~3 小时	18.5	29.8	27.0
3~4 小时	3.8	10.9	9.1
4~5 小时	1.7	4.7	4.0
4~6 小时	1.6	1.6	1.6
5~7 小时	0.4	0.7	0.7
7~8 小时	0.7	0.5	0.6
8 小时以上	1.3	2.1	1.9
总计	100	100	100

（三）家庭休闲时间

休闲（leisure）在日常生活用语里，就是人们在工作之余进行娱乐和休息的意思。但这里的休息不是无所作为的休息，而是积极的身心恢复。在学术研究中，休闲"是指我们在闲暇时间里为让生活更精彩、更有价值所做的事情"。[1] 休闲作为一种活动，其形式"可以分为身心恢复和身心发展两个层次"。[2] 休闲是人的生存过程的一部分，是对生命意义和快乐的探索，从根本上说，休闲是人"成为人"的重要平台。[3] 从操作层面讲，休闲是去掉生理必需时间和维持生计所必需的时间之后，自己可以判断和选择的自由支配时间。[4] 目前关于休闲的研究主要着眼于个人休闲，不过，学术界近年来也开始关注家庭休闲研究。所谓家庭休闲（family leisure），可以理解为"家庭在闲暇时间或娱乐活动中共处的时光"。[5] 根据这个定

---

[1] 罗伯特·斯特宾斯：《休闲与幸福：错综复杂的关系》，刘惠梅译，《浙江大学学报》（人文社科版）2012 年第 42 卷第 1 期。

[2] 卢长怀：《中国人的休闲观》，《世纪桥》2007 年第 10 期。

[3] 金雪芬：《论休闲之"成为人"的价值意蕴》，《旅游学刊》2012 年第 9 期。

[4] 李仲广、卢晶：《基础休闲学》，社会科学文献出版社，2004，第 87 页。

[5] Scott McCabe, "Family Leisure, Open a Window on the Meaning of Family", *Annals of Leisure Research*, vol. 18（2）, 2015, pp. 174–179.

义，本次调查要求"志愿家庭"的家长报告用于与家人一起看电视、吃饭、游戏、散步等的家庭休闲时间。2016 年北京市居民日平均休闲时间为 4 小时 13 分钟，[①] 而本次调查对象中约有七成的家庭休闲时间少于 4 小时，从平均数看远远低于 4 小时。由此可以推断，调查对象没有将个人休闲和家庭休闲混为一谈。

从统计结果看，"志愿家庭"的家长们每天用于与家人相处的时间差别很大，多数在 1.5 小时到 4 小时之间，但也有 22.1% 的家庭休闲时间超过 5 小时。从性别角度看，男性家长的家庭休闲时间远低于女性家长；从收入角度看，家庭休闲时间与收入水平呈显著负相关，不过 Pearson 相关系数仅为 - 0.052；从学历角度看，家庭休闲时间与受教育程度也存在显著的负相关关系，但 Pearson 相关系数只有 - 0.05。上述三种视角下存在的相关关系与关于个人休闲的同类检验结论类似。[②] 不过，本次研究与其他研究存在不可比性，因为个人休闲在逻辑上包含家庭休闲。

为了了解家庭休闲时间超过 5 小时的家长群的特征，本研究将家庭休闲时间与性别、年龄、职业、学历等进行了交叉分析，结果显示，该类家长在女性、60 岁以上老者、离退休等非就业者、月收入不到 2500 元的低收入者中分布较为集中。

为了初步了解家庭休闲时间对家庭志愿服务的影响，我们进行了相关分析，结果显示二者之间存在显著相关关系：在 0.01 置信水平下的 Pearson 系数为 0.07，说明"志愿家庭"的家长用于家庭休闲的时间越长，参与家庭志愿服务的频率就越高，反之亦然。

表 2 - 5　"志愿家庭"家长的家庭休闲时间分布（日平均）

单位:%

	男	女	总计
1 小时以下	7.8	4.8	5.6
1 ~ 1.5 小时	12.3	9.6	10.3
1.5 ~ 2 小时	17.0	13.4	14.3

---

① 刘德谦、夏杰长、杜志雄等编著《2015 - 2017 年中国休闲发展报告》，社会科学文献出版社，2017 年。

② 王琪延、韦佳佳:《北京市居民休闲时间不平等研究》,《北京社会科学》2017 年第 9 期。

	男	女	总计
2~2.5 小时	11.1	11.6	11.5
2.5~3 小时	12.0	12.1	12.0
3~3.5 小时	6.2	8.6	8.0
3.5~4 小时	8.2	8.3	8.3
4~4.5 小时	4.5	4.9	4.8
4.5~5 小时	3.3	3.2	3.3
5 小时以上	17.6	23.5	22.1
总计	100	100	100

（四）照料孩子时间

通常，照料家庭成员的时间会被归入家务劳动时间，[1] 但事实上，照料孩子既可以属于家务劳动，也可以属于休闲。随着家庭就业（如在家里炒股、开淘宝店等）逐渐普及，照料孩子的时间还会与工作时间重合；同样，随着社会对成年人继续教育要求的提升，照料孩子的时间也有可能与学习时间重合。

统计结果表明，本次调查对象中有约三成的家长每天花在照料孩子上的时间在 2 小时以下，另有两成的照料时间超过了 5 小时，其余半数在 2 小时到 5 小时之间。问卷指明家里没有孩子的调查对象不需要填写此题，结果有 128 名。总体上看，"志愿家庭"的家长们在照料孩子上花费的时间是比较多的，远远超过在家务劳动上花的时间。[2] 从性别的角度看，男性照料孩子的时间要远低于女性，性别与照料孩子时间之间的 Pearson 相关系数为 0.244；从收入角度看，收入水平与照料孩子时间呈显著负相关关系，Pearson 相关系数为 -0.067，这可能与高收入者的工作时间相应更长有关：工作时间与照料孩子时间之间的显著 Pearson 相关系数为 -0.189；从学历角度看，受教育程度与照料孩子时间也呈显著的负相关关系，Pearson 系数为 -0.048，这一点与通常认为高学历者更加重视孩子的印象不

---

① 何九梅：《北京市居民休闲方式探究》，北京第二外国语学院硕士学位论文，2008，第13页。

② 需要指出的是，由于 128 名调查对象（占总样本的 4.6%）因家里没有未成年人而不存在孩子照料问题，因此这一部分的数据与前后几部分不完全可比。

同，可能是受到了其他因素的交叉影响。

与孩子一起参加志愿服务，可以被理解为照料孩子的一种积极方式，因此，在照料孩子时间与参加家庭志愿服务之间应该存在正相关关系。双变量相关检测的结果表明，二者之间确实存在显著的相关关系，但相关程度不高，Pearson 系数仅为 0.06。对此需要在后文中进一步加以解释。

表 2-6　"志愿家庭"家长的照料孩子时间分布（日平均）

单位：%

照料孩子时间	男	女	总计
1 小时以下	16.2	4.5	7.4
1~1.5 小时	18.5	8.0	10.6
1.5~2 小时	16.6	12.2	13.3
2~2.5 小时	11.1	11.7	11.5
2.5~3 小时	8.7	13.7	12.5
3~3.5 小时	5.1	7.3	6.8
3.5~4 小时	5.1	7.5	6.9
4~4.5 小时	2.9	4.5	4.1
4.5~5 小时	1.2	3.4	2.8
5 小时以上	9.1	23.0	19.5
缺损	5.5	4.2	4.6
总计	100	100	100

（五）社会交往时间

家庭是初级群体中的一种，也许是最重要的，而离开初级群体的环境支持，家庭会面临诸多问题。对于"志愿家庭"的家长及其家庭成员来说，走亲访友等社会交往有着不言而喻的重要功能。社会交往不仅是人类生活的内在需要，也是社会参与的重要方式，还是建立各种密切关系、获得各类资讯与人际支持、积累经验的重要途径。此外，众多的研究都发现，从亲戚朋友同事处了解志愿服务或与其一起参加志愿服务是一种常见的方式。基于以上考虑，本次调查将社会交往时间作为单独一项列入问卷。

考虑到城市居民可自由支配的时间不足，问卷要求对象回答每周平均的社会交往时间。事后证明这一设计是正确的。从统计结果看，"志愿家庭"家长每周平均走亲访友的社交时间不长，近六成的调查对象平均每天的社会交往时间不到 17 分钟，近 3/4 的平均每天少于 25 分钟，平均每天超过 1 小时的仅占调查对象总数的 6.4%。根据国家统计局的调查资料，2008 年北京市居民平均每天的社会交往时间为 21 分钟（全国平均为 23 分钟）。[①] 这与此次调查的结果是大体相当的，这也从一个侧面说明本地调查数据还是比较可靠的。与工作时间、家务劳动时间等不一样的是，社会交往时间的性别差异不明显：尽管性别与社交时间之间存在显著相关，但 Pearson 系数仅为 0.007。文化程度与社交时间之间存在显著的负相关，在 0.01 置信水平下的 Pearson 系数为 −0.078；收入水平与社交时间之间依然呈负相关关系，在 0.01 置信水平下的 Pearson 系数为 −0.067。

为了初步了解"志愿家庭"家长的社会交往会不会影响其参加志愿服务活动，这里先进行了双变量相关分析，结果显示，显著性系数为 0.003（<0.01），Pearson 相关系数为 0.056，说明二者之间存在正相关关系，但相关程度不高。

表 2 −7 　"志愿家庭"家长的社会交往时间分布（周平均）

单位：%

每周社交时间	男	女	总计
2 小时以下	60.2	59.5	59.7
2 ~ 3 小时	13.4	15.5	15.0
3 ~ 4 小时	9.4	8.7	8.9
4 ~ 5 小时	5.8	4.9	5.1
5 ~ 6 小时	3.5	4.0	3.8
6 ~ 7 小时	1.3	1.1	1.2
7 ~ 8 小时	1.6	1.7	1.7
8 ~ 9 小时	0.4	0.8	0.7
9 ~ 10 小时	1.0	0.7	0.8
10 小时以上	3.5	3.1	3.2
总计	100	100	100

[①] 国家统计局网站，《2008 年时间利用调查资料汇编》之"表 8 − 1 　北京市综合分类活动平均时间"，http://www.stats.gov.cn/ztjc/ztsj/2008sjly/201407/P020140701557989409999.pdf。

（六）时间段之间的关联

由于人类每天可以利用的时间是固定的，不同的时间利用类型之间是否存在互相排挤的关系就成为一个饶有兴趣的问题。从表2-8中可以看出，只有工作/学习时间与其他类型的时间利用之间存在显著的负相关关系，也就是说，工作/学习时间越长，其他方面可利用的时间就越相应缩短，反之亦然。家务劳动时间、家庭休闲时间、照料孩子时间及社会交往时间彼此之间则都呈正相关关系，也就是说，延长家务劳动时间，并不必然会压缩家庭休闲时间，也不会导致照料孩子时间或社会交往时间变短，反过来，照料孩子时间变长了，也不会使家务劳动时间或社会交往时间变短。究其原因，应该与有些时间可以重叠利用有关，如看着孩子做作业的同时做些家务劳动，与配偶一起推着婴儿车去逛公园，走亲访友时带上孩子顺便照料，跟家人一起散步时顺便买点菜等。

我们同样感兴趣的是哪些类型的时间利用会影响到家庭的志愿服务参与。相关性分析的结果表明，"志愿家庭"的家长是否更多参与志愿服务公益活动，与其工作/学习时间呈负相关关系，而与用于家务劳动、家庭休闲、照料孩子和社会交往的时间呈正相关关系。这一点并不难以理解，在参加家庭志愿服务活动过程中，"志愿家庭"的家长既可以照料孩子，也可以结交朋友，甚至可以顺手完成一些家务劳动。另外，不少家庭志愿服务是在家庭休闲过程中完成的。将工作/学习时间、家务劳动时间、家庭休闲时间和照料孩子时间四项相加取得"累计时间"，[①] 在与家庭参与志愿服务次数进行相关分析的结果显示，二者之间不相关。显然，工作/学习时间的负向作用与家庭服务时间的正向作用抵消了。

表2-8 "志愿家庭"家长时间利用交叉影响

	工作/学习时间	家务劳动时间	家庭休闲时间	照料孩子时间	社会交往时间	累计时间	公益活动次数
工作/学习时间	1	-0.142**	-0.184**	-0.189**	-0.041*	0.393**	-0.077**
家务劳动时间	-0.142**	1	0.277**	0.355**	0.163**	0.503**	0.057**
家庭休闲时间	-0.184**	0.277**	1	0.497**	0.264**	0.759**	0.070**

———————

① 社会交往时间太短，没有太大影响，因此未计入。

	工作/学习时间	家务劳动时间	家庭休闲时间	照料孩子时间	社会交往时间	累计时间	公益活动次数
照料孩子时间	− 0. 189 **	0. 355 **	0. 497 **	1	0. 173 **	0. 401 **	0. 060 **
社会交往时间	− 0. 041 *	0. 163 **	0. 264 **	0. 173 **	1	0. 238 **	0. 056 **
累计时间	0. 393 **	0. 503 **	0. 759 **	0. 401 **	0. 238 **	1	0. 030
公益活动次数	− 0. 077 **	0. 057 **	0. 070 **	0. 060 **	0. 056 **	0. 030	1

** 在置信度（双侧）为 0.01 时，相关性是显著的；* 在置信度（双侧）为 0.05 时，相关性是显著的。

（七）小结

上面我们从工作/学习时间、家务劳动时间、家庭休闲时间、照料孩子时间和社会交往时间五个方面描述和分析了"志愿家庭"家长们的时间利用情况。从中可以得出以下几个结论：①"志愿家庭"的家长们用于工作/学习的时间要高于北京市民的平均值，因此，在家务劳动等方面的时间投入要略少些；②不同的"志愿家庭"的家长在五类时间利用方面相差甚远；③用于家庭的时间彼此之间存在互相支持关系，如用于家庭休闲的时间越长，则用于照料孩子的时间也越长等；④除了社会交往时间无性别差异外，其他各类时间都与性别、收入和学历存在显著的相关关系；⑤初步的相关性检验表明，工作/学习时间的长短与家庭志愿服务参与程度呈负相关关系，而用于家庭服务的时间则与家庭志愿服务参与度呈正相关关系。

三 "志愿家庭"的家庭特征

家长不可能独自决定是否注册"志愿家庭"和参与相关活动。因此，了解"志愿家庭"的家庭特点，有助于我们理解北京"志愿家庭"的行动现状。具体而言，"志愿家庭"在人口结构、生活水平、家庭休闲、家庭关系、公益参与等方面有哪些特点，是本节想要了解的重要内容。

（一）家庭人口规模

根据 2015 年全国 1% 人口抽样调查北京数据，北京家庭中三人户占31.0%，四人户占 28.8%，加在一起为 59.8%，另有 9.2% 的家庭有五人及以上。① 本次调查的"志愿家庭"中，三人户占53.7%，四人户占21.3%，加在一起占全部样本家庭的75.0%，五人及以上户占比也高达22.1%。显然，本次调查对象的家庭人口规模明显偏大，除了在选择调查对象时就排除了一人户外，这种情况与绝大部分家庭有未成年人有关。将家庭按是否有未成年人分为有和没有两类，我们发现有未成年人的家庭要更多些。按学历高低将"志愿家庭"分为两类后进行交叉分析发现，受教育程度与家庭规模呈显著的负相关关系，即学历越高，家庭规模越小。这种情况可能与高学历者更追求婚后独立生活有关，也可能与高学历者中外来移民比例更高有关。双变量相关分析没有发现家庭人口规模会对家长的家务劳动时间有显著影响，但发现它与家长的工作/学习时间有显著性相关关系。对此的合理解释是，家庭规模大通常意味着更多的家务劳动，但如果家庭成员之间彼此分担，也就不会对家长造成额外的负担；家庭规模大也意味着有更大的收入需求，家长有义务承担更多的责任。双变量相关分析还发现，"志愿家庭"人口越多，则家长用于社会交往的时间越少，用于照料孩子的时间也越长，而社会交往时间和照料孩子时间本身却是正相关的。这种看似矛盾的情况说明，很多复合家庭是因为有照料未成年人的责任而形成的。

家庭规模大是否意味着有更大的可能参与更多的家庭志愿服务活动？或者反过来，家庭规模大是否意味着有更大的内聚需求，因而会更不倾向于参与家庭志愿服务活动？双变量相关分析的结果表明，家庭人口规模和家庭志愿服务参与次数二者之间并不存在显著相关关系。

表 2-9 "志愿家庭"的家庭人口规模特征

家庭人口规模	频率	占比	家中有无未成年人		学历	
			无	有	高中及以下	大学及以上
2 人	80	2.9%	14.8%	2.3%	2.7%	3.0%
3 人	1484	53.7%	53.1%	53.7%	47.8%	55.4%
4 人	590	21.3%	14.1%	21.7%	25.8%	20.0%

---

① 北京市统计局网站，《家庭户规模稳定 住房质量明显改善——北京市2015年全国1%人口抽样调查系列分析之四》，http://www.bjstats.gov.cn/rkjd/sdjd/201602/t20160224_337286.htm。

续表

家庭人口规模	频率	占比	家中有无未成年人		学历	
			无	有	高中及以下	大学及以上
5 人	466	16.8%	11.7%	17.1%	16.5%	16.9%
6 人及更多	146	5.3%	6.3%	5.2%	7.2%	4.7%
总计	2766	100%	100%	100%	100%	100%

（二）家庭生活水平

北京工业大学"地平线调查学社"2013 年在北京城八区开展的调查结果显示，北京市（城市）居民中自认为属于高收入群体的占 6.4%，属于中等收入群体的占 49.8%，属于低收入群体的占 37.4%，属于贫困家庭的占 6.4%。[①] 本次调查发现，"志愿家庭"中认为属于"中等"生活水平组的高达 84.2%，认为属于"较富裕"和"富裕"家庭的占 6%，认为自己的家庭生活水平是"较差"和"很差"的占 9.7%。可见，本次调查的中等收入家庭远高于 2013 年"地平线调查学社"的数据，低收入家庭比例远低于"地平线调查学社"的数据。

家庭生活水平来自调查对象的主观自评价，既可能反映调查对象的实际家庭生活水平，也可能与调查对象的自我认知有关。双变量相关分析表明，调查对象的性别、学历和月收入水平都与其家庭生活水平有显著性相关关系，在 0.01 置信水平下的 Pearson 相关系数分别为 -0.100、-0.121 和 -0.258。从性别差异看，虽然女性家长自己的收入水平要低于男性家长，且调查对象的月收入水平越低则其对家庭生活水平的评价也越低，但她们更倾向于认为自己的家庭生活水平较高或很高，同时更少倾向于认为自己的家庭生活水平不高。这说明，家庭生活水平自评确实受主观因素影响。从受教育程度差异看，大学以上学历者的收入水平明显高于高中及以下学历者，前者对自己的家庭生活水平的评价也高于后者。这说明，家庭生活水平自评确实反映真实情况。

参与家庭志愿服务活动，通常需要参与家庭全部或部分支付志愿服务活动引起的交通费、电话费、儿童护理费以及餐旅费等。因此，家庭生活

---

① 李慧芸：《主客观双视角下的北京市中等收入群体研究》，北京工业大学硕士学位论文，2013，第 28 页。

水平高的"志愿家庭"理论上更有可能参与更多的家庭志愿服务。对家庭生活水平和家庭志愿服务活动的参与次数进行双变量相关分析的结果证实了这一点，Pearson 相关系数为 −0.054，相关性为 0.005，家庭生活水平自评越低，参与的次数越少，越有可能注册了却不参加活动。

表 2 −10 "志愿家庭"的家庭生活水平自评

单位：%

生活水平	总计	性别		学历	
		男	女	高中及以下	大学及以上
富裕	1.2	1.2	1.3	1.6	1.1
较富裕	4.9	3.6	5.3	3.9	5.2
中等	84.2	79.5	85.8	77.5	86.2
较差	9.0	14.6	7.2	15.3	7.2
很差	0.7	1.2	0.5	1.7	0.3

（三）家庭关系

家庭成员互相之间的关系状态，是描述家庭特征的重要参数之一。考虑到我国城市家庭小型化的现实和家庭志愿服务研究对家庭教育的关注，本研究主要从横向的夫妻关系和纵向的亲子关系两对关系来了解和把握"志愿家庭"的家庭关系。

1. 夫妻关系

现代家庭以核心家庭为主，夫妻关系在家庭建设和家庭关系的维护方面起着至关重要的作用。因此，对夫妻关系和婚姻质量的研究一直是家庭社会学关注的核心问题。佟新、戴地对北京市城区婚姻家庭的调查发现，61%的人对婚姻满意，36%的人认为婚姻"还行"，3%的人对婚姻不满意。[①]本次调查发现，36.5%的"志愿家庭"家长认为自己的夫妻关系"非常和谐"，加上认为自己的夫妻关系"总体上很和谐"的 46.0%，高达 82.5%的调查对象认为自己的夫妻关系是相当和谐的。另有 12.7%的调查对象认为自己的夫妻关系"总体上相安无事"，只有 4.8%的调查对象认

---

① 佟新、戴地：《积极的夫妻互动与婚姻质量——2011 年北京市婚姻家庭调查分析》，《学术探索》2013 年第 1 期。

为自己的夫妻关系存在较多分歧和矛盾。看来，"志愿家庭"的夫妻关系要好于佟新等的调查对象。

将夫妻关系和谐程度与性别、收入、信仰、学历、家里是否有未成年人等进行双变量相关分析的结果表明，性别、收入、学历等因素对夫妻关系的和谐程度均未产生显著性影响。这是否说明夫妻关系是一种家庭事实，是家庭成员之间互动关系的产物，因而很少受配偶个人因素的影响？为了了解调查对象究竟是如何理解和谐夫妻关系的，我们将夫妻关系分为平等取向的和分工取向的两类。如果是平等取向的，则夫妻双方应当更加平等地分担家务劳动；如果是分工取向的，夫妻则不会平等地分担家务劳动。对"志愿家庭"夫妻关系和谐程度和家务劳动时间进行双变量 Pearson 相关性分析的结果显示，显著性系数为 0.162（ > 0.01），相关系数为 -0.027，二者之间不存在显著的相关关系。这说明"志愿家庭"的夫妻关系是以分工取向为主的，而非平等取向的。

和谐的夫妻关系既有可能是内聚倾向的，也就是说，会将更多的时间和精力放在婚姻和家庭内部，从而减少对公共参与的需求；也有可能表现出明显的外部性，也就是说，和谐的夫妻关系会使人更有意愿和精力去参与外部的公益服务。为了检验夫妻关系的实际影响，我们初步将夫妻关系和谐度和家庭志愿服务参与次数做了相关分析，结果表明，二者之间呈显著性相关，Pearson 相关系数为 -0.056，相关性为 0.003。这说明夫妻关系越和谐，越有可能参与更多的家庭志愿服务活动，反之亦然。[①]

表 2 – 11　"志愿家庭"的夫妻关系类型与分布

单位：%

关系类型	男	女	总计
矛盾总能得到及时处理，关系非常和谐	34.8	37.0	36.5
有些小矛盾，但互相尊重，总体上很和谐	49.4	44.9	46.0
各忙各的事，交流不多，总体上相安无事	10.2	13.5	12.7
分歧点较多，勉强维持稳定	3.5	2.1	2.5
矛盾多，合不来，已离异或准备离婚	2.2	2.4	2.3

① 相关系数出现负数的原因，是夫妻关系的和谐程度是由高到低分布的，而家庭志愿服务的参与次数则是由小到大排列的。

2. 亲子关系

本研究的一个重要命题是研究家庭志愿服务的家庭教育功能，因此特别重视亲子关系的现状及改善情况。亲子关系（parent-child relationship）通常指父母与子女之间的关系，亲子关系如何直接影响家庭教育的效果、孩子的身心发展和人格特征的形成及孩子将来处理人际关系的方式。本次调查侧重从沟通方式和沟通能力的视角界定亲子关系，将其分为"亲密无间，无话不谈""互相信赖，基本问题都能顺利沟通""互相尊重，能就重要事件交流意见""关系良好，但一般不干涉孩子的事""很少交流，但也相安无事""关系有点紧张，交流容易引起争吵"六种类型。从统计数据看，亲子关系处于良好状态的约占85%，另有约5%的家庭的亲子关系存在问题，说明"志愿家庭"的亲子关系总体上是比较好的。由于缺乏可供比较的数据，我们无法判断"志愿家庭"的亲子关系是否好于一般家庭。

本次调查的亲子关系并不涉及夫妻双方与孩子的关系，而只涉及调查对象一方。但从统计结果看，"志愿家庭"的男性家长对自己与孩子的亲子关系评价要低于女性家长的评价。与孩子亲密无间的男性家长比例要远低于女性，而不干涉孩子及和孩子交流少的男性家长比例则要明显高于女性家长。这是否意味着父权主义的教育方式在城市社会已经衰老，还有待进一步的验证。相关分析还表明，学历较高、收入较高的家长与孩子保持着更为良好的亲子关系：在 0.01 置信水平下的 Pearson 系数分别为 -0.056 和 -0.079。亲子关系的建立和改进离不开父母与孩子的相处，也离不开父母对子女的照料和教育。因此，家庭休闲时间和照料孩子时间应该与亲子关系的密切程度相关。双变量相关分析的结果证实了这一点，在 0.01 置信水平下，亲子关系与家庭休闲时间之间的 Pearson 相关系数为 -0.137，亲子关系与照料孩子时间之间的 Pearson 相关系数为 -0.196。①

与夫妻关系类似，亲子关系既可能因为其内聚倾向而不利于家庭志愿服务的参与，也可能因为亲子关系的外部效应而促进家庭志愿服务的参与。双变量相关性分析的结果表明，亲子关系对家庭志愿服务参与的影响

---

① 维达公布的《2015 国民家庭亲子关系报告》也显示，陪伴孩子的时间越长，对亲子关系的满意度越高，http://www.docin.com/p-1171616806.html。

主要是有利的，在 0.01 置信水平下，二者的 Pearson 相关系数为 - 0.063。这意味着，亲子关系越密切，参与家庭志愿服务的次数越多，反之亦然。

表 2 - 12　"志愿家庭"的亲子关系类型与分布

单位：%

亲子关系类型	总计	性别		学历	
		男	女	高中及以下	大学及以上
亲密无间，无话不谈	28.7	20.9	31.4	27.2	29.2
互相信赖，基本问题都能顺利沟通	37.7	36.9	38.0	34.6	38.6
互相尊重，能就重要事件交流意见	17.5	21.2	16.3	17.5	17.6
关系良好，但一般不干涉孩子的事	11.1	15.2	9.7	13.5	10.4
很少交流，但也相安无事	2.1	3.8	1.5	3.8	1.5
关系有点紧张，交流容易引起争吵	2.9	2.0	3.1	3.5	2.7

（四）家庭互动

夫妻关系和亲子关系虽然能够呈现家庭关系的重要特征，但所反映的内容是静态的，正如上面提到的家庭休闲时间一样。为了了解家庭关系的动态特征，我们选择了家庭游戏和家庭外出活动两个角度来考察。

1. 家庭游戏

在家人相处的过程中，父母对孩子成长和社会化进程的关注，是造成家庭关系紧张的重要原因之一。而在父母与孩子一起游戏的过程中，双方都会放弃自己的本位角色而进入游戏角色，这有利于家人之间在轻松的氛围中重新认识自我、调整自我，从而增进彼此间的理解、密切彼此间的关系。同样，一起参与游戏的夫妻之间、孩子之间的关系也能有所改善。

遗憾的是，本次调查结果显示，七成以上的"志愿家庭"的家长很少或从不与孩子一起玩游戏，经常一起玩的不到三成，"几乎每天玩"的则更少。在意料之外的是，男性家长和女性家长之间在与孩子一起玩游戏这件事上没有什么区别。通过双变量相关分析我们发现，家庭游戏的频度与"志愿家庭"家长的受教育程度、收入水平、工作/学习时间、家庭休闲时间、照料孩子时间都存在显著性相关，其 Pearson 相关系数在 0.01 置信水平下分别为 - 0.074、- 0.064、0.041、- 0.157 和 - 0.172。看来，只有工作/学习时间是起负向作用的,即工作/学习时间越长,陪伴孩子一起做游戏的时间越少,其他几个因素的影响则都是正向的,如受教育程度越高的家长越倾向于与孩子一起做游戏等。有意思的是,家庭游戏频率与家庭劳务时间之间并不显著相关,但与照料孩子时间之间却存在显著的相关关系。这可能与家庭游戏可以明显归入照料孩子活动却无法算作家庭劳务有关。①

家人一起游戏对家庭志愿服务的影响同样是双向的,但相关性检验的结果表明,其正向影响是主要的,两者之间的 Pearson 相关系数为 - 0.051,相关性为 0.007,说明家庭游戏越频繁,参与家庭志愿服务的频率就越高。

表 2 - 13 "志愿家庭"家人一起游戏的情况

单位:%

家人游戏频率	全部样本	性别		学历	
		男	女	高中及以下	大学及以上
几乎每天玩	7.0	6.6	7.2	5.8	7.4
每周玩几次	21.4	20.2	21.8	15.1	23.3
偶尔会玩	63.0	63.6	62.8	68.1	61.5
从来不玩	8.6	9.5	8.2	11.0	7.8

2. 家庭外出活动

与家庭游戏一样,家庭成员一起外出旅行、聚餐、看电影等,也是家庭休闲的重要方式。外出活动为家庭成员间的互动提供了传递共享价值和创造社会连接的渠道,因此,满意的家庭外出活动能够提升家庭生活的满意度、促进健康的互动关系、提高家庭生活满意度、增强家庭凝聚力。②从本次调查的结果看,家庭外出的情况要好于家庭游戏,绝大部分"志愿

① 维达公布的《2015 国民家庭亲子关系报告》也发现,"最受欢迎的陪伴孩子的方式"是"玩耍/做游戏/做运动"(80.0%),远高于"读书/讲故事"(63.1%)、"聊天/谈心"(61.0%)和"去公园"(50.6%),而且,高学历者比低学历者更倾向于陪孩子"玩耍/做游戏/做运动":研究生(87.9%)>本科生(81.3%)>高中生(77.5%)>初中及以下(62.5%),http://www.docin.com/p-1171616806.html。

② Alexis Palmer(April 2005). Family Deepening: A Qualitative Inquiry into the Experience of Families Who Participate in Service Missions. Master of Science Department, Brigham Young University.

家庭"的家长都会与家人一起外出活动，其中经常外出的约占四成，从不外出的比例很低。与家庭游戏不同的是，女性家长在与家人一起外出方面明显比男性更为积极和经常，家庭外出频率与性别之间存在显著性相关关系，而与家长的工作/学习时间之间则不存在显著的相关关系。双变量相关分析结果表明，家庭外出活动频率除了与性别有关外，还与受教育程度、收入水平、家庭休闲时间及照料孩子时间呈显著性相关，在 0.01 置信水平下的 Pearson 相关系数分别为 -0.235、-0.250、-0.176 和 -0.157。

家庭志愿服务是家庭外出活动的一种形式，它既可以是单独的，也可能和其他外出活动形式相混合。也就是说，家庭外出既可能对家庭志愿服务形成挤出效应，也可能形成连带效应。从相关分析的结果看，二者之间的 Pearson 系数为 -0.074，相关性为 0.000，说明家庭外出总体上有利于家庭参加志愿服务。

表 2 - 14   "志愿家庭"家人一起外出活动的情况

单位：%

家人外出频率	全部样本	性别		学历	
		男	女	高中及以下	大学及以上
经常	39.6	30.4	42.7	20.4	45.4
不太经常	22.5	26.3	21.2	20.8	23.0
偶尔	36.4	41.3	34.8	55.0	30.9
从不	1.4	2.0	1.3	3.8	0.8

（五）孩子成长状况

"志愿家庭"对自己孩子的成长状况的判断，反映了他们教育孩子的成就感。从统计结果看，近六成家长对自己的孩子是比较满意的，另外四成家长对自己孩子的成长状况有不满意之处，但认为自己孩子的成长状况较差的家长是非常少的。从表 2 - 15 的交叉分析结果看，男性家长对自己孩子成长状态的评价要低于女性家长，高学历家长的评价则要高于低学历家长。孩子成长状况与性别和学历的双变量相关分析更清晰地展示了这一点：在 0.05 置信水平下性别与孩子成长状况的 Pearson 相关系数为 -0.049，在 0.01 置信水平下学历与孩子成长状况的 Pearson 相关系数为 -0.083。进一步的相关分析发现，在 0.01 置信水平下，孩子评价与家长个人收入、年

龄、家庭休闲时间及家庭生活水平的 Pearson 相关系数分别为 – 0.160、
– 0.070、– 0.045 和 0.185，家长个人收入越高、年龄越大、家庭休闲时间
越长、家庭生活水平自评越高，对自己孩子的成长状况的评价越低。

关于家庭志愿服务的研究通常会强调家庭志愿服务内在的教育功能，
认为家庭志愿服务能够帮助孩子更好地成长。不过，孩子成长状况与家庭
志愿服务参与频度的相关分析却表明，二者之间在 0.01 置信水平下的
Pearson 相关系数为 – 0.122，也就是说，孩子的成长表现越好，其参加家
庭志愿服务的频率越高。这说明，在目前家庭志愿服务还处于"自发状
态"下，家长带着孩子出来参与志愿服务并非出于教育目的，更有可能是
出于展示自己的教育成就或给本已比较优秀的孩子锦上添花的目的。

表 2 – 15 "志愿家庭"的孩子成长状况

单位：%

	总计	性别		学历	
		男	女	高中及以下	大学及以上
出类拔萃	3.4	3.8	3.2	2.7	3.6
比较优秀	56.0	50.9	57.7	48.7	58.2
一般情况	37.2	41.3	35.8	43.9	35.2
不稳定	2.3	2.3	2.3	3.6	1.9
较差	1.2	1.7	1.0	1.1	1.2

（六）家庭特征的内在联系

上面从家庭人口规模、家庭生活水平、家庭关系、家庭活动和孩子成
长状况五个方面介绍和描述了"志愿家庭"的家庭特征。在结束这一部分
之前，有必要就这几个家庭特征之间的内在联系做一些分析和说明。

从表 2 – 16 可以看出"志愿家庭"的各项家庭特征之间复杂的交叉影
响关系。家庭游戏、家庭外出等家庭休闲行动对夫妻关系和亲子关系都有
正向的影响，说明积极的家庭休闲活动确实有利于改善家庭关系。家庭人
口规模对夫妻关系的影响是负向的，对亲子关系则没有影响。这说明，孩
子的祖辈和父辈居住在一起可能会影响孩子父母之间的关系，但不会影响
孩子与父母之间的关系，这是复合家庭能够"和谐共处"的前提。家庭规
模会影响家庭外出活动的频率，但不会影响家庭游戏频率，这再一次说明

孩子的祖辈和父辈在家庭中地位的差异以及在教育孩子过程中是有分工的。家庭人口规模对家庭生活水平没有显著影响，说明本次调查的"志愿家庭"绝大多数并非为照顾老人而组成的，也说明复合家庭的老人一般以不成为家庭的经济负担为前提。家庭生活水平对家庭游戏有显著影响，但其影响程度远远低于对家庭外出的影响；反过来说，家庭经济能力会更多地制约家庭外出，但对家庭游戏的制约作用要小得多。换句话说，家庭生活水平较低的家庭在理论上可以通过更经常的家庭游戏改善家庭关系；不过，家庭游戏和家庭外出之间较高的相关性说明，有意识的改变是必要的。家庭游戏和家庭外出等家庭休闲方式对促进和改善家庭关系有正面的影响，但相对而言，它们对亲子关系的影响要大于对夫妻关系的影响。这当然也与家庭开展这些活动的宗旨一般都是为了孩子幸福有关。在亲子关系的影响要素中，父母之间的夫妻关系相当重要，但家庭游戏所体现出来的亲昵和友善似乎更为重要，同样重要的是家庭外出所体现的对孩子的重视和开发，而家庭生活水平则相对不那么重要。当然，要建立良好的亲子关系，孩子自己的表现和努力也很重要。在夫妻关系的影响要素中，亲子关系和孩子的表现至关重要，积极的家庭休闲活动同样有促进作用，家庭人口规模的影响是负面的，但显然还不是非常重要。家庭生活水平对夫妻关系的影响要远远超过对亲子关系的影响。从孩子的成长表现来看，至关重要的影响因素有亲子关系、家庭生活水平、父母的夫妻关系和与家人外出的概率。家庭游戏的作用相对有限，与我们的教育方式和教育目标有关。

表 2-16　"志愿家庭"家庭特征的内在联系

	孩子成长状况	夫妻关系	亲子关系	家庭人口规模	家庭生活水平	家庭游戏	家庭外出
孩子成长状况	1	0.132**	0.198**	0.022	0.185**	0.077**	0.148**
夫妻关系	0.132**	1	0.198**	-0.098**	0.137**	0.134**	0.171**
亲子关系	0.198**	0.198**	1	0.019	0.085**	0.212**	0.190**
家庭人口规模	0.022	-0.098**	0.019	1	0.035	0.005	0.067**
家庭生活水平	0.185**	0.137**	0.085**	0.035	1	0.094**	0.253**
家庭游戏	0.077**	0.134**	0.212**	0.005	0.094**	1	0.349**
家庭外出	0.148**	0.171**	0.190**	0.067**	0.253**	0.349**	1

＊＊ 在置信度（双侧）为 0.01 时，相关性是显著的。

（七）小结

上面我们从家庭人口规模、夫妻关系、亲子关系、家庭生活水平、家庭游戏、家庭外出、孩子成长状况多个方面描述和分析了"志愿家庭"的家庭特征。从中可以得出以下几个结论：①"志愿家庭"的家庭人口规模要大于北京市的平均水平；②"志愿家庭"的家庭生活水平属于中层和中上层的偏多；③多数"志愿家庭"的夫妻关系是很和谐的；④多数"志愿家庭"的亲子关系也是比较密切的；⑤多数"志愿家庭"的孩子成长状况良好；⑥家人一起游戏或一起外出等积极的家庭休闲活动有利于改善家庭关系，相较于对夫妻关系的影响而言，对亲子关系更重要；⑦家庭中的亲子关系与夫妻关系之间是互相影响的；⑧对于孩子成长来说，亲子关系、父母之间的夫妻关系以及积极的家庭休闲活动都很重要；⑨目前"志愿家庭"中家长与孩子一起游戏和娱乐的现象还不普遍；⑩相当一部分"志愿家庭"还不太重视家长与孩子一起外出活动。

四 "志愿家庭"的家庭教育

"家庭是孩子的第一所学校"和重要生活空间，"父母是孩子的第一任教师"，也是受教育儿童最直接的利益相关者，极大地影响着儿童心理发展和社会性的形成。[1] 家庭教育是与学校教育和社会教育并列的三大教育之一，家庭教育是所有教育的根基。1966年美国约翰·霍布金斯大学的詹姆斯·科尔曼教授带领的课题组调查了美国各地4000所学校60万学生，并在此基础上撰写了《关于教育机会平等性的报告》，即美国社会学史和教育史上著名的"科尔曼报告"。报告用大量数据显示，孩子所接受的家庭教育一直在幕后操纵孩子的学校生活，家庭教育是学校教育永远的背景和底色，影响孩子学习成绩的主要因素是家庭。[2]

家庭教育既指在家庭中进行的教育，又指家庭环境因素所产生的教育功能。前者指的是受教育者在家庭中受到的由其家庭成员（不论长幼，但

---

[1]　陈英和、姚端维、郭向和：《儿童心理理论的发展及其影响因素的研究进展》，《心理发展与教育》2001年第3期。

[2]　马晓强：《"科尔曼报告"述评——兼论对我国解决"上学难、上学贵"问题的启示》，《教育研究》2006年第6期。

主要指父母）施与的自觉或非自觉的、经验性的或有意识的、有形的或无形的等多种水平上的影响；后者则指家庭诸环境因素（包括家庭的社会背景和生活方式）对受教育者产生的"隐性"影响。也就是说，家庭教育既包括直接的"显性"教育活动，也包括接受家庭环境熏陶的"隐性"教育活动。[①] 家庭教育可能传递公益理念和志愿服务习惯，反过来，家庭志愿服务也可能成为家庭教育的有效形式。作为上一节的延续，本节主要想从教育主体、价值观教育、教育方式和家庭公益传统等方面了解"志愿家庭"的家庭教育特征。

（一）教育主体

儿童青少年是家庭教育的客体，父母或其他长辈是家庭教育的主体，家庭教育是教育主体将价值观念、行为模式、生活方式等传递给客体，客体接受并反馈的过程。家庭教育的功能也借由此过程发生。从本次调查的结果看，"志愿家庭"中以母亲为主负责孩子教育的情况比较普遍（51%），远远高于以父亲为主的比例，父母双方共担教育责任的比例也很高（37%），[②] 另有少量家庭的孩子教育以祖辈家长为主。从交叉分析的情况看，"志愿家庭"家长为男性的情况下，则父母共同教育和以父亲为主教育的比例要高很多；"志愿家庭"家长如果有大学以上学历，则父母双方为教育主体的比例要高些。从教育主体与孩子成长状况二者的相关分析结果看，以母亲为主和以祖辈为主的影响都是负面的，但影响不显著，而以父亲为主的家庭教育则有显著的负面影响，Pearson 相关系数为 -0.061，相关性为 0.001；只有父母共担责任的家庭教育对孩子的成长表现有正向作用，Pearson 相关系数为 0.056，相关性为 0.003。

将父母双方共同承担家庭孩子教育设为新的变量，将其与家庭生活水平、家长学历、家庭关系等做相关分析的结果表明：父母共同承担教育责任的"志愿家庭"的家庭生活水平要比其他家庭高，家长的学历也更高，家长照料孩子的时间更长，工作时间则更短，夫妻关系更好，家人一起玩游戏和外出的概率也更高；父母双方是否共同承担孩子教育，与家长工

---

① 马和民、高旭平：《教育社会学研究》，上海教育出版社，1998，第 445 页。
② 维达在 2016 年发布的《2015 国民家庭亲子关系报告》发现，父母共同负责孩子教育的占一半以上，高于本次调查结果，这与"志愿家庭"的家长中女性比例偏高有关，http://www.docin.com/p-1171616806.html。

作/学习时间显著相关,而与家庭劳务时间无显著关系,说明父母是否合作教育孩子并不影响他们在家庭劳务上的父母分工;父母双方是否共同承担教育子女责任,与夫妻关系是否和谐显著相关(Pearson 系数为 0.165),但与亲子关系无显著关系,说明夫妻关系是影响他们是否共同承担教育孩子责任的重要影响因素。

父母双方是否共同教育孩子,与家庭志愿服务的参与频率呈显著负相关关系,在 0.05 置信水平下 Pearson 系数为 -0.037,虽然相关系数不大,但说明父母共同教育孩子的"志愿家庭"会减少家庭志愿服务的参与倾向。

表 2-17 "志愿家庭"的家庭教育主体

单位:%

教育主体	总计	性别		学历	
		男	女	高中及以下	大学及以上
孩子父亲	9.7	24.1	4.8	14.5	8.2
孩子母亲	51.0	29.4	58.2	52.2	50.6
父母共同	37.0	42.6	35.1	30.7	38.9
爷爷/奶奶	0.8	1.7	0.5	0.8	0.8
外公/外婆	0.7	0.6	0.8	0.6	0.8
其他	0.8	1.6	0.6	1.3	0.7

(二)价值观教育

价值观是指个人对客观事物(包括人、物、事)及对自己的行为结果的意义、作用、效果和重要性的总体评价,是对什么是好的、什么是应该的的总看法,是推动并指引一个人采取决定和行动的原则、标准,是个性心理结构的核心因素之一。让孩子接受正确的价值观,是家长的普遍愿望,也是家庭教育的核心任务。"家庭是一切教育的第一场所,并在这方面负责情感和人事之间的联系及价值观和准则的传授。"[1] 为了了解"志愿家庭"在家庭教育中都传输哪些价值观以及这些价值观是否有利于推动家庭参与志愿服务活动,调查题目列举了与志愿者动机相关联的 10 个家长认为在教育孩子的过程中最应该被传授的价值观选项,让调查对象从中选 3

---

[1] 联合国教科文组织教育丛书,《教育——财富蕴藏其中》,教育科学出版社,1996,第 96 页。

个。10 个选项包括五对互相区别又有联系的概念组：感恩父母与感恩社会、服从家长与遵规守纪、力争上游与快乐成长、独立自主与有责任心、勤俭节约与友善同学。从选择的结果看，平均每个调查对象选择了 2.947 项，接近最高限额 3 项，说明其选择过程是非常认真的。

从单项选择的结果看，"志愿家庭"最重视的价值观依次为感恩父母、有责任心、快乐成长、独立自主、感恩社会和遵规守纪等几项，其中选择前四项的占总次数的近八成。"感恩父母"涉及亲子关系和家庭责任，"有责任心"涉及个人能力建设和对自己及家人的责任担当，"快乐成长"涉及正面向上的情感和情绪培养，"独立自主"涉及个人自主意识和健康人际关系的养成。家长们重视这四项价值观，说明他们的教育理念是比较现代的。从分组价值观的选择看，选择感恩父母和感恩社会的最多，其次是独立自主和有责任心，再次是快乐成长和力争上游，说明绝大多数家长都很重视孩子的能力、情感和责任培养。与这四项相对立的，是代表传统中产阶层价值观的四项，即服从家长、遵规守纪、勤俭节约和力争上游，不过这四项很少被选择，四项相加仅占总数的 16.3%，如果去掉其中略带中性的遵规守纪，其他三项相加后的选择比仅为 6.5%。[1] 进一步交叉分析表明，为数不多的选择勤俭节约和友善同学这种传统中产阶层价值观的家长主要来自中等阶层的中青年，如选择"勤俭节约"的调查对象 85.8% 来自中等生活水平家庭，92.9% 为 30~49 岁。交叉分析结果表明，不同性别的家长在家庭教育价值观的选择上相差不大，相对而言，男性家长稍微偏重服从家长、遵规守纪、力争上游等价值观，而女性家长则略为偏重于要求孩子更有责任心和更加独立自主。同样，学历的影响也不大，只是低学历者稍微偏重于感恩父母、勤俭节约及服从家长等价值观，而高学历者则稍偏重于要求孩子独立自主和有责任心。

从价值观与家庭志愿服务频率的双变量相关分析的结果看，10 项价值观中仅有四项的影响是显著的。其中"感恩社会"和"遵规守纪"两项价值观的影响是正向的，Pearson 系数分别为 0.091 和 0.045，说明家长在教育孩子的过程中越重视这两项价值观，就越有可能与孩子一起参加家庭志

---

[1] 维达在 2016 年发布的《2015 国民家庭亲子关系报告》显示，国民的家庭教育观念已经从以培养孩子追求知识和出人头地为重心转向以培养孩子的快乐、自主和韧性人格为重心，http://www.docin.com/p-1171616806.html。这一结论与这里的分析结果是一致的。

愿服务；而"快乐成长"和"独立自主"的影响是负向的，Pearson 系数分别为 - 0.043 和 - 0.063，说明家长越是在教育孩子的过程中注重孩子的独立自主和快乐成长，就越少有参与家庭志愿服务的动力。出现这种情况，可能与目前的"志愿家庭"活动偏重于强调奉献而忽视孩子能力培育有关。

表 2 - 18 "志愿家庭"的价值观教育

单位：%

	总计		性别		学历	
	占比	响应占比	男	女	高中及以下	大学及以上
感恩父母	21.2	62.5	62.3	62.5	66.7	61.2
感恩社会	12.1	35.7	39.4	34.4	36.2	35.5
服从家长	0.5	1.5	2.6	1.2	3.9	0.8
遵规守纪	9.8	28.8	31.5	27.9	29.6	28.5
力争上游	2.0	6.0	8.9	5.1	5.8	6.1
快乐成长	15.5	45.7	44.0	46.3	43.6	46.4
独立自主	15.1	44.4	39.2	46.1	36.8	46.6
有责任心	17.8	52.5	44.6	55.1	45.4	54.0
勤俭节约	4.0	11.7	13.6	11.1	15.7	10.5
友善同学	2.0	5.9	7.2	5.5	6.9	5.5
总计	100.0	294.7	293.3	295.2	290.6	295.1

（三）教育方式

家庭教育要成功地传递知识和价值观，必须选择良好的教育方式（parenting styles）。大量研究发现，教育方式对家庭关系构建及儿童发展有着广泛而深刻的影响。未成年犯罪绝大多数与不恰当的教育方式有关。[1] 鲍姆林德在吸收前人研究的基础上区分了家庭教育方式的四种类型，即权威型（authoritative）、专制型（authoritarian）、宽容型（permissive）和排斥 - 忽视型（rejecting-neglecting）。[2] 本次调研在借鉴鲍姆林德的分类基础

---

[1] 教育部关心下一代工作委员会《新时期家庭教育的特点、理念、方法研究》课题组：《我国家庭教育的现状、问题和政策建议》，《人民教育》2012 年第 1 期。

[2] Baumrind, Diana, "The Influence of Parenting Style on Adolescent Competence and Substance Abuse," *Journal of Early Adolescence*, vol. 11 (1), 1991, pp. 55 - 95.

上，将教育方式分为五个选项：对应于专制型的"严加管教"、对应于宽容型的"忍让观察"、对应于权威型的"积极沟通"和"向老师求助"、对应于忽视型的"船到桥头自然直"。为了简单直接地了解"志愿家庭"家长的教育方式有何特点，问卷要求调查对象就如何对待青春期叛逆孩子做出选择。统计结果出现了一边倒的情况，94.8%的"志愿家庭"家长选择了"积极沟通"的教育方式，选择其他教育方式的家长比例非常低。这说明绝大部分家长意识到和孩子沟通的重要性，能够比较恰当地处理孩子青春期的教育问题。从表 2 – 19 中可以看出，在教育方式上，不同性别和不同学历的家长之间没有多大差别。

为了方便分析，我们将家庭教育方式生成新的变量，即是否采取积极沟通的教育方式。将新变量与学历、年龄、家庭生活水平、家庭休闲时间、照料孩子时间、家庭教育主体及家庭教育价值观的现代化程度进行双变量相关分析，结果表明，除了家庭教育价值观的现代化程度变量外，其余都与教育方式无显著关系。家庭教育价值观的现代化程度取得方式如下：将感恩父母、有责任心、快乐成长和独立自主视为家庭教育中传播的主要现代价值观，选择其中 3 项的调查对象得 3 分，选择其中 2 项的得 2 分，选择其中 1 项的得 1 分，没有选择的得 0 分，得分越大表示现代化程度越高。结果表明，27%的调查对象同时选择了 3 项，50%的调查对象同时选择了 2 项，22%的调查对象选择了其中的 1 项，剩下 1%没有选择任何项。教育方式与价值观现代化程度的 Pearson 相关系数为 – 0.060，相关性为 0.002，说明调查对象教育孩子的价值观取向越是现代，就越可能选择"积极沟通"的办法来处理孩子成长过程中的问题，反之亦然。

家长采用积极沟通的方式处理孩子成长过程中的问题，是否会影响到孩子的成长？相关分析的结果表明，积极沟通的方式与夫妻关系和亲子关系彼此间是显著相关的，Pearson 相关系数分别为 0.092 和 0.124，相关性均为 0.000；[1] 不过，相关分析也发现，积极沟通的教育方式对孩子成长状况没有什么显著影响，这或许与问卷没有设计日常生活中的沟通有关。因此，我们有理由怀疑，积极沟通很可能只是反映了家长的态度取向，而与

---

[1] 维达公司的调查也显示，亲子沟通的方式最能够影响亲子关系（79.5%），对夫妻关系的影响则较小（39.0%），结论与本研究的发现是一致的，参见《2015 国民家庭亲子关系报告》，http://www.docin.com/p – 1171616806.html。

其真实的做法并不相关。

　　教育方式与家庭志愿服务参与率的相关分析结果显示，二者之间并不存在显著的相关关系。这是否意味着，因为家长们能够普遍采用积极沟通的方式解决孩子成长过程中的问题（包括亲子关系方面的问题），因此其参与家庭志愿服务的积极性并不高，还有待进一步研究。

表 2 – 19　“志愿家庭”的教育方式

单位：%

教育方式	总计	男	女	高中及以下	大学及以上
严加管教	1.9	3.2	1.4	2.5	1.7
忍让观察	1.7	1.6	1.7	1.7	1.7
积极沟通	94.8	93.2	95.4	93.9	95.1
向老师求助	0.4	0.1	0.4	0.5	0.3
船到桥头自然直	1.2	1.9	1.0	1.4	1.2

（四）家庭公益传承

　　家庭教育是慈善伦理教育的重要途径之一，对慈善伦理教育有着重要意义。[1] 基于人际接触的频度、密度和深度，家人尤其是父母的言行对孩子的影响至深至远。因此，所有的教育学家都非常强调家长言传身教的意义。言传身教是知行合一的教育方式，除了强调言语教育外，还强调家长自身的行为肯定会潜移默化地影响孩子，也就是说，家长自身必须行得正、坐得端，才能帮助孩子树立正确的人生观和价值观。“家庭生活的丰富性远超学校，它的种种细节都蕴含着培养公益精神的绝好机会。”“家庭公益教育决定着公益教育的效果和成败。”[2]这里用“家庭公益传承”来描述家庭的公益文化和公益实践之间处于某种程度的相互支持、整合持续的状态。为简单起见，我们从易于衡量的行动侧面选择三个简单的指标来反映家庭公益传承：一是“志愿家庭”家长的原生家庭的公益传统，二是“志愿家庭”的慈善捐赠，三是“志愿家庭”的非家庭志愿服务。

---

[1]　胡侠玲：《家庭濡养视角下的慈善伦理教育路径探析》，《学校党建与思想教育》2016 年第 21 期。

[2]　刘艳丽、尚立富：《家庭公益教育的障碍及其破解机制研究》，《当代教育与文化》2016 年第 3 期。

1. 原生家庭的公益传统

人们的价值观和公益行为受到家庭环境尤其是家庭教育的影响，因此，"志愿家庭"家长的公益观念和公益行为在很大程度上受到其成长的原生家庭的公益传统的影响，他们在很大程度上传承、延续着原生家庭的公益传统。国内外多项研究都证实，父母的志愿行为对子女是否参与公益行动有影响。[①] 对于家庭志愿服务来说，原生家庭最直接的影响来自家长的志愿服务行为。由于慈善捐赠的概念比较含糊，同时考虑年代久远对详细记忆的不利影响，我们只就"志愿家庭"家长的父母是否从事过志愿服务进行了追问。

从统计结果看，约两成"志愿家庭"的家长肯定其父母曾经提供过志愿服务，超过五成的"志愿家庭"家长肯定其父母没有从事过志愿服务，另有近三成的人不肯定。这种情况与我国志愿服务的历史不长、参与率不高相符合。需要说明的是，这并不一定能反映调查对象的原生家庭的真实情况，但基本上能反映原生家庭父母的志愿服务行为是否对"志愿家庭"的家长产生影响。另外，就回答的情况看，"志愿家庭"的家长们所理解的志愿服务是有组织的志愿服务即正式志愿服务，而不是非正式志愿服务，否则认为自己的父母有过志愿服务经历的比例应该高得多。从交叉分析结果看，就原生家庭父母双方参加过志愿服务而言，不同性别和不同学历的"志愿家庭"家长所反映的情况基本上没有区别。将原生家庭父母是否参加过志愿服务与家庭教育方式、教育主体和价值观选择进行双变量相关分析的结果显示，只有"志愿家庭"教育主体受到了显著性影响，Pearson 相关系数为 0.054，说明原生家庭的父母从事过志愿服务的会增加"志愿家庭"父母共同承担教育责任的概率。

从代际传承的角度看，原生家庭父母的志愿服务行为对"志愿家庭"的家庭志愿服务参与率有显著的促进作用，Pearson 系数在 0.01 置信水平下为 -0.114。

---

① Statistics Canadian：Caring Canadians, Involved Canadians：Highlights from the 2007 Canada Survey of Giving, Volunteering and Participating, 2009；Australian Bureau of Statistics：Voluntary Work Australian, 2007；张网成：《中国公民志愿行为研究》，知识产权出版社，2011。

表 2 - 20   原生家庭父母的志愿服务经历

单位：%

	总计	男	女	高中及以下	大学及以上
参加过	19.5	20.9	19.1	17.1	20.2
记不清	26.7	26.6	26.8	29.7	25.8
应该没有	53.8	52.5	54.2	53.1	53.9
总计	100	100	100	100	100

2. 慈善捐赠

慈善捐赠与志愿服务一起构成志愿行为或慈善行为的两个既彼此独立又互相关联、相互影响的组成部分。与志愿服务一样，慈善捐赠也是反映人们的亲社会行为及志愿精神的重要指标。在国家还未介入的情况下，志愿服务行动尤其是正式志愿服务行动的开展在很大程度上依赖于慈善捐赠。志愿服务、慈善捐赠是志愿家庭参与社会事务的重要方式。

关于我国公民慈善捐赠的现状，通常的批评是缺乏慈善意识，不过，实证研究的发现并不与此一致。根据"中国劳动力动态调查"数据，2011年全国家庭捐赠参与率为 22.2%，2013 年为 17.0%。所谓家庭捐赠，指受访家庭过去一年以货币、实物或其他形式向社会机构或个人进行过的捐赠，包括以全家名义进行的捐赠以及家庭成员个人的捐赠。[1] 在同样的定义下，笔者在 2010 年开展的全国六省市志愿服务调查中发现，80.6% 的调查对象在过去一年内捐赠过钱或物，经过加权调整，提供过慈善捐赠的比例仍然高达 42.0%。[2] 此次调查的结果显示，近九成的"志愿家庭"在过去一年内有过慈善捐赠，其中，超过 1/3 的家庭在一年内至少捐赠过3 次，捐赠超过 2 次的超过了六成，可见，"志愿家庭"的捐赠率显然要高于现有数据。相关性分析结果显示，家庭捐赠与家庭生活水平、夫妻关系、亲子关系、孩子成长状态、公益倾向性等变量两两之间均呈显著正相关关系：家庭生活水平越高，越倾向于捐赠；亲子关系、夫妻关系和孩子成长状况越良好，越倾向于捐赠；公益倾向于越明显，越倾向于捐赠。

---

① 朱健刚主编《中国公益慈善发展报告（2014）》，社会科学文献出版社，2016。
② 张网成：《我国公民个人慈善捐赠流向研究》，《中国软科学》2013 年第 8 期。

从表 2 - 21 的交叉分析数据看，性别对"志愿家庭"捐赠行为的影响很小，而学历则有较大影响。双变量相关分析结果证明了这一点，捐赠次数与性别不显著相关，而学历越高则捐赠次数越多，Pearson 相关系数为 - 0.191。由于"志愿家庭"在收入等方面均与北京市普通居民家庭有一些区别，因此我们将慈善捐赠次数与家庭生活水平等进行了双变量相关分析，结果表明，"志愿家庭"的家庭生活水平、夫妻关系和谐程度、家长个人收入层次、家长年龄及孩子成长状况等都与家庭慈善捐赠次数呈显著相关，Pearson 相关系数分别为 0.068、0.050、- 0.114、- 0.058 和 0.097。

家庭捐赠行为与家庭志愿服务参与率之间也呈现显著性支持关系，Pearson 相关系数为 - 0.275，也就是说，家庭捐赠次数越多，则参与家庭志愿服务的频率越高，反之亦然。

表 2 - 21　"志愿家庭"的慈善捐赠表现

单位：%

捐赠次数	总计	男	女	高中及以下	大学及以上
3 次及以上	35.3	35.6	35.2	22.5	39.2
2 次	28.7	27.0	29.3	28.1	28.9
1 次	25.1	23.4	25.7	31.8	23.1
没有	10.8	14.0	9.8	17.6	8.8

3. 非家庭志愿服务

家庭志愿服务只是志愿服务的一种形态。为方便起见，这里将家庭成员在家庭志愿服务之外参与的志愿服务简称为"非家庭志愿服务"，以示与家庭志愿服务的区别与联系。与想要了解慈善捐赠会不会影响家庭志愿服务参与一样，参与"非家庭志愿服务"会不会影响到"志愿家庭"参与家庭志愿服务也是本次调查需要了解的。已有的调查发现，人们不参与或不更多参与志愿服务的理由之一就是他们已经捐赠过了。有些学者据此推论，慈善捐赠行为可能会对志愿服务形成排挤效应。反对这种观点的学者认为，慈善捐赠会增加人们了解志愿服务需求的机会以及他们与志愿服务组织接触的机会，因此，慈善捐赠与志愿服务之间应该存在协同效应，而非排挤效应。已有一些实证研究证实了志愿服务与慈善捐赠行为之间总体上呈现协同效应。① 同样，由于志愿者的时间和精力是有限的，因此怀疑家庭志愿服务与"非家庭志愿服务"之间存在排挤效应，并非没有理由。

本次调查结果显示，48.6%的"志愿家庭"家长及其家人在过去一年内参加过"非家庭志愿服务"活动。根据北京政务网提供的消息，2015年提供过志愿服务的志愿者总量为402.5万人次。② 这就意味着，该年度北京市的志愿服务参与率为22.2%，明显低于"志愿家庭"的"非家庭志愿服务"的参与率，这还不包括其家庭志愿服务。从"非家庭志愿服务"的参与率来看，"志愿家庭"的家长是男性还是女性并没有什么区别，但高学历家长的家庭参与率要明显高于低学历家长的家庭。从年龄上看，中青年为家长的家庭参与"非家庭志愿服务"的比例要远低于50岁以上的中老年人家长家庭。

双变量相关分析结果显示，是否参与"非家庭志愿服务"与家庭教育价值观、教育主体、家庭生活水平、个人收入层次、年龄、学历、慈善捐赠、夫妻关系、亲子关系及孩子成长状况之间都存在显著性相关关系，Pearson相关系数分别为0.047、0.037、0.044、-0.052、-0.056、-0.141、0.332、0.042、0.074和0.106。也就是说，家庭教育价值观越现

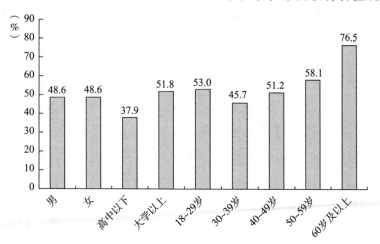

图2-1 "志愿家庭"的"非家庭志愿服务"参与率

---

① 张网成：《中国公民志愿行为研究》，知识产权出版社，2011。
② 北京政务网，《本市志愿服务价值一年百亿元》，http://zhengwu. beijing. gov. cn/sy/bmdt/ t1483403. htm。

代、夫妻双方越负责孩子教育、家庭生活水平越高、个人收入越高、年龄越大、文化程度越高、捐赠次数越多、夫妻关系越和谐、亲子关系越密切，孩子成长状况越好，"志愿家庭"就越有可能参与"非家庭志愿服务"。

相关分析结果还表明，"志愿家庭"参与家庭志愿服务和"非家庭志愿服务"之间存在显著性相关关系，Pearson 相关系数为 - 0.325，相关性为 0.000。也就是说，"志愿家庭"一旦参与"非家庭志愿服务"，其参与更多家庭志愿服务的概率就会大幅度上升，反过来也一样。

（五）家庭教育特征的内部关联

上面从教育主体、教育方式、价值观教育和家庭公益传承等几个方面描述了"志愿家庭"的教育特征。为了完整呈现这些家庭教育特征之间的关联，我们进行了交互的双变量分析，结果表明，家庭的教育主体、教育方式和价值观之间关联度不高，但家庭公益传承各项指标之间的关联度则很明显。例如："志愿家庭"在过去一年内的慈善捐赠次数与家长的教育方式及家庭价值观之间没有显著相关关系；虽然家庭教育是否夫妻双方负责对"志愿家庭"的慈善捐赠有显著影响，但影响不大；"志愿家庭"的捐赠行为更多地受到其他家庭志愿行为的显著影响，尤其是家庭志愿服务和"非家庭志愿服务"的影响，原生家庭的公益倾向对家庭捐赠也有显著影响。

表 2 - 22　"志愿家庭"家庭教育的内部关联

	教育方式	价值观	教育主体	慈善捐赠	非家庭志愿服务	原生家庭公益倾向	家庭志愿服务
教育方式	1	- 0.060 **	0.023	0.019	0.005	- 0.006	- 0.037
价值观	- 0.060 **	1	- 0.014	- 0.011	.047 *	0.027	- 0.060 **
教育主体	0.023	- 0.014	1	0.037 *	0.037 *	0.054 **	- 0.037 *
慈善捐赠	0.019	- 0.011	0.037 *	1	0.332 **	0.183 **	- 0.275 **
非家庭志愿服务	0.005	0.047 *	0.037 *	0.332 **	1	0.197 **	- 0.325 **
原生家庭公益倾向	- 0.006	0.027	0.054 **	0.183 **	0.197 **	1	- 0.114 **
家庭志愿服务	- 0.037	- 0.060 **	- 0.037 *	- 0.275 **	- 0.325 **	- 0.114 **	1

** 在置信度（双侧）为 0.01 时，相关性是显著的； * 在置信度（双侧）为 0.05 时，相关性是显著的。

既然"志愿家庭"的家庭公益传承有内在关联，有必要进一步深入挖掘慈善捐赠、家庭志愿服务和非家庭志愿服务彼此之间的联系。从图 2 - 2 中可以看到,"志愿家庭"参与"非家庭志愿服务"的比例不到半数,其中 76.3% 的家庭参加过家庭志愿服务。两类志愿服务交叉的结果是,"志愿家庭"在过去一年内两类志愿服务均参加过的比例高达 37.1%,而没有参与过志愿服务的比例则下降到 25.3%。考虑慈善捐赠的情况,则过去一年内既没有进行过捐赠也没有参与过家庭志愿服务或非家庭志愿服务的比例下降到 5.4%,三类公益活动都参加过的比例为 35.8%。也就是说,参加过两类志愿服务后又参加慈善捐赠的比例为 96.5%,可见三类公益行动的交叉影响是较高的。

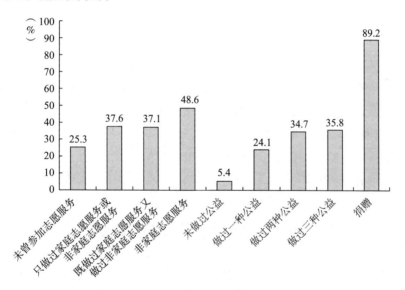

图 2 - 2 "志愿家庭"的家庭公益内部结构

(六) 小结

从上面的描述和分析可以看到"志愿家庭"的家庭教育有以下几个特征:①"志愿家庭"的家庭教育主要由母亲一方或父母双方承担;②"志愿家庭"的家庭教育观念的现代取向非常明显;③在"志愿家庭"中,积极沟通成为主导的家庭教育方式;④近两成"志愿家庭"的原生家庭父母提供过志愿服务;⑤近九成"志愿家庭"在过去一年有过捐赠;⑥近半数"志愿家庭"在过去一年参加过"非家庭志愿服务";⑦"志愿家庭"的家庭公益传承内部各要素之间呈显著相关关系。

第三章 "志愿家庭"的行动参与

上一章我们介绍了"志愿家庭"的各种特征及其相互之间的关联。这一章我们将描述和分析"志愿家庭"参与家庭志愿服务活动的具体情况。首先,我们将要了解的是"志愿家庭"的构成情况,尤其是志愿家庭中的亲子组合情况;然后,将要介绍"志愿家庭"参与志愿服务的情况,包括参与地点、信息来源、参与动机、活动的组织方、参与志愿活动的类型等;接下来,将描述和分析家庭志愿服务中亲子合作的情况,包括合作的次数和合作的阶段;最后,将从个人和组织两个方面了解影响"志愿家庭"参与的不利因素。

一 "志愿家庭"的构成

"志愿家庭"公益活动不同于个人志愿服务活动,需要两个及以上的家庭成员共同参与完成。志愿家庭的构成情况影响着志愿服务的具体实践过程,具体将从志愿家庭的注册时间、注册人数以及亲子结构三方面展开分析。

(一) 注册时间

北京市志愿服务联合会的"志愿家庭"登记注册始于 2014 年。从本次调查的结果看,约有一成的"志愿家庭"是当年注册的;2015 年注册的"志愿家庭"是 2014 年的 2.55 倍;2016 年注册的"志愿家庭"是 2015 年的 1.99 倍;2017 年 8 月 7 日前的注册数量既少于 2016 年上半年的也少于 2016 年下半年的,但相当于 2015 全年的 84.1%,相当于 2014 年的 2.14 倍。总的来看,北京"志愿家庭"的注册速度是非常快的。这与北京市志愿服务联合会的行政动员能力密切相关。但经过 2015 年和 2016 年的迅速扩张，北京注册"志愿家庭"的增长速度似乎正在下降。

　　从性别差异的角度看，虽然男性作为家长的"志愿家庭"数量要远远少于女性作为家长的"志愿家庭"数量，二者之间的比例关系为 25.1∶74.9，但相对而言，在最初的两年里，男性作为家长的"志愿家庭"的登记注册热情要高于女性家长。这可能意味着，越来越多的家长发现目前的家庭志愿服务活动更适宜母亲带孩子参加。类似地，高中及以下学历者为家长注册的"志愿家庭"数量要远少于大学及以上学历者为家长注册的"志愿家庭"数量，二者之间的比例关系为 23.0∶77.0，但相对而言，低学历者的注册热情在 2015 年有过明显的转折，这也许意味着现在的家庭志愿服务活动更适宜高学历者带孩子参加。或者说，由于"志愿家庭"是一个新生事物，因此男性和高学历者更加敢于尝试。

表 3 - 1　"志愿家庭"的注册时间

单位：%

注册时间	总计	性别		学历		年龄	
		男	女	高中及以下	大学及以上	50 岁以内	50 岁以上
2014 年	9.3	11.0	8.7	11.0	8.8	9.1	18.3
2015 年上半年	11.4	12.7	11.0	12.9	10.9	11.4	10.0
2015 年下半年	12.3	14.4	11.6	10.2	12.9	12.4	6.7
2016 年上半年	25.1	24.4	25.3	24.4	25.3	24.9	30.0
2016 年下半年	22.1	18.9	23.1	18.9	23.0	22.1	21.7
2017 年	19.9	18.6	20.4	22.6	19.1	20.1	13.3
样本总计	100	100	100	100	100	100	100

　　双变量交叉分析显示，"志愿家庭"的家长个人的年龄、学历和家务劳动时间都与"志愿家庭"的注册时间无关，但家长个人的收入水平高低、工作/学习时间长短则与注册时间早晚有显著的相关关系，在 0.05 置信水平下的 Pearson 相关系数分别为 0.043 和 0.037。也就是说，"志愿家庭"家长的收入越高、工作/学习时间越长，则注册越晚。这合乎常理。

　　夫妻关系和谐程度、亲子关系亲密程度都不显著影响"志愿家庭"的注册时间；不过，孩子成长状况则与注册时间显著相关，也就是说，家长认为孩子的成长状况越好，则越有可能激励家长更早注册。对此，一个合理的解释是，注册"志愿家庭"可能并不是出于家庭关系建设的内在需要，而是受到外部形势的影响。

"志愿家庭"注册时间明显受到原生家庭公益传承的影响。原生家庭父母参与过志愿服务的，会更早注册"志愿家庭"；慈善捐赠越频繁的家庭，注册"志愿家庭"的时间越早；有过"非家庭志愿服务"经历的，也会更早注册"志愿家庭"。

从"志愿家庭"的注册时间与家庭志愿服务的参与次数的双变量相关分析结果看，二者之间存在显著性相关关系。这就意味着，"志愿家庭"的注册时间越早，参与家庭志愿服务活动的次数就越多。如果"志愿家庭"在注册一段时间后就不再参加活动，那么注册时间早晚与参与服务活动次数之间就不存在相关关系。据此，我们判断，北京市的"志愿家庭"行动还处于积极发展的上升阶段。

表 3 - 2　"志愿家庭"注册时间的影响因素

	原生家庭公益传承	孩子成长状况	非家庭志愿服务	慈善捐赠	注册时间	夫妻关系	亲子关系	家庭志愿服务
原生家庭公益传承	1	0.091**	-0.197**	0.183**	0.055**	0.090**	0.067**	-0.114**
孩子成长状况	0.091**	1	-0.106**	0.097**	0.068**	0.132**	0.198**	-0.122**
非家庭志愿服务	-0.197**	-0.106**	1	-0.332**	-0.117**	-0.042*	-0.074**	0.325**
慈善捐赠	0.183**	0.097**	-0.332**	1	0.084**	0.050**	0.074**	-0.275**
注册时间	0.055**	0.068**	-0.117**	0.084**	1	-0.009	0.023	-0.219**
夫妻关系	0.090**	0.132**	-0.042*	0.050**	-0.009	1	0.198**	-0.056**
亲子关系	0.067**	0.198**	-0.074**	0.074**	0.023	0.198**	1	-0.063**
家庭志愿服务	-0.114**	-0.122**	0.325**	-0.275**	-0.219**	-0.056**	-0.063**	1

　　** 在置信度（双侧）为 0.01 时，相关性是显著的；* 在置信度（双侧）为 0.05 时，相关性是显著的。

（二）注册人数

"志愿家庭"的注册人数是指在同一"志愿家庭"下注册的家庭成员数或者说志愿者人数。从问卷统计的结果看，"志愿家庭"注册人数为 3 人的比例最高，其次是注册人数为 2 人的，两种情况相加占总数的近八成，其余注册人数为 1 人和 4 人及以上的各占约一成。285 个"志愿家庭"只有 1 人注册，与"志愿家庭"的定义不相符合。问题的严重性还表现在单人注册"志愿家庭"的情况并没有改善的迹象：2014 年注册的"志愿家庭"中 9.7% 的是单人注册的，2015 年单人注册的比例为 9.0%，2016 年单人注册的比例为 8.7%，2017 年这一比例则迅速上升到 16.0%。这种情况表明，与"志愿家庭"注册相关的管理工作存在漏洞，包括动员过程中未就"志愿家庭"加以明确说明和审核工作不严谨两个方面。管理工作存在漏洞，显然与管理"志愿家庭"注册的岗位人手不足有关。[①] 不过，从表 3 - 3 可以看出，出现这种情况也与登记注册者个人有关：在单人注册的"志愿家庭"中，男性的比例要超过女性，学历低的要高于学历高的，家中没有未成年人的要高于家中有未成年人的。

表 3 - 3 "志愿家庭"的注册人数

单位：%

	总计	男	女	高中及以下	大学及以上	无成年人	有成年人
1 人	10.3	12.0	9.7	15.1	8.9	20.3	9.8
2 人	35.1	31.0	36.5	36.8	34.6	42.2	34.8
3 人	44.5	45.0	44.3	38.1	46.4	30.5	45.1
4 人及以上	10.1	12.0	9.5	10.1	10.1	7.0	10.2

家庭成员并不一定都会注册成为"志愿家庭"志愿者。不过，吸纳家庭外成员参与注册并不被禁止，甚至被鼓励，[②] 因此归在某些"志愿家庭"名下的志愿者人数可能超过其实际家庭人数。"志愿家庭"行动的目标可以分解为三个方面的子目标：一是"志愿家庭"的动员程度，可以用"志愿家庭"占全部家庭的比例来衡量；二是"志愿家庭"的家庭动员程度，可用家庭成员中参与"志愿家庭"行动的比例来衡量；三是"志愿家庭"参与家庭志愿服务的力度，可以用"志愿家庭"参与家庭志愿服务活动的次数或时长来衡量。了解"志愿家庭"的家庭动员程度，又可以有两种测

① 预调查对象中，1 人注册的仅占 5.3%，这显然与 SG 社工机构有专门项目团队管理"志愿家庭"活动有关。
② 北京市教委、首都文明办、团市委、北京市志愿服务联合会明确鼓励中小学生担任"小户主"，邀请父母、亲戚、同学、朋友成为志愿家庭成员。参见新华网转发的《京华时报》2016 年 2 月 2 日的消息《北京中小学寒假志愿服务纳入综合素质评价》，http://www.bj.xinhuanet.com/bjyw/2015 - 02/02/c_1117965973.htm。

量方法：一是计算家庭中未参与注册成为"志愿家庭"志愿者的人数，二是计算"志愿家庭"注册人数占家庭人口数的百分比。从图 3-1 中可以看出，30.5% 的家庭全员注册了"志愿家庭"，29.8% 的家庭只剩下 1 名家庭成员未参加注册，21.5% 的家庭剩下 2 名成员未参与注册，另有少量"志愿家庭"的注册人数超过了家庭实际人数。从注册人数占家庭人口数的比例来看，比值大于 0.5（家庭人口中半数以上参与了"志愿家庭"注册）的占志愿家庭总数的 73.4%，比值大于 0.8 的占 35.1%。总的来看，"志愿家庭"的动员程度还是比较高的。

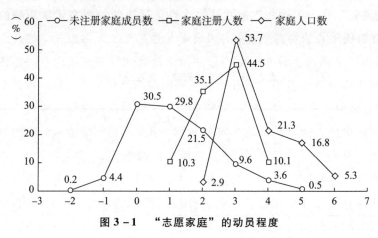

图 3-1　"志愿家庭"的动员程度

为了了解为什么不同"志愿家庭"的注册人数有差别，我们将注册人数与家庭人口规模、夫妻关系、亲子关系、家庭教育方式等进行了双变量相关分析，结果表明，家庭人口规模和家庭生活水平对志愿家庭的注册人数都有显著影响，Pearson 相关系数分别为 0.066 和 -0.064；在家庭关系中，亲子关系与注册人数没有显著性相关关系，而夫妻关系与注册人数之间则存在显著性相关关系，孩子的成长状况与"志愿家庭"的注册人数也显著相关；在家庭教育方面，教育方式不影响注册人数，但家庭教育的现代取向则有显著影响，原生家庭公益传承也有显著影响。家庭人口越多，"志愿家庭"名下注册的家庭成员越多，是合乎情理的事；家庭生活水平高的家庭注册人数多，则可能与家庭生活水平高的家庭的捐赠取向及志愿服务倾向有关；和谐的夫妻关系会增加夫妻双方共同参与家庭志愿服务的概率，这也是合乎情理的；孩子成长状况越好，则"志愿家庭"的注册人数越多，但家庭教育方式又与注册人数无关，这说明目前的家庭志愿服务可能是非治疗性的；家庭教育的价值观取向越是现代，则注册人数越多，则可能是原生家庭公益传承变量间接影响的结果。相比之下，"志愿家庭"的注册人数更多受到原生家庭公益传承的影响。

注册人数与家庭志愿服务频率的相关分析表明，二者之间显著相关，Pearson 相关系数为 0.206，相关性为 0.000，说明注册人数越多的家庭，家庭志愿服务频率越高，这合乎情理。

表 3-4 "志愿家庭"注册人数的影响因素

	注册人数	原生家庭公益传承	慈善捐赠	孩子成长状况	夫妻关系	非家庭志愿服务	家教价值观
注册人数	1	-0.092**	-0.163**	-0.096**	-0.104**	0.157**	-0.043*
原生家庭公益传承	-0.092**	1	0.183**	0.091**	0.090**	-0.197**	0.027
慈善捐赠	-0.163**	0.183**	1	0.097**	0.050**	-0.332**	-0.011
孩子成长状况	-0.096**	0.091**	0.097**	1	0.132**	-0.106**	0.004
夫妻关系	-0.104**	0.090**	0.050**	0.132**	1	-0.042*	0.013
非家庭志愿服务	0.157**	-0.197**	-0.332**	-0.106**	-0.042*	1	-0.047*
家教价值观	-0.043*	0.027	-0.011	0.004	0.013	-0.047*	1

** 在置信度（双侧）为 0.01 时，相关性是显著的；* 在置信度（双侧）为 0.05 时，相关性是显著的。

（三）亲子结构

调查问卷的统计结果显示，注册的"志愿家庭"中有 11.1% 的没有 18 岁以下的未成年人参加，与此相对照的是，只有 4.6% 的"志愿家庭"本身就没有未成年人，这说明有 6.5% 的"志愿家庭"虽然有未成年人但这些未成年人并没有注册成为"志愿家庭"的志愿者。进一步的交叉分析结果表明，家里没有未成年人参与注册的"志愿家庭"中有 26 户的注册人数为 1 人，占 307 个无未成年人参与注册的"志愿家庭"总数的 8.5%，另有 54 户的注册人数为 2 人，占 17.6%，两项相加占 26.1%，说明家里无未成年人参加的"志愿家庭"的注册人数是比较少的。在 128 户本身没有未成年人的"志愿家庭"中，有 63 户有未成年人注册成了"志愿家庭"的志愿者，这说明"志愿家庭"确实存在非家庭成员组合的情况。

在 2459 户有未成年人参与注册的"志愿家庭"中，有学龄前儿童（1~6 岁）参与注册的占 7.8%，有小学生（7~12 岁）参加注册的占

74.1%，有初中生（13～15岁）参加注册的占18.7%，有高中生（15～18岁）参加注册的占6.0%。这说明，"志愿家庭"中有亲子档参与的主要以小学生与其父亲、母亲或父母的组合为主，初中生与父母的一方或双方以及高中生参与"志愿家庭"注册的比例则很低。与学龄前儿童相比较，小学生的独立性渐渐增强，不再事事需要请教和麻烦父母，亲子互动没有婴幼儿时期那么频繁，而儿童的心理发展变得更复杂，作为父母还是需要了解他们的日常生活和心理发展，所以亲子互动变得越发重要；与小学生相比，初中生普遍开始进入青春叛逆期，独立性更强，自尊心也更强，对强加的力量和父母的控制予以排斥的意识和行为倾向越来越明显；而与小学生相比，学龄前儿童更加活泼好动、易冲动、自制力差、易受暗示、模仿性强。这些应该是小学生与父母一起参与注册比例最高的主要原因。另外，还有94户"志愿家庭"有双胞胎孩子参与了注册，占有未成年人参与注册的家庭总数的3.7%，比例是很高的。从性别的角度看，"志愿家庭"的家长如果是男性，则其没有未成年人参与的比例要高一些；从学历的角度看，"志愿家庭"的家长如果是高中及以下学历者，则其没有未成年人参与的比例也要高一些。

表3-5　注册"志愿家庭"的孩子参与情况

孩子年龄	总计		男		女	
	频数	占比（%）	频数	占比（%）	频数	占比（%）
1～6岁	193	7.0	59	8.5	134	6.5
7～12岁	1821	65.8	422	60.9	1399	67.5
13～15岁	459	16.6	112	16.2	347	16.7
16～18岁	148	5.4	44	6.4	104	5.0
无未成年人	307	11.1	99	14.3	208	10.0
1～18岁双胞胎	94	3.4	18	2.6	76	3.7
总计	3022	109.3	754	108.9	2268	109.4

问卷统计结果还表明，绝大部分"志愿家庭"只有1名孩子参与注册，但也有少量"志愿家庭"有多名孩子参加了注册。将"志愿家庭"注册孩子数与家长的性别、年龄、收入水平等做双变量交叉分析的结果表明，"志愿家庭"注册的孩子数与家庭人口规模和家长的受教育程度、收

入层次呈正相关，在 0.01 置信水平下 Pearson 相关系数分别为 0.071、0.039 和 0.064；与注册孩子数呈正相关的还有孩子的成长状况，孩子在同龄人中的表现越好，则越有可能跟其他孩子一起注册成为"志愿家庭"志愿者；不过，"志愿家庭"的亲子关系、夫妻关系、教育方式、教育主体、价值观以及原生家庭公益传承等都与"志愿家庭"有几名孩子参与注册没有显著的相关关系，这是可以理解的。

双变量相关分析还显示，注册"志愿家庭"孩子数与家庭志愿服务频率之间呈正相关关系，在 0.01 置信水平下的 Pearson 相关系数为 0.084。另外，"志愿家庭"中是否有未成年人参加与家庭志愿服务频率之间存在负相关关系，Pearson 相关系数为 -0.045。

表 3 - 6 注册"志愿家庭"的孩子数分布

单位：%

未成年人参加数	总计	性别		学历	
		男	女	高中及以下	大学及以上
无	11.1	14.3	10.0	17.1	9.3
1 人	83.9	80.7	85.0	75.9	86.3
2 人	4.2	4.2	4.2	5.2	3.9
3 人	0.7	0.6	0.7	1.6	0.4
4 人	0.1	0.3	0.0	0.2	0.1

（四）小结

从上面的描述和分析中可以得出以下结论：①虽然"志愿家庭"的数量一直处于增长状态，但增长速度似乎已经开始下降；②"志愿家庭"的注册时间越早，参与家庭志愿服务的次数越多，说明北京"志愿家庭"行动整体上还处于上升状态；③"志愿家庭"的注册人数以 2 人和 3 人为主；④有部分"志愿家庭"仅有 1 人注册，且这种情况有上升趋势，说明注册管理工作存在问题；⑤"志愿家庭"的注册人数对其家庭志愿服务参与有显著影响；⑥有约一成的"志愿家庭"并没有未成年人参加，说明"志愿家庭"并不仅仅是亲子档，家庭成年成员间也可以组合注册"志愿家庭"；⑦"志愿家庭"中亲子档是比较常见的，而且大部分亲子档是由 1 名未成年人与其父母一方或双方组成的；⑧"志愿家庭"注册人数多会提高家庭志愿服务的参与水平。

二 "志愿家庭"参与服务的情况

家庭志愿服务作为一种创新性的志愿服务方式，若能够顺利推进，将给我国志愿服务事业添增新的动力机制。此次调查问卷通过深入分析家庭志愿者参与公益活动时间、参与地点、参与次数、参与动机、参与活动类型、获取信息渠道、在活动中承担的角色以及对参与活动举办方/组织方的认知八个方面，探讨可能存在的问题，为未来活动开展奠定良好基础。

（一）参与次数

"志愿家庭"参与公益活动的频次，是反映"志愿家庭"活跃程度的最重要指标。从统计结果来看，本次调查的"志愿家庭"在参与表现上有如下特点。

（1）注册时间早的"志愿家庭"的表现要好于注册迟的。这从两个方面可以看出：其一，参加过家庭志愿服务的"志愿家庭"比例不断升高，未参与过的"志愿家庭"比例逐渐下降；其二，"志愿家庭"参加志愿服务的次数总体上随着注册时间变长而不断增加。双变量相关分析也显示，注册时间与参与服务的次数存在显著性相关关系，Pearson 系数为 0.219，相关性为 0.000。

（2）注册而不参与志愿服务活动的"志愿家庭"比例非常高。有 1017 个"志愿家庭"自注册以来就没有参加过家庭志愿服务，占全部"志愿家庭"样本的 36.8%，超过了 1/3，在 2016 年注册的"志愿家庭"中更是有超过四成的家庭没有参与过志愿服务。"僵死"的"志愿家庭"如此之多，而且并非仅出现在新注册的"志愿家庭"中，在最早注册的"志愿家庭"中仍然有近 1/4 从未参加过家庭志愿服务，这显然与"志愿家庭"行动的推动方式有关，值得行动的策划者和推动者深刻反思。以后的章节中，我们将对此做专门分析。

（3）"志愿家庭"总体上参与志愿服务的次数不多。在参与过家庭志愿服务的"志愿家庭"中，超过半数只参加过 1～2 次家庭志愿服务，另有约两成参加过 3～4 次活动，两项相加，约有 3/4 的"志愿家庭"自注册以来参加志愿服务不到 4 次，参与活动超过 6 次的不到一成。在 2014 年

注册的"志愿家庭"中，虽然参与志愿服务超过 6 次的接近两成，但不到
4 次的占比也高达 62.8%。通过假定选择 1~2 次的"志愿家庭"提供了 2
次志愿服务，以此类推，又假定参加 9 次及以上服务的"志愿家庭"平均
参加了 10 次志愿服务，① 我们大致估算出本次调查的"志愿家庭"平均参
与志愿服务的次数为 2.46 次，排除未参与过的"志愿家庭"后，参与过
的"志愿家庭"平均服务 3.89 次。2014 年注册的"志愿家庭"平均服务
次数为 3.77 次，排除未曾参与服务的"志愿家庭"后平均服务 4.94 次，
平均每年服务仅为 1.65 次；2015 年上半年注册的"志愿家庭"平均服务
3.20 次，排除未参加过的平均服务 4.27 次，平均每年服务 1.70 次；2015
年下半年的三个数字分别为 2.89 次、3.89 次和 1.95 次；2016 年上半年注
册的三个数字分别为 2.34 次、3.76 次和 2.50 次；2016 年下半年注册的
"志愿家庭"平均服务 2.10 次，排除未参加过的平均服务 3.59 次；2017
年注册的已平均参加 1.70 次，排除尚未参加过的平均服务次数为 3.40 次。
从这里估算的结果可以看到，总体上历年注册的"志愿家庭"参与志愿服
务的频率都不高，平均每年的参与次数都很少，即便只考虑参加过的"志
愿家庭"，其平均每年参与次数也不高，说明它们只是偶然参加志愿服务。
这里的数据是支持假设 3 关于"志愿家庭"参与不足的预设的。"志愿家
庭"参与的频度不高，从需求的角度看，反映了北京市民整体上参与家庭
志愿服务的需求不足、积极性不高。下一章我们还将从供给的角度继续分
析这一现象。最后，我们还将就需求的影响和供给的影响进行比较。

表 3 - 7 "志愿家庭"公益活动参与次数分布

单位：%

	2014 年	2015 年上半年	2015 年下半年	2016 年上半年	2016 年下半年	2017 年	总计
未参加过	23.7	25.1	25.6	37.7	41.6	49.9	36.8
1~2 次	28.8	35.2	38.8	35.9	34.9	31.8	34.5
3~4 次	19.1	19.4	19.4	13.6	11.6	9.4	14.2
5~6 次	8.6	6.3	6.2	4.8	5.1	4.0	5.4
7~8 次	3.9	2.9	1.5	1.0	2.1	2.0	2.0

---

① 这样的假设决定了推算的结果不会是精确的，但可以使同一口径下的比较更为直观。

	2014 年	2015 年上半年	2015 年下半年	2016 年上半年	2016 年下半年	2017 年	总计
9 次及以上	16.0	11.1	8.5	7.1	4.6	2.9	7.2
总计	100	100	100	100	100	100	100

上一章我们在描述和分析"志愿家庭"的各种特征时，曾经涉及过它们与家庭志愿服务参与频率之间的关系。这里有必要通过逐步建立回归模型做一些汇总说明。第一步，将"志愿家庭"参与志愿服务的次数作为因变量，将"志愿家庭"家长的性别、年龄、月均收入、文化程度、工作/学习时长、家务劳动时长、照料孩子时长、家庭休闲时长和社会交往时长9 个反映调查对象个人特征的变量作为自变量，建立线性回归模型，分析结果表明，模型的解释力很低，调整后的 R^2 仅为 0.019。第二步，在第一步的基础上加入反映家庭特征的 7 个自变量，包括家庭人口规模、家庭生活水平、家庭游戏频率、家庭外出频率、夫妻关系、亲子关系和孩子成长状况，建立新的回归模型，统计分析结果表明，模型的解释力略有提高，调整后的 R^2 上升到 0.032。第三步，在第二步的基础上加入 3 个反映家庭教育的自变量，包括家庭教育方式、教育主体和价值观，建立新模型分析后的结果表明，调整后的 R^2 小幅上升到 0.037，说明新加入的自变量对因变量的影响不大。第四步，在第三步的基础上引入 3 个原生家庭公益传承变量，包括祖辈志愿服务、家庭慈善捐赠和其他志愿服务参与，建立新模型，统计分析结果显示，模型的解释力有了很大幅度的提高，调整后的 R^2 上升到 0.153。第五步，在第四步的基础上引入 5 个反映"志愿家庭"参与表现的自变量，包括注册人数、注册时间、承担角色、信息渠道和有无未成年人参加，结果新模型的解释力有了大幅度的提升，调整后的 R^2 值迅速上升到 0.457；剔除自变量"有无未成年人参加"后，调整后的 R^2 值为0.223，说明是否有未成年人参加对"志愿家庭"的参与频次影响非常大。第六步，在第五步的基础上引入 4 个动机变量（利他动机、利己动机、利孩子动机和利家庭动机）建立新的回归模型，分析的结果出乎意料，调整后的 R^2 值维持在 0.457，说明新模型的解释力没有任何提升。第七步，在第六步的基础上加上家庭收益变量建立新模型，结果表明，尽管只有 1 个新增自变量，但模型的解释力还是有了一定程度的提高，调整后的 R^2 值上

升为 0.465。第八步，在第七步的基础上引入 5 个家庭功能变量，包括家庭关系功能、教育孩子功能、社会服务功能、公益组织服务功能和自我建设功能，统计表明新增变量几乎没有改变模型的解释力（调整后的 R^2 值上升为 0.466）。第九步，在第八步的基础上引入 9 个组织方问题变量，包括活动类型单一、适合家庭参与的活动少、总体上活动过少、缺少应有培训、组织方缺乏经验、组织方走过场等，对新模型分析的结果表明，模型的解释力有了一定幅度的提高，调整后的 R^2 值上升为 0.476。第十步，在第九步的基础上添增抑制"志愿家庭"参与积极性的 9 个主观变量（没有时间、活动没有吸引力、健康状况、花费太高等）建立最终模型，分析结果显示，在引入新自变量后，模型的解释力有了进一步提高，调整后的 R^2 值进一步上升到 0.485。

从上面的分析看，"志愿家庭"服务频次受家庭注册时间早晚、注册人数多少、承担角色重要程度、信息渠道多寡和有无未成年人参加的影响最大，尤其是"有无未成年人参加"自变量影响格外明显，其次对"志愿家庭"服务频次影响较大的是原生家庭公益传承，这两个方面因素对最终模型解释力的贡献超过90%。与此相对照，对"志愿家庭"影响也比较明显的家庭收益变量、组织方变量和个体主观原因变量的影响仅在 1 个百分点左右，而无论是"志愿家庭"的参与动机还是"志愿家庭"行动的家庭功能都对"志愿家庭"服务频次的影响甚微。这说明，"志愿家庭"参加多少次活动主要是由其参与"志愿家庭"及非"志愿家庭"公益活动的自身因素决定的，"志愿家庭"本身的利家庭功能及组织方的表现的影响并不大。这种情况不太正常，"志愿家庭"服务频次不怎么需要用内在的动力机制来解释，也与志愿服务组织方的表现没有太多关系。这里的结论部分地证实了假设 5 是成立的。

在最后的回归模型中，有 19 个自变量对因变量产生了显著影响，见表 3 - 8。从分析的结果看，"志愿家庭"的家长是女性的、学历较高的、工作/学习时间较短的，更有可能参加更多的家庭志愿服务；"志愿家庭"祖辈有过志愿服务经历的、捐赠次数多的、有参加非家庭志愿服务经历的，有可能参加更多的家庭志愿服务，并且影响程度比较高；"志愿家庭"注册人数较多的、注册较早的、有未成年人参加的，倾向于更频繁地参加家庭志愿服务活动；家庭收益越多的、活动越能满足家庭自我建设功能的，越有可能更多地参与家庭志愿服务活动；得不到活动信息的、有过负面经历的"志愿家庭"，其参与活动的频次会更低。

表 3 – 8　"志愿家庭"公益活动参与次数的线性回归分析（N = 2765）

变量	非标准化系数		标准化系数	t	显著性
	B	标准错误	贝塔		
性别	0.189	0.049	0.058	3.873	0.000
年龄	0.075	0.033	0.033	2.275	0.023
文化程度	0.066	0.031	0.033	2.103	0.036
工作/学习时长	− 0.018	0.009	− 0.03	− 2.056	0.040
祖辈志愿服务	0.070	0.026	0.039	2.699	0.007
慈善捐赠	− 0.153	0.021	− 0.110	− 7.159	0.000
其他志愿服务	0.259	0.044	0.092	5.899	0.000
信息渠道多寡	0.066	0.028	0.035	2.380	0.017
承担角色	− 0.079	0.015	− 0.076	− 5.283	0.000
注册人数	0.119	0.025	0.068	4.706	0.000
注册时间	− 0.091	0.013	− 0.101	− 7.092	0.000
有未成年人参加	1.281	0.049	0.450	26.308	0.000
家庭收益	0.124	0.020	0.104	6.142	0.000
自我建设功能	0.221	0.093	0.034	2.360	0.018
总体上活动过少	− 0.156	0.045	− 0.050	− 3.469	0.001
适合家庭参与的活动少	0.083	0.042	0.029	1.997	0.046
缺乏有效的激励措施	0.322	0.066	0.069	4.866	0.000
活动信息传播不充分	− 0.289	0.043	− 0.102	− 6.777	0.000
有负面经历	− 0.448	0.210	− 0.030	− 2.139	0.033
常量	1.245	0.324		3.838	0.000

注：$R = 0.703$，$R^2 = 0.495$，调整后的 $R^2 = 0.485$，标准误差 = 1.015。

（二）参与地点

北京市志愿服务联合会的"志愿家庭"行动在北京各区并不是并行推进的，各区的差距非常明显。就本次调查的"志愿家庭"而言，在通州区参加家庭志愿服务活动的几乎是在怀柔区的 34 倍；城乡差异也很明显，即便是城区中相对较弱的石景山区也要明显好于郊区中较强的昌平区。从注册时间和服务地点的交叉分析情况看，所有 16 个区都已经在 2014 年开始注册"志愿家庭"。这就意味着，各区之间的差异主要体现在启动的起始状态和推进速度上。相对而言，推进的比较快的几乎都是城区，远郊区则处于相对停滞状态，这可能与城区的志愿服务基础较好有关。① 只有大兴区是个例外，这可能与大兴区志愿服务联合会比较重视和配合因而推进力度较大有关。② 从调查对象的选择看，有 1/3 的调查对象选择了跨区参加家庭志愿服务，这在很大程度上与城区家庭志愿服务活动的吸引力更大有关。通州区的情况也有些例外，其相对较好的表现不仅仅与通州区升为北京市城市副中心有关，更与其推进方式有关，下一章将做进一步的说明。

表 3 - 9 　"志愿家庭"活动的区县分布

区县	频数	分布（%）	占比（%）
门头沟区	41	1.5	1.1
房山区	64	2.3	1.7
昌平区	72	2.6	2.0
顺义区	60	2.2	1.6
平谷区	27	1.0	0.7
延庆区	65	2.4	1.8
密云区	25	0.9	0.7
怀柔区	18	0.7	0.5
石景山区	124	4.5	3.4
大兴区	529	19.1	14.4
通州区	617	22.3	16.7
海淀区	337	12.2	9.1
东城区	513	18.6	13.9
西城区	368	13.3	10.0
朝阳区	384	13.9	10.4
丰台区	443	16.0	12.0
总体	3687	133.5	100

① 需要指出的是，郊区参与调查的"志愿家庭"过少，很难判断其代表性如何。
② 北志联相关负责人在接受访谈的过程中，曾经谈到大兴区志愿服务联合会负责人的积极态度。事实上，大兴区还引进了西城区的心飞扬青少年志愿服务中心的力量，成立了"心飞扬青少年志愿者联盟大兴服务队"。

　　一般来说，"志愿家庭"选择活动地点会受到地理位置的近便度、志愿服务活动的内在吸引力（活动内容和家庭需要的匹配度）、地区开展活动的频度等几个因素的影响。绝大多数的"志愿家庭"会选择在本区或邻近的区参加志愿服务活动，这样做可以最大限度地节省参与者的时间成本和费用成本，当然这同样也受到活动信息传播距离的影响。简单的数据分析证实了这一点：既选择了在门头沟又选择了在延庆参加过家庭志愿服务活动的"志愿家庭"仅占总数的0.1%，而同时选择了在门头沟和房山参加过家庭志愿服务活动的"志愿家庭"则占总数的0.4%，后者是前者的4倍。相比之下，跨区参与发生率最高的是海淀区和西城区，同时在两个区参与活动的比例为2%。在总选择次数接近的状况下，这一对比足以说明地理位置是否近便对"志愿家庭"做选择是有影响的。志愿服务活动内在的吸引力，既体现在"志愿家庭"的总选择次数上，就此而言，吸引力这一主题仅与开展活动较多的城区有关，也体现在"志愿家庭"选择的时间分布上。在注册"志愿家庭"数量不断上升的背景下，如果某个区的志愿服务活动是有吸引力的，那么在表3-10中"志愿家庭"选择的参与次数总体上应该是逐步上升的。据此判断，表3-10中只有通州区和西城区的数据较符合逐步上升的特点。① 其他各区的数据都呈波浪状起伏的特点，如"志愿家庭"在门头沟参加家庭志愿服务活动的总选择次数，发生在2014年的有17.1%，到2015年上半年则迅速下降到4.9%，下半年虽然恢复到12.2%，但还是低于2014年的水平，2016年上半年达到历史高峰，

---

① 这两个区的情况之所以有一些不同，与通州区有SG社工机构、西城区有"心飞扬青少年志愿服务中心"，而它们组织了大量"志愿家庭"活动有关。这两个机构也是笔者在调查过程中了解到的仅有的两个比较"专业地"从事家庭志愿服务活动的机构，两者都是后来被"纳入"北京"志愿家庭"行动。北京市西城区心"飞扬青少年志愿服务中心"正式注册于2015年8月，脱胎于该机构法人郑春玲与几个家长成立的志愿服务自组织，最早的活动始于2014年，但并非北志联"志愿家庭"行动动员的结果。作为主管单位，西城区团委是在"心飞扬"产生了一定的社会影响力后"收编"了"心飞扬"，不过支持力度一直不大。与通州区SG社工机构拥有正式的社工项目团队但依赖政府购买项目费用不同，西城区的心飞扬青少年志愿服务中心主要由几个全职和半职妈妈管理，在没有外来经费的支持下也有较强的生命力。"心飞扬"开展的活动包括志愿家庭服务残障青少年、志愿家庭陪伴助老、志愿家庭博物馆引导服务、志愿家庭服务无偿献血志愿者、为非洲艾滋妈妈义卖等，具体可以参见郑春玲《志愿家庭让志愿服务更暖心》，《北京教育（普教）》2016年第9期。从志愿北京官网的消息看，目前"心飞扬"已有注册团队成员7300人。

但下半年又快速下降到 2015 年下半年的水平。地区开展志愿服务活动的频度指标既体现为活动开展的密度（如每年若干次），也体现为时间维度上的波动幅度。志愿服务活动密度的区际差异和城乡差异前面已经谈过，这里更多关注活动的时间波动。开展活动的频次随时间在一定程度上的波动是正常的，但过大的波动则是有问题的，因为它体现了家庭志愿服务行动组织工作的无计划性、活动的非连贯性及资源筹集能力的缺失。就此而言，除了通州和西城以外，其他各区的波动幅度都不正常，如大兴区 2016 年上半年和下半年的差别就非常大。

表 3 - 10 分区的"志愿家庭"公益活动时间分布

单位：%

	2014 年	2015 年上半年	2015 年下半年	2016 年上半年	2016 年下半年	2017 年上半年	总选择频率
门头沟区	17.1	4.9	12.2	29.3	12.2	24.4	1.5
房山区	12.5	4.7	14.1	29.7	15.6	23.4	2.3
昌平区	16.7	8.3	11.1	18.1	29.2	16.7	2.6
顺义区	18.3	6.7	8.3	25.0	26.7	15.0	2.2
平谷区	11.1	3.7	3.7	40.7	7.4	33.3	1.0
延庆区	10.8	10.8	7.7	26.2	24.6	20.0	2.4
密云区	32.0	8.0	4.0	8.0	24.0	24.0	0.9
怀柔区	22.2	16.7	11.1	22.2	5.6	22.2	0.7
石景山区	4.8	16.9	10.5	20.2	29.0	18.5	4.5
大兴区	8.9	15.9	17.0	34.6	16.4	7.2	19.1
通州区	7.9	5.7	9.9	17.8	20.9	37.8	22.3
海淀区	8.9	11.3	8.9	25.5	23.1	22.3	12.2
东城区	10.1	10.5	12.3	31.0	25.7	10.3	18.6
西城区	10.3	10.6	10.9	22.6	22.6	23.1	13.3
朝阳区	11.2	10.7	15.6	25.8	20.6	16.1	13.9
丰台区	17.2	23.0	18.1	18.5	13.1	10.2	16.0

（三）活动组织方/举办方

要求调查对象选出他们所参加的家庭志愿服务活动的举办方/组织方，本意是要借此了解协助推动北京市"志愿家庭"行动的组织力量。问卷设计了 10 个选项，包括共青团系统、妇联系统、工会系统、孩子所在学校、家人工作单位、社区居委会、社工机构/社会组织、家长们一起组织的、一家人自己组织的和"其他"。为了防止调查对象在回忆具体的举办单位时可能出现记忆模糊的情况，上述选项只是做了类别区分，而没有要求调查对象选择具体的机构或组织。同时，考虑到"志愿家庭"可能参加过多个不同机构组织的活动，问卷规定调查对象最多可以选 5 项。此外，问卷还规定，没有参加过家庭志愿服务的不用选择。

问卷统计的结果是灾难性的，仅有 12 名调查对象选择了"孩子所在学校"，5 名调查对象选择了"社区居委会"，4 名调查对象选择了"家长们一起组织的"，选择"共青团系统"和"社工机构/社会组织"的各有 1 名，其他的调查对象没有做出选择，包括没有选择"其他"。这样的结果出乎研究者的意料，也说明假设 1 提到的"匿名效益"确实存在。

为了说明这种情况不是由问卷题目本身有问题而造成的，我们在表 3-11中给出了预调查数据。所有接受预调查的调查对象都做出了选择，平均每个"志愿家庭"家长选择了 1.855 项。① 从单项选择的情况看，选择最多的活动组织方是社区居委会，其次是社工机构/社会组织，接下来依次是孩子所在学校、共青团系统和家长们的自组织。这说明，响应北京"志愿家庭"行动的主体确实是多元的，而且"志愿家庭"家长也没有因为参加多个活动而忘记组织方是谁。

为什么绝大部分正式调查对象会弃而不选？既然不是题目本身的问题，而且连选择"其他"的都没有，说明调查对象放弃选择不是记忆模糊所致，那就只能解释为参与活动的"志愿家庭"确实不知道活动的举办方是谁或者说有意回避不想让调查者知道。调查对象在夫妻关系、亲子关系等更为敏感的选项上都没有放弃选择的情况，让人无法理解后一种可能性存在的理由。因此，这里先讨论第一种可能。活动不可能没有举办方，为什么绝大部分"志愿家庭"的家长却做全然无知状？对此的解释只能是，家庭志愿服务活动的举办方在筹备和开展活动的过程中没有提供任何让志愿者辨识自己的机会。举办方为何会"隐身"？如果举办方既不想从参与

---

① 如果排除 6.1% 的未参加过家庭志愿服务活动的预调查者，则参加过家庭志愿服务活动的"志愿家庭"的平均选择了 1.98 次。

活动的"志愿家庭"那里知道活动的效果以及他们的意见或建议，也不想让他们知道下一次活动将在何时开展，那么选择"隐身"就是一种合乎情理的做法。

不管家庭志愿服务活动的成效如何，"隐身"首先对举办方是不利的。志愿者不知道组织方是谁，就不会有机会反过来对组织方提供任何支持，也不会有机会感谢和赞扬组织方，更谈不上对组织方产生认同感和归属感。缺少志愿者的支持、得不到志愿者的反馈意见和建议，对举办方和志愿服务活动的完善和发展是不利的。其次，举办方"隐身"对家庭志愿服务活动或项目的资助方或委托方是不利的。反过来说，可能正是因为家庭志愿服务活动或项目的资助方或委托方没有给举办方提出任何实质性要求，包括评估、考核和检查等意在确保志愿服务活动和项目质量的要求，从而使举办方在开展活动时并不寻求得到"声誉"。当然，也可能是因为资助方或委托方没有给举办方提供实质性的支持，因而无法提出要求。最后，举办方"隐身"对家庭志愿服务发展整体上不利。举办方"隐身"不仅是对举办方自己不负责任的做法，而且是对"志愿家庭"和志愿服务活动或项目的赞助方或委托方不负责任的做法。正因为"隐身"的组织是不靠谱的和缺少自我批判及自我更新能力的，因此家庭志愿服务举办方的"隐身"对"志愿家庭"行动的推进和深化也是不利的。

表 3-11　"志愿家庭"活动的组织方（预调查数据）

活动组织方	频率	占比（%）
共青团系统	28	10.7
妇联系统	15	5.7
工会系统	13	5.0
孩子所在学校	66	25.2
家人工作单位	20	7.6
社区居委会	223	85.1
社工机构/社会组织	78	29.8
家长们一起组织的	23	8.8
一家人自己组织的	10	3.8
其他	10	3.8
总计	486	185.5

（四）信息渠道

家庭志愿服务活动信息在组织方/举办方与"志愿家庭"之间的畅通，是"志愿家庭"行动顺利推进的必要前提。在未曾预想到志愿者记不住举办方的前提下，研究者认为举办方和"志愿家庭"从"相识"到"相知"是一个自然的连续过程，因此在问卷设计时将重心放在"志愿家庭"最初获取信息的渠道上。事后看来，这种设计是有一定缺陷的。问卷设计了八种可能的信息渠道，兼顾了不同家庭参与"志愿家庭"行动在时间和情景上的差别；从"其他"的选择来看，选项设计还是比较合理的。

从问卷统计的结果看，平均每个注册"志愿家庭"的家长选择了 1.45 项，说明不少家长的信息来源是多渠道的。最初获取"志愿家庭"行动信息最重要的渠道是孩子的学校和同学，2/3 的"志愿家庭"家长从这一渠道获得了相关信息。其他家长和同事/朋友/亲戚也是"志愿家庭"家长获取信息的重要渠道，大约 1/4 的"志愿家庭"家长从这两条渠道获得了关于"志愿家庭"行动的最初信息。选择其他信息渠道的不到一成。接近一成的"志愿家庭"家长是从家庭志愿服务活动的举办方那里得到有关信息的，选择次数超过了上题选择家庭志愿服务举办方的总次数，这从一个侧面印证了上文的分析。从"志愿家庭"公益活动信息渠道和性别及学历所做的交叉分析看，男性和女性在公益活动信息获取渠道上没有什么大的区别，高学历者与低学历者在信息来源上也没有什么差别。

将信息渠道分为三类，即机构渠道、人际关系渠道和媒体渠道，可以更加清晰地看出信息的传播路径。首先看媒体渠道。媒体分为平面媒体、新媒体和自媒体三类，本次调查均有涉及。选择三类媒体作为"志愿家庭"公益活动信息渠道的共有 27.1%。再看机构渠道。问卷设计的机构主要有学校、社区和举办方三类。选择这三类机构作为"志愿家庭"公益活动信息来源的共有 84.1%。由于问卷将"孩子的学校/同学"作为一个选项设计，因此这一比例应该是被高估的。最后看人际关系渠道。问卷设计考虑到四类人际关系传播途径，即其他家长、同事/朋友/亲戚、微信群和孩子的同学，但由于无法知晓孩子的同学在提供信息方面具体所起到的作用，这里只计算前三类。结果显示，36.9% 的家长选择了人际关系渠道作为"志愿家庭"公益活动信息的主要来源。在得出结论之前，还有必要补充说明的是，像"学校/同学"一样，微信群转发的信息既可能是机构性的也可能是私人性的。同样,新闻媒体报道的信息既有可能是新闻单位自行采访得到的,也有可能是举办方委托登载的,社区布告栏的信息同样可能是社区采编的或举办单位推送的。因此,上述三类渠道的统计数据都是不精确的。尽管如此,我们还是可以大致断定,相关的机构是家庭们获得"志愿家庭"公益活动信息的最重要来源,其次是人际关系,再次是各类媒体。在所有信息来源选项中,学校的重要性不言而喻,这与"志愿家庭"行动的推动者始终强调"小手拉大手"策略有很大关系。由此也可以解释,为什么北京的"志愿家庭"以亲子参与为主。

表 3 – 12　"志愿家庭"的活动信息来源渠道

活动信息来源	全部样本		性别		学历	
	频率	占比（%）	男（%）	女（%）	高中及以下（%）	大学及以上（%）
从其他家长那里了解到	423	15.30	15.00	15.40	14.50	15.50
同事/朋友/亲戚告知	313	11.30	11.70	11.20	10.10	11.70
新闻媒体报道	288	10.40	12.80	9.60	8.60	10.90
孩子从学校/同学了解到	1832	66.20	65.90	66.30	75.90	63.30
微信群转发	229	8.30	10.20	7.60	9.00	8.10
上网搜到	232	8.40	9.60	7.90	4.40	9.60
活动举办机构的通知/海报等	236	8.50	9.10	8.30	6.00	9.30
从社区布告栏看到	261	9.40	8.80	9.60	11.50	8.80
其他渠道	206	7.40	8.80	7.00	5.70	8.00
总计	4020	145.20	152.10	142.90	145.70	145.20

（五）参与时间

　　了解"志愿家庭"参与公益活动的时间选择,一方面是为了解"志愿家庭"参与公益活动的时间选择习惯,另一方面是为家庭志愿服务活动的组织方提供有益的参考数据。问卷设计了四个选项,包括双休日、节假日、工余/课余时间和其他。为了准确了解"志愿家庭"的选择,问卷要求调查对象做单选,即选择其主要的服务时间选项。问卷的统计结果令人惊讶,仅有95名调查对象做出了选择,占全部样本的3.4%,即便排除掉没有参加过家庭志愿服务的"志愿家庭",在参加过活动的"志愿家庭"

中也只有 3.6% 做了选择。① 这种情况与上面活动举办方的选择情况惊人相似。在预调查中，同样的问题没有出现放弃选择的现象，从选择的结果看也很正常，说明调查对象放弃选择不是因为问卷题目设计存在问题。从预调查问卷统计的结果看，所有调查对象都做出选择，双休日还是"志愿家庭"首选时间，其次是节假日，选择工作或学习之余的很少。从交叉分析的情况看，性别对时间选择有一定影响。相比较而言，女性不太倾向于在工作或学习之余参与家庭志愿服务活动，这与她们承担更多的家务劳动有关；男性不太倾向于在节假日参与"志愿家庭"公益活动，这可能与他们在节假日有更多的社交活动有关。

在本次调查中，调查对象为什么会放弃选择？与调查对象放弃选择举办方情况不一样的是，放弃选择参加公益活动的时间似乎与举办方没有关系，而更多的是个人原因所致。就个人原因而言，调查对象放弃选择既可能是因为他们确实不知道怎么选，也可能是他们不想让调查者了解其真实想法。后一种可能性显然与调查对象在其他更为敏感问题上的诚实选择相矛盾。调查对象确实不知道怎么选，唯一可以接受的原因是他们没得选。如果"志愿家庭"一年只有一两次参加活动的机会，但活动什么时候开展事前是不知道的，活动在哪里开展事先无从知晓，举办方是谁也不清楚，那么这样的"志愿家庭"就处于绝对被动的地位，也就难以回答"您和家人主要在何时参加'志愿家庭'公益活动？"这样的问题。前文关于本次调查对象参与"志愿家庭"公益活动次数的分析显示，情况确实如此。问题又回到了"志愿家庭"行动的推进方和活动的举办方。看来，调查对象放弃选择活动时间是和他们放弃选择活动举办方有关联的。预调查时为什么没有发现这个问题？对预调查问卷统计分析的结果显示：首先，预调查对象平均参与的"志愿家庭"公益活动次数是本次调查的两倍以上，其中参加 5 次以上公益活动的"志愿家庭"占 55.0%；其次，预调查对象中参与活动少于两次的有一半都是 2017 年注册的（本次调查的对应数据是 22.8%），有 3/4 是 2016 年下半年注册的（本次调查的对应数据是 46.5%），超过九成是 2016 年上半年以后注册的（本次调查的对应数据是 72.4%），2015 年以前注册的"志愿家庭"中有 3/4 的活动次数都在 5 次

---

① 95 个选择的分布如下：双休日，57；节假日，23；工余/课余时间，9；其他，6。

以上（本次调查的对应数据是 21.0%）。

表 3 – 13 "志愿家庭"公益活动参与时间的选择（预调查数据）

单位：%

	男	女	总计
双休日	82.1	78.6	79.0
节假日	3.6	13.2	12.2
工余/课余时间	14.3	5.1	6.1
其他	0.0	3.0	2.7

（六）参与动机

一般在探讨个体志愿者的服务动机时，会从利己和利他两个方面去分析。至少在理论上，"志愿家庭"是作为一个"团体"（从无内在关联的集合到松散的组合，再到紧密的工作团队）而参加志愿服务活动的，其动机要比个体志愿者复杂得多。采用剩余法可以将"志愿家庭"的动机视为参与"志愿家庭"活动的家庭成员的志愿服务动机与"志愿家庭"的"团体"动机之和。在这一定义下，"团体"动机实际上是家庭成员的动机之外的"剩余物"（residual）。就测量技术而言，至少有两个棘手的问题需要解决：一是"志愿家庭"至少就定义而言会有两名及以上的家庭成员参与，如果其中有心智尚未成熟的未成年家庭成员，该如何测量？二是"团体"作为一种主体间性（intersubjectivity）是没有表达能力的，如何根据多名家庭成员的动机描述来整合出"志愿家庭"作为一个整体的动机？为简单起见，我们仅从家长的角度收集了"志愿家庭"的动机数据，具体地说，是以家长对其本人及家人参加"志愿家庭"公益活动的动机的描述来代表"志愿家庭"的动机。显然，这样收集到的并非真正的"志愿家庭"动机，但也不是家长个人参与"志愿家庭"活动的动机。这样的方法之所以可行，是因为我们可以假设家长作为"志愿家庭"团体的负责人有能力在与其成员彼此间的观察过程中认识到其他成员的动机和"志愿家庭"作为"团体"的动机。为了了解家长眼中的"志愿家庭"动机，我们将家长希望通过参加家庭志愿服务而使之受益的对象分为四种类型，即他人和社会、参与服务的其他家庭成员（主要是孩子）、家长自己以及家庭（关系），并据此设计了 10 个选项，包括帮助他人，回报社区/社会，做些有价值的事，认识更多的人/家庭，锻炼孩子、增长见识，给孩子树立榜样，自我实现，改善家庭关系，满足学校对孩子的要求及其他。

与绝大多数"志愿家庭"家长放弃选择公益活动的举办方和他们的参与时间不同，所有被调查对象都选择了他们和家人参与"志愿家庭"公益活动的动机，平均每位家长选择了 2.62 项。从单项选择的结果看，选择人数最多的是"做些有价值的事"，其次是"锻炼孩子、增长见识"，然后是"帮助他人"，剩下的选项中选择次数比较多的是"回报社区/社会""给孩子树立榜样"。从类型的角度看，选择"帮助他人""回报社区/社会""做些有价值的事"等利他主义动机选项的家长最多，平均每位家长选择了 1.43 次；其次是对孩子有利的三类动机，包括"锻炼孩子、增长见识""给孩子树立榜样""满足学校对孩子的要求"，平均每位家长选择了 1.07 次；再次是利己动机，包括"认识更多的人/家庭"和"自我实现"两项，平均每位家长选择了 0.1 次；最后是家庭动机，即改善家庭关系的动机，平均每位家长选择了不到 0.01 次。在这四类动机中，家庭动机可以被理解为"志愿家庭"的"团体"动机。从统计数据看，"志愿家庭"的主要动机由利他动机和利孩子动机构成，而"志愿家庭"的"团体"动机是微不足道的。这与假设 2 所预见的"志愿家庭"动机中"团体"因素不足是相一致的。从上述四类动机的重要性比较看，"志愿家庭"的家长们是非常自我克制的，他们很少追求自身利益，但对孩子的教育很重视。不过，"志愿家庭"对"改善家庭关系"的关注如此之少，还是非常令人惊讶的。在预调查中我们也发现了这一现象，没有预调查对象选择这一项。这可能与多数调查对象的家庭关系处于良好的状态有关，但也说明他们对家庭志愿服务的家庭建设功能缺乏了解，而这又与"志愿家庭"组织方缺乏这方面意识和相应的活动设计能力有关。① 毕竟，从前面的介绍我们了解到，有些"志愿家庭"的家庭关系还是有改善空间的。从性别的角度看，男性家长和女性家长的参与动机差别不大；从学历的角度看，不同学历家长在参与家庭志愿服务活动的动机上差别更小。

---

① 缺少利家庭动机的"志愿家庭"行动在事实上更接近亲子公益行动。如果利孩子动机在"志愿家庭"公益活动中也得不到实现，那么"志愿家庭"行动就会退化成一般的志愿行动。

表 3 - 14 "志愿家庭"的参与动机（三选题）

单位：%

动机	性别		学历		全部样本
	男	女	高中及以下	大学及以上	
帮助他人	43.3	47.4	47.3	46.1	46.4
回报社区/社会	41.0	36.2	37.4	37.5	37.4
做些有价值的事	52.1	60.9	58.7	60.0	58.7
认识更多的人/家庭	4.0	2.0	3.5	2.3	2.5
自我实现	8.9	7.3	6.0	8.3	7.7
给孩子树立榜样	40.7	40.6	39.8	40.8	40.6
满足学校对孩子的要求	15.7	12.6	11.6	13.9	13.4
锻炼孩子、增长见识	50.9	53.4	51.1	53.2	52.7
改善家庭关系	1.2	0.7	0.8	0.8	0.8
其他	1.6	1.3	2.5	1.0	1.4
总选择次数	259.4	262.4	258.7	263.9	261.6

为了了解"志愿家庭"的参与动机与"志愿家庭"参与表现之间的关系，我们生成了四个新的变量。利他动机由选择"帮助他人""回报社区/社会""做些有价值的事"三项动机的次数构成，同时选择三项的利他动机最强，赋值 3 分，其次是选择两项的，赋值 2 分，再次是选择一项的，赋值 1 分，没有选择的则赋值 0 分；"利孩子动机"（即有利于孩子更好成长的动机）由选择"锻炼孩子、增长见识""给孩子树立榜样""满足学校对孩子的要求"三项动机的次数构成，赋值原则与利他动机一样；利己动机由选择"认识更多的人/家庭"和"自我实现"两项动机的次数构成，赋值原则也与利他动机一样，但最高赋值 2 分；利家庭动机由"改善家庭关系"代表，没有选择的赋值 0 分，选择了的赋值 1 分。将所得的新变量与"志愿家庭"的注册时间及活动参与次数分别做双变量相关分析的结果表明，利他动机与"志愿家庭"参与志愿服务活动的次数呈正相关关系，也就是说，利他动机越强，则参与次数越多，但利他动机与注册时间没有关系。利孩子动机则与注册时间有正相关关系，但与参与活动次数无显著的相关关系，也就是说，家长如果很想让孩子从参与"志愿家庭"公益活动中受益，则会尽早注册"志愿家庭"，但家长想为孩子谋取利益的动机并不影响"志愿家庭"参与公益活动的频次，这也说明目前的"志愿家

庭"公益活动可能很少考虑到未成年志愿者的利益和兴趣。家长的利己动机并不会影响其注册"志愿家庭"时间的早或晚，但会影响其参与"志愿家庭"公益活动的次数。利家庭动机是"志愿家庭"参与动机中最弱的，也不显著影响"志愿家庭"的注册时间和参与次数。反过来说，更多参与可能会增强"志愿家庭"的利他动机和利己动机，但不会增强"志愿家庭"的利孩子动机和利家庭动机。假设2又一次得到了验证。

表 3 – 15   "志愿家庭"的参与动机与参与表现

变量	注册时间	参与次数	利他动机	利孩子动机	利己动机	利家庭动机
注册时间	1	– 0.219 **	– 0.014	0.053 **	0.000	– 0.007
参与次数	– 0.219 **	1	0.057 **	0.014	0.057 **	– 0.026
利他动机	– 0.014	0.057 **	1	– 0.499 **	– 0.311 **	– 0.074 **
利孩子动机	0.053 **	0.014	– 0.499 **	1	0.483 **	– 0.014
利己动机	0.000	0.057 **	– 0.311 **	0.483 **	1	– 0.020
利家庭动机	– 0.007	– 0.026	– 0.074 **	– 0.014	– 0.020	1

＊＊ 在置信度（双侧）为 0.01 时，相关性是显著的。

（七）活动类型

家庭志愿服务通常会有未成年人参加，因此在志愿服务活动设计上应该考虑未成年人的心理和生理特点，如幼儿参与过程中的安全和照料是必须周密考虑的，叛逆期的青少年对合作伙伴是比较挑剔的。为了方便志愿者填写，本次调查问卷参考了目前志愿服务实践中流行的分类方法，依据服务对象的区别，设置了 10 个选项。考虑到有些"志愿家庭"可能参加过多种公益活动，问卷规定调查对象最多可以选五项。

统计发现，有 693 名调查对象弃选，约占总样本的 1/4。剩下的调查对象平均每人选了 2.55 项，仅相当于规定的最多选项的一半，这种情况显然与"志愿家庭"总体上参与公益活动的次数不多相一致。从单项选择的情况看，"志愿家庭"参加最多的活动是环境保护，比较经常参加的公益活动还有捐赠/义卖、助老助残和交通维护三项，其他各类公益活动的参与率都不高。这与其他调查发现的志愿服务领域排序是有差别的。[①] 相比

---

① 张网成：《中国公民志愿行为研究》，知识产权出版社，2011。

较而言，与低学历者更多倾向于参加交通维护之类的公益活动，高学历者更倾向于参加捐赠/义卖类公益活动。

从表3－16中还可以看出，高学历调查对象选择总次数要明显高于低学历者。从前面的分析中我们也发现，这类现象经常出现。事实上，在其他研究中也经常发现这种现象，只是一般不做解释。为了解释这种现象，我们对调查对象选择次数的分布做了统计。结果发现，在规定的五项活动类型中仅选了1项及2项的分别占总样本的近两成，选择5项的仅占约一成，加上选择4项的也不到两成。将"志愿家庭"家长的选择次数与家庭志愿服务的参与次数进行双变量相关分析的结果显示，在0.01置信水平下Pearson相关系数为0.566，说明参与次数与选择次数的相关程度还是比较高的。反过来说，调查对象选择的项目数少，是与他们参与活动少有关的。换句话说，高学历调查对象选择的总次数之所以多，也是与其参与活动较多有关的。换个角度说，如果"志愿家庭"的组织方提供志愿服务活动的能力有限，如提供的志愿服务类型没有吸引力，那么"志愿家庭"参与公益活动的频次就会受到限制，调查对象能够选择的项也就不多。"志愿家庭"公益活动的类型是否丰富，活动开展是否经常或定期，会影响"志愿家庭"的注册时间，注册时间越晚，表示组织方的能力越弱。

表3－16 "志愿家庭"公益活动的情况（五选题）

单位：%

活动类型	高中及以下	大学及以上	总计
动物保护	9.4	10.8	10.5
环境保护	61.1	59.6	59.9
交通维护	36.0	29.0	30.6
助老助残	29.6	30.7	30.4
倡导宣传	19.0	24.3	23.0
安全应急	17.0	15.1	15.5
公益筹款	14.0	21.6	19.9
捐赠/义卖	27.5	38.6	36.0
绿化植树	19.5	18.3	18.6
其他	12.1	10.7	10.9
总计	245.2	258.7	255.3

续表

调查对象选择次数分布			
选择次数	频率	占比（％）	累积占比（％）
0	693	25.1	25.1
1	594	21.5	46.6
2	504	18.2	64.8
3	503	18.2	83.0
4	175	6.3	89.3
5	297	10.7	100

（八）承担角色

志愿者在不断参加志愿服务的过程中，是有自我成长需求的。从另一个角度看，志愿服务组织也需要志愿者不断成长，因此，规范的志愿服务管理机构一般都会给志愿者提供生涯规划（career plan）。志愿者成长是志愿者保留和持续服务的重要影响因素。家庭志愿服务活动能否可持续，除了组织方很重要外，有经验、有能力、愿奉献的骨干志愿者的规模有多大也是非常重要的影响因素。本次研究从组织管理的角度将志愿者角色分为普通志愿者、活跃分子、骨干、组织者和顾问五类。

从统计结果看，八成调查对象反映其"志愿家庭"成员在公益活动中担当的主要是普通志愿者角色。这是预料之中的事，因为我们在其他地方的实证研究中也发现普通志愿者占比在八成左右。[1] 遗憾的是，这是一个与行业低度发展相关的比例。在预调查中，我们发现这一比例是73.7％，比本次调查低5.5个百分点。除了普通志愿者外，最多的志愿者角色就是活跃分子，其次是组织者，再次是骨干，最后是顾问。在这样的角色金字塔结构中，除了底层的普通志愿者比例太高不太正常外，组织者超过骨干也显示出组织发育不良。活跃分子比例不够高，组织者在活动筹备和开展过程中与普通志愿者之间的积极互动也就少，对于核心环节在于志愿者与服务对象互动的志愿服务行动来说，效率和质量难以保证就在情理之中。与男性为家长的"志愿家庭"成员相比较，女性为家长的"志愿家庭"成

---

① 张网成、林伟伟：《大学生志愿服务过程中的挫折反应研究——基于北京师范大学的一项调查》，《中国青年社会研究》2016年第2期。

员在家庭志愿服务活动中承担顾问、组织者、骨干和活跃分子等非普通志愿者角色的比例更高一些。这与社会上的性别分工是一致的。相较于大学及以上学历者为家长的"志愿家庭"而言,高中及以下学历者为家长的"志愿家庭"在家庭志愿服务活动中承担非普通志愿者角色的比例要低一些。与正式调查数据相比,预调查数据呈现了更为合理的人员结构,这与SG 社工机构有项目团队是密切相关的。

给顾问赋值 1 分、组织者赋值 2 分、骨干赋值 3 分、活跃分子赋值 4分、普通志愿者赋值 5 分,将由此生成的新变量与"志愿家庭"的公益活动参与次数进行相关分析,结果表明二者之间是显著相关的,Pearson 系数为 -0.247。这说明"志愿家庭"的志愿者在家庭志愿服务中自我发展越好,则参与更多活动的倾向越明显。

表 3 - 17　家庭志愿者的角色担当情况

单位:%

志愿者角色	性别		学历		总计	预调查数据
	男	女	高中及以下	大学及以上		
组织者	5.5	4.5	3.6	5.1	4.8	2.3
骨干	4.0	2.3	2.0	2.9	2.7	6.5
活跃分子	14.7	11.8	10.5	13.1	12.5	15.6
顾问	1.2	0.7	1.3	0.7	0.8	1.9
普通志愿者	74.6	80.7	82.5	78.2	79.2	73.7

(九) 小结

通过上面的描述和分析,我们总结出北京"志愿家庭"有如下几个特点:①超过 1/3 已经注册的"志愿家庭"至今并未参加过"志愿家庭"公益活动,包括不少"志愿家庭"行动启动期就注册的家庭;②"志愿家庭"总体上参与情况不好,已经参加过"志愿家庭"公益活动的家庭中大多数仅参与过有限的几次活动,每年参加的次数就更加有限;③"志愿家庭"公益活动主要发生在北京的城区,郊区几乎还没有开始,例外的是通州区和大兴区;④由于"志愿家庭"行动的推进方和公益活动的举办方自身存在严重的问题,大多数参加过活动的"志愿家庭"并不清楚活动的举办方是谁;⑤"志愿家庭"公益活动的信息主要是靠相关机构传递的,其次是靠人际关系网，媒体的作用较小，但总体上存在过度依赖学校传递信息的现象；⑥绝大多数"志愿家庭"放弃选择它们参与活动的主要时间段，造成这一不正常局面的原因主要在于"志愿家庭"行动的组织者和协助推动者表现不佳；⑦促成家庭注册成为"志愿家庭"的，首先是利他动机，其次是利孩子动机，再次是家长的利己动机，最后是微不足道的强化家庭关系动机，显示出目前北京家庭志愿服务的组织者和参与者对家庭志愿服务的特殊性和功能认识不足；⑧"志愿家庭"参与的主要公益活动有环境保护、捐赠/义卖、交通维护和助老助残，但受组织方活动方案策划能力和行动能力的局限，大多数"志愿家庭"只参与了个别类型的公益活动，这与大多数"志愿家庭"的参与次数有限相一致；⑨"志愿家庭"在公益活动过程中承担的角色主要是普通志愿者，骨干志愿者和活跃分子不足，组织者多于骨干志愿者更是一种不正常现象，角色金字塔结构存在严重问题。总体而言，从"志愿家庭"的参与情况看，北京市的家庭志愿服务在迅猛发展的过程中还存在诸多问题。

三 "志愿家庭"服务中的亲子合作

上一节关于"志愿家庭"的参与情况，并没有在家庭成员是以组团形式参与的志愿服务还是以各自独立的方式参与了不同的志愿服务上做区分。但事实上，这两类"志愿家庭"的服务形式是有很大的区别的。这一节的描述和分析将聚焦于"志愿家庭"组团参加志愿服务的情况。关于家庭志愿服务过程中亲子合作的意义，可以从两个方面来理解。一方面，亲子组合的家庭志愿服务无论对志愿者组织队伍扩大还是对参与志愿者个人（家庭）都有益处，因此它可以成为推动志愿服务走入一个崭新时代的动力。另一方面，在志愿服务参与的过程中，家长可以通过自身言传身教，为自己的孩子以及周围的年轻人树立积极向上的榜样，帮助他们了解互惠的价值观；而对于子女尤其是儿童，在与父母一起参与志愿服务的过程中观察展示现实生活中所追求价值的行动，学会如何与他人尤其是需要帮助的人们互动，对他们的身体和心理健康发展都起着重要的作用。① 因此，

---

① Jones, Frank. (2001). Volunteering Parents: Who Volunteers and How are their Lives Affected? ISUMA. (Summer, pp. 69 - 74).

本次调查非常重视"志愿家庭"的成员之间在志愿服务过程中的合作和沟通行为。具体而言，本节将重点关注的两个参数分别是亲子合作参与"志愿家庭"公益活动的次数和亲子合作的具体阶段。

（一）亲子合作次数

为了了解"志愿家庭"亲子合作的状态，我们将亲子合作行为分为两个层次来理解：首先了解"志愿家庭"中的亲子一起参加公益活动的情况，然后了解一起参加公益活动的亲子彼此合作的情况。亲子一起参加活动，双方肯定是有交流和陪伴的，但不一定会就如何完成一件事展开交流、讨论甚至争论，并在完成任务的过程中彼此配合。

从统计结果看，全部调查样本中有超过四成的调查对象家庭未曾组团参加过"志愿家庭"公益活动，这显然与很多"志愿家庭"至今尚未参加过活动有关。在参加过公益活动的家庭中，亲子组团参加的比例还是挺高的：亲子组团参加公益活动的"志愿家庭"数占参加过活动的家庭数的94.0%。相关分析也显示，亲子组团参加"志愿家庭"公益活动的次数和参加过的活动次数之间的 Pearson 相关系数高达 0.870，相关性为 0.000。不过，组团参与的"志愿家庭"的公益服务次数是很少的，其中62.9%的家庭只志愿服务过 1~2 次，志愿服务在 4 次以下的占82.8%，超过 5 次的比例则很低。与男性家长相比，女性家长在亲子组团参与的表现上要略好一些；同样，与低学历家长相比，高学历家长的表现也要略好一些。

将"志愿家庭"组团参与的情况与其家中未成年人情况做交叉分析发现，"志愿家庭"是否组团参加，与家中有没有未成年人以及孩子的年龄段有关，其中，有学龄前儿童及高中生参与的"志愿家庭"组团比例更高些。学龄前儿童应该组团参与，这是可以理解的，但为什么高中生参与活动时组团的比例会更高则难以理解。

为了了解北京"志愿家庭"公益活动中有多少是由亲子组团完成的，我们沿用上一节关于"志愿家庭"公益活动次数估算时使用的两个假设，并据此推算出亲子组团参与的"志愿家庭"公益活动大约占公益活动总数的八成。类似地，我们还推算出预调查亲子组团参与的"志愿家庭"公益活动的平均次数大约是正式调查的 2.5 倍。相比之下，正式调查对象在组团参与"志愿家庭"公益活动方面的表现要差很远，值得反思。究其原因，同样与"志愿家庭"的推进和组织方式有关。如果"志愿家庭"行动的目的是通过"小手拉大手"让小朋友拉家长出来提供志愿服务，那么家长与孩子组团出来参加志愿服务本身就是一种可能性。这样的目的仍然受到了"奉献精神"的主导。但如果"志愿家庭"行动的目的是通过"小手拉大手"让家长和孩子一起出来提供服务，实现家庭和社会利益双赢，那情况就会不一样。

表 3-18   "志愿家庭"组团参与活动的情况

单位：%

组团次数	性别		学历		全部样本	预调查结果
	男	女	高中及以下	大学及以上		
未曾	44.4	43.3	45.0	43.2	43.6	9.2
1~2 次	37.7	34.8	38.8	34.6	35.5	30.5
3~4 次	11.0	11.2	9.7	11.5	11.1	20.6
5~6 次	3.2	4.4	2.7	4.4	4.0	9.5
7~8 次	1.2	1.2	1.3	1.1	1.2	7.3
9 次及以上	2.6	5.3	2.5	5.2	4.6	22.9

　　亲子组团参与并不意味着父母与孩子会在参与活动的过程中有合作。统计结果显示，亲子组团参加的活动中必须由亲子配合完成的活动很少：首先，有这种经历的"志愿家庭"仅占整个样本的一半，占参与过公益活动的"志愿家庭"的81.5%，占组团参加的"志愿家庭"的91.3%；其次，参加过必须由亲子配合才能完成的公益活动的"志愿家庭"中71.7%的参与次数在 2 次以下，87.2%的在 4 次以下，而这是注册工作已经开展了三年的情况，参与过 5 次以上的配合行动的"志愿家庭"仅占样本总数的 6.6%，而全部样本中服务过 5 次以上的"志愿家庭"占比为 14.6%。与男性家长相比，女性家长在参与"志愿家庭"公益活动的过程中更有可能与孩子合作完成任务；类似地，与低学历家长相比，高学历家长在参与"志愿家庭"公益活动的过程中也更倾向于与孩子合作完成任务。

　　将"志愿家庭"合作参与的情况与其家中未成年人情况做交叉分析发现，"志愿家庭"在参与活动的过程中是否合作，与家中有没有未成年人以及孩子的年龄段有关，其中，有学龄前儿童及高中生参与的亲子合作比例要更高些。对家中是否有未成年人和是否亲子合作进行的双变量相关分析的结果证实了这一点。

为了了解"志愿家庭"参与的公益活动中究竟有多大比例是由亲子合作完成的,我们采用同样的假设进行了推算,结果表明,亲子配合完成的公益活动大约占"志愿家庭"公益活动总数的四成多,占亲子组团参加的公益活动总数的六成。类似地,我们推算出预调查亲子配合参与的"志愿家庭"公益活动的平均次数大约是正式调查的 2.7 倍。

表 3 - 19   "志愿家庭"亲子配合活动的情况

单位:%

	预调查数据	全部样本	男	女	高中及以下	大学及以上
未曾	13.0	48.5	49.8	48.2	49.2	48.4
1 次	22.1	25.5	29.0	24.3	28.1	24.7
2 次	15.6	11.4	10.0	11.8	10.8	11.5
3 次	11.8	6.3	5.1	6.8	5.3	6.6
4 次	5.7	1.7	1.3	1.8	2.4	1.5
5 次及以上	31.7	6.6	4.	7.1	4.1	7.3

"志愿家庭"是否组团参与以及是否合作,是否受到"志愿家庭"服务动机的影响?在逻辑上,志愿者参与服务是因为志愿服务的对象及内容与其动机相吻合,如果志愿者的动机在志愿服务过程中得以实现,将会激励他继续参加志愿服务;而如果志愿者的动机在服务过程中没有实现,其继续参与志愿服务的动力将会下降。从相关分析的结果看,"志愿家庭"是否组团参与公益活动,仅与家长的利己动机显著相关,而"志愿家庭"是否会在志愿服务过程中合作完成任务,则与家长的四类动机无显著的相关关系。前面在分析"志愿家庭"家长的服务动机时曾经指出,其志愿服务动机主要是服务他人和社会及帮助孩子成长。而这里的分析结果却显示,家长们的最重要的服务动机(利他动机和利孩子动机)与他们是否以组团或合作的方式参加"志愿家庭"公益活动基本无关。这是令人担忧的事实,因为它再一次呈现了"志愿家庭"公益活动举办方及策划者的能力欠缺问题。"志愿家庭"参与活动的频次与"志愿家庭"的利他动机和利己动机都显著关联,但与利孩子动机无关,这反映了"志愿家庭"活动举办方的策划和组织能力缺陷更加突出地表现在如何让未成年人志愿者在参

与过程中真正收益方面。

表 3 - 20   "志愿家庭"亲子合作与参与动机之间的相关分析

	公益活动次数	组团参加	合作参加	家庭动机	利他动机	利孩子动机	利己动机
公益活动次数	1	0.619**	0.299**	-0.026	0.057**	0.014	0.057**
组团参加	0.619**	1	0.466**	-0.028	0.019	0.033	0.057**
合作参加	0.299**	0.466**	1	-0.033	0.029	0.028	0.033
家庭动机	-0.026	-0.028	-0.033	1	-0.074**	-0.014	-0.02
利他动机	0.057**	0.019	0.029	-0.074**	1	-0.499**	-0.311**
利孩子动机	0.014	0.033	0.028	-0.014	-0.499**	1	0.483**
利己动机	0.057**	0.057**	0.033	-0.02	-0.311**	0.483**	1

** 在置信度（双侧）为 0.01 时，相关性是显著的；* 在置信度（双侧）为 0.05 时，相关性是显著的。

（二）亲子合作阶段

为了了解亲子合作的深度，我们将亲子合作过程分为三个阶段，即志愿服务活动的准备阶段、志愿服务活动的实施阶段（为了避免实施一词带来的模糊不清，问卷用"过程中"一词来替代）和志愿服务活动后的分享阶段。如果"志愿家庭"的亲子组合三个阶段都参加了，那么其合作深度就被视为最高。考虑到有些"志愿家庭"在各阶段均有良好的合作，正式问卷添加了第四个选项，即"在志愿服务活动各阶段均有合作"。

问卷的统计结果令人震惊，在1423个有过亲子合作的调查对象中仅有26人做出了选择，其中8人选择了在活动前的准备阶段有合作，8人选择了在活动过程中，3人选择了在活动后的分享阶段，另有7人选择了在活动的各阶段均有合作。同样，调查对象放弃选择也不是因为问卷的设计出了问题。从预调查问卷的统计结果看，亲子合作主要发生在"志愿家庭"所参与的志愿服务过程中，其次是活动开展前的准备阶段，在活动后的分享阶段有亲子合作的比例很低。这说明，目前的"志愿家庭"即使在开展得比较好的案例中，也存在重过程、轻分享，重服务、轻志愿者等问题。

在正式问卷中，对亲子合作阶段做出选择的调查对象寥寥无几，为什么很多家庭有过亲子合作，却不知道亲子合作发生在哪个阶段呢？与前面关于"志愿家庭"公益活动的举办方和参与时间选择类似，我们不认为是问卷设计出了问题，也不认为是调查对象故意漏填，而是认为这种现象从一个层面集中反映了"志愿家庭"推进方和组织方的认知、意识和能力问题。当下北京市家庭志愿服务活动鲜有涉及家庭成员间的合作互动层次的，这在一定程度上反映出"志愿家庭"家长并没有有意识地加强与自己孩子之间的沟通、互动，导致活动效果不明显；与此同时，这也暴露出北京市志愿服务组织在"志愿家庭"公益活动开展的过程中，并未对家庭志愿服务参与者进行专业指导和培训，而且缺乏专业社会工作者的干预，导致活动流于形式，没有达到预期效果。因而，在接下来的活动中，无论是社会工作者、志愿者服务组织还是家长都应注意到这一点，通过努力使活动更具吸引力和反思性，在活动过程中，发扬亲子间良好的沟通互动模式，在促进父母能力提升的同时锻炼孩子，拉近父母和孩子之间的距离，促进家庭内部建设。但众所周知，凡事都有两面性，这样做在活动中会凸显亲子沟通问题，造成彼此之间的矛盾加深，在此情况下，无论父母还是子女都应该进行反思，发现问题及时调整，通过亲子间的双向沟通，让彼此了解对方的态度、感受、情绪以及想法等，继而化解矛盾，建立良好的亲子关系，增进家庭凝聚力。

表 3-21   "志愿家庭"亲子合作阶段分布（预调查数据）

单位：%

	高中及以下	大学及以上	总计
没有合作	5.4	12.8	10.7
活动前的准备阶段	21.6	14.9	16.8
活动过程中	67.6	67.6	67.6
活动后的分享阶段	5.4	4.8	5.0
总计	100	100	100

（三）小结

从上面的分析可以得出以下几个结论：①在超过 1/3 的调查对象还没有参加过"志愿家庭"公益活动的背景下，参加过公益活动的"志愿家庭"中有一成不是由父母与孩子以组团的形式参与的，亲子组团参加的"志愿家庭"公益活动约占整个"志愿家庭"公益活动的八成；②在"志愿家庭"公益活动中有亲子合作的"志愿家庭"约占全部样本的一半，约占参加过公益服务的"志愿家庭"的八成，所参加的公益活动大约相当于亲子组团的六成；③"志愿家庭"的志愿服务动机对其选择是否亲子组团或亲子合作参与没有影响，说明"志愿家庭"的组织方很少考虑到"志愿家庭"的需求；④绝大部分宣称有过亲子合作的"志愿家庭"家长却不知道亲子合作发生在哪个阶段，说明大多数"志愿家庭"的亲子之间在公益服务的过程中是缺少沟通或沟通不足的；⑤组织方对"志愿家庭"公益活动过程中亲子合作的重要性和必要性缺乏足够的认识，尤其是对事前准备阶段和事后分享阶段亲子合作的意义缺少认知。

四 "志愿家庭"参与的制约因素

无偿性是家庭志愿服务的一大特征，因而对于家庭志愿者而言，参与志愿服务不是为了获得纯粹经济意义上的回报，而更多的是出于社会责任感和道德的力量。但这种价值动机存在偶然性和短期性，家庭志愿者在决定是否参加或者持续参加时，具有非常大的个人自由度。正因为家庭志愿者参与志愿服务的动机带有很大的主观性，所以志愿行为也会变得飘忽不定，进而会影响服务项目的连贯性，甚至会影响服务对象。基于此，课题组从家庭志愿者个人和服务组织两个层面着重分析影响家庭志愿者参与服务的积极性的阻碍因素。

（一）个人归因

已经注册的"志愿家庭""为什么不参加或者不参加更多的家庭志愿服务活动？"这是一个对于了解家庭志愿服务发展现状及不足来说非常重要的问题。为了了解调查对象对此问题的归因，问卷设计了10个选项，涵盖个人客观原因（健康/身体原因、没有时间）、个人主观原因（宁愿捐赠钱物、收益不大、花费太高）、组织方原因（不知道哪里有此类活动、现有活动吸引力不足、有负面经历）和社会原因（家里有人反对）四个方面。问卷规定每位调查对象最多可以选择3项。

从问卷统计结果看，平均每个调查对象选择了1.44项，说明对不少人来说，阻碍他们参加或更多参加的因素不止一个。从单项选择看，选择最多的阻碍性因素是"没有时间"和"不知道哪里有此类活动"，且性别和学历的影响不大；选择"其他"的比例位居第三，说明问卷选择项的列举不够详尽。对预调查问卷的分析显示，制约家庭志愿服务参与的原因依次是没有时间、不知道哪里有此类活动（缺少获取信息的渠道）、健康/身体原因和现有活动吸引力不足等。与正式调查数据相比较，预调查中制约家庭志愿服务的原因是基本相似的，只有活动吸引力一项的排位有差别，这也从一个侧面反映了预调查中的公益活动的质量要略高一些。调查对象之所以"不知道哪里有此类活动"，既有可能是信息渠道的不畅通造成的，也有可能甚至更有可能是活动稀少且来无影去无踪所致。

从分类的角度看，组织因素（64.9%）的影响最大，其次是个人客观因素（60.3%），个人主观因素（4.3%）和社会因素（0.5%）的影响很小。由此可以看出，制约志愿家庭服务参与的最主要原因是组织因素，尤其是"志愿家庭"公益活动稀少和信息传播渠道不畅通。这再一次印证了目前北京家庭志愿者招募和管理工作的不规范，宣传的辐射面较窄，亦没有有效发挥互联网新媒体多元化宣传的积极作用。个人客观因素，尤其是志愿者本身的时间制约，是家庭志愿服务面临的最大挑战，因而，志愿服务组织方如何让家长在有限的时间内高效率地参与志愿服务，如何让他们的价值动机和社会动机最大限度地得到满足，如何让他们实现自我价值进而提高自身参与积极性都成为摆在志愿者组织面前亟须解决的问题。从这里的分析看，假设3关于组织方存在问题是制约"志愿家庭"参与的主要因素的预设是站得住脚的。

表3-22 制约家庭志愿服务参与的个人归因（三选题）

单位：%

理由	男	女	高中及以下	大学及以上	全部样本
没有时间	56.1	53.7	54.2	54.2	54.3
健康/身体原因	5.8	6.1	7.4	5.6	6.0
家里有人反对	0.9	0.4	0.5	0.6	0.5
不知道哪里有此类活动	51.4	55.0	47.5	56.1	54.1
花费太高	1.4	1.0	1.6	0.9	1.1
收益不大	1.9	0.8	1.4	0.9	1.0
宁愿捐赠钱物	3.0	1.9	2.8	2.0	2.2
现有活动吸引力不足	12.8	8.9	7.9	10.5	9.9
有负面经历	1.2	0.8	1.4	0.8	0.9
其他	13.6	13.8	17.8	12.5	13.7
总计	148.1	142.4	142.5	144.1	143.7

已经参与过和还没有参与过"志愿家庭"公益活动的"志愿家庭"家长在阻碍因素的个人归因上有何差别，也是值得研究的问题。从两组调查对象的选择差别看，主要表现在对活动的知晓度、时间充裕度、活动吸引力和健康状况四项上。虽然已经注册但尚未参加过"志愿家庭"公益活动的调查对象中的七成将其还没有参与公益活动的原因归结为"不知道哪里有此类活动"，在其归因中占比接近一半；相对而言，注册且已参与过活动的调查对象中的四成将其没有参与更多"志愿家庭"公益活动的原因归结为"不知道哪里有此类活动"，在其归因中占比接近1/3。这说明相当多的参与和未参与过活动的人都有参与及继续参与的愿望，只是"志愿家庭"公益活动的供给侧出了问题。尚未参加过活动的调查对象的四成将至今没有参加"志愿家庭"公益活动的原因归结为"没有时间"，在其归因中占比接近三成；参与过活动的调查对象中的六成将其没有参与更多"志愿家庭"公益活动的理由解释为"没有时间"，在其归因中占比超过四成。

很多实证调查都发现，没有时间或没有更多时间是调查对象给出的不参加或不更多参加志愿服务的主要理由之一。[1] 不过，至今为止，很少有学者对此展开专门讨论，因此有必要稍做讨论。时间限制对志愿者的参与真的有这么大影响吗？前面关于"志愿家庭"公益活动的参与次数分析表明，参与过服务的"志愿家庭"每年也就参与那么有限的几次活动，其中很多家庭平均每年参加的活动还不到1次，无论是与家庭休闲时间还是与社交时间相比都是微不足道的，何以在选择"没有时间"的归因选项上就与未参与过的有如此大的差异？显然，"没有时间"不是一个客观的、绝对的概念。

"没有时间"可以定义为志愿者倾向选择的时间点与志愿服务组织提供的时间点之间的交集为"0"。志愿者选择的时间点越是特定、越是少，志愿服务组织提供的时间点越是特定、越是少，则双方在时间上的交集就越小。志愿者的时间点选择是志愿服务内容、发生地点、服务时间、信息渠道、倾向性的组织方及个人可支配时间等的函数，也就是说，志愿者对志愿服务内容的选择越是狭窄、地点越是固定、服务时间越长、信息渠道越少、倾向性的组织方越是特定、个人可支配时间越少，则对时间点的选

---

① 张网成：《中国公民志愿行为研究》，知识产权出版社，2011。

择越是严格，相应地，自愿提供服务的时间点也就越少；反之，志愿者自愿服务的时间点就越多。同样，志愿服务组织提供的时间点则是组织者性质、组织资源、倾向性服务对象、服务地点、信息传播途径等的函数，也就是说，志愿服务组织越是业余（非志愿者组织）、组织资源越少、倾向性服务对象越是固定、服务地点的选择性越少、信息传播渠道越少，则能够提供并被接收的时间点越苛严、越少；反之，志愿服务组织如果长期专门从事志愿服务组织工作、组织资源丰沛、倾向性服务对象覆盖面广、服务地点的选择多样、信息渠道畅通，那么它所能提供并被接收的志愿服务时间点就越多。显然，志愿者倾向选择的服务时间点和志愿服务组织提供的时间点的交集是两个方面的因素交互作用的结果。因此，将没有时间列为不参加或不更多参加志愿服务的重要原因，实际上反映了志愿服务组织的岗位供给和志愿者的岗位需求之间不匹配的情况比较普遍。即便在志愿服务发达的国家，这样的情况也同样普遍存在。[1]

为了验证上述判断，我们将是否把没有时间列为不参与或不更多参与志愿服务的原因与"志愿家庭"家长的工作时长、家务劳动时长、家庭休闲时长、照料孩子时长、社会交往时长进行了双变量相关分析，结果发现：工作时间越长的越有可能说自己没有时间参与（在 0.01 置信水平下的 Pearson 系数为 0.071），这是可以理解的；但家庭休闲时间、照料孩子时间和社会交往时间越短的越有可能说自己没有时间参与（在 0.01 置信水平下的 Pearson 相关系数分别为 -0.080、-0.055 和 -0.067）则是难以理解的，说明志愿者可支配时间多少很可能并不是影响志愿服务参与的重要因素。与"志愿家庭"活动存在问题做的双变量相关分析则显示，认为活动类型太单一、活动距离有点远、活动总体上太少、缺乏应有培训、缺乏有效激励、服务效果不佳的，更有可能宣称自己是因为没有时间而不参加或不更多参加家庭志愿服务（在 0.01 置信水平下的 Pearson 系数分别为 0.081、0.149、0.085、0.048、0.072 和 0.051），这些都是可以理解的。

尽管志愿者倾向选择的服务时间点和志愿服务组织提供的时间点的交集大小最终决定了志愿者是否会以及是否更多参与志愿服务，但志愿服务

---

[1] Michael Hall, David Lasby, Steven Ayer, William David Gibbons, Caring Canadians, Involved Canadians: Highlights from the 2007 Canada Survey of Giving, Volunteering and Participating, Ottawa, June 2009.

组织的影响显然更大且更具决定性。因此，面对没有时间是不参加或不更多参加志愿服务的宣称，志愿服务组织应该更多地反省自己的服务机会供给能力，而不是将其用来解释自己的不作为或少作为。

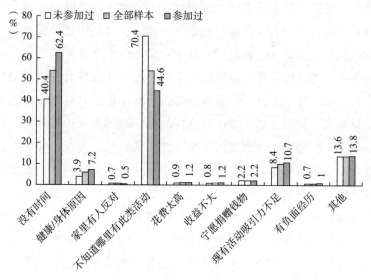

图 3 - 2   制约家庭志愿服务参与的个人归因比较（参加过 VS. 未参加过）

（二）组织归因

尽管志愿者中也有担任组织者角色的，但绝大部分还是普通志愿者，因此，通过调查志愿者来了解哪些组织因素阻碍了"志愿家庭"参加家庭志愿服务活动，就必须从志愿者可以接触和感知的信息点来设计问题的选项。按照这一原则，问卷设计了 10 个选项，涵盖志愿服务活动的整个流程。为了使志愿者的看法相对集中，问卷规定最多可以选择三项。

从统计结果看，平均每个调查对象选择了 1.85 项，选择分布也比较平均，没有特别凸显的选项。从单项选择的情况看，"志愿家庭"家长反映组织方存在问题最多的是"适合家庭的活动少"，但仅有 37.9% 的家长选择了这一项，其他选择比较多的项是"活动距离有点远""总体上活动太少""活动类型单一"。从分类的角度看，以上 4 个选项与"志愿家庭"公益活动的外显特征有关，4 项选择次数加在一起，共占选择总次数的 62.8%；另外，描述"志愿家庭"公益活动组织方的规范和能力的选项有 5 个，包括"组织方经验不足""缺乏应有的培训""组织方走过场""缺乏有效的激励制度""服务效果不佳",5 项选择次数相加,共占选择总次数的 27.4%。与低学历家长相比,高学历家长的问题意识更强,选择也更理性。与还没有参加过"志愿家庭"公益活动的调查对象相比,参加过的调查对象对组织方存在问题的意识更清晰,批判性也更强。

对预调查问卷的分析发现,调查对象选择比较多的是"活动类型单一""活动距离有点远""适合家庭的活动少""总体上活动太少"等几项。将正式调查中参加过的调查对象的选择情况与预调查对象的选择情况进行比较,可以发现几个有意思的现象:一是一旦有专业社会组织介入"志愿家庭"公益活动的组织工作,"适合家庭的活动少""总体上活动太少""活动距离有点远"等问题就会得到缓解,缺乏应有培训、活动形式主义和服务效果不佳等组织管理不规范造成的问题也会得到缓解;二是一旦"志愿家庭"被动员起来更加积极地参与活动,组织方策划活动的能力不足和管理经验不足的问题就会暴露得更加充分,这与"志愿家庭"随着参与加深会对"志愿家庭运行团队"有更高的要求有关。

从调查对象反映的各类问题看,目前北京"志愿家庭"组织者的专业服务水平确实不足,难以为家庭志愿者提供专业的指导和管理。这不仅导致很多家庭志愿者参与志愿服务的积极性降低、服务质量下降,而且大大制约了家庭志愿服务事业的发展。鉴于此,专业化家庭志愿服务组织的建设成为影响家庭志愿服务长效发展的关键性因素,志愿组织可以吸纳专门从事家庭志愿服务的专职专业社会工作者加入,与此同时,制订适合不同家庭的亲子公益项目工作计划,在进行志愿者招募选拔、管理培训、监督、评估和激励等一系列过程的基础上,再根据家庭需要以及家庭的想法、兴趣、能力和优势,制定相符的志愿服务项目,如此家庭志愿服务才能得以持久深入地发展。

表 3-23 制约家庭志愿服务参与的组织归因(三选题)

单位:%

问题类型	学历		全部样本	经历		预调查样本
	高中及以下	大学及以上		没有参加过	参加过	
活动类型单一	16.7	18.6	18.2	11.8	21.9	29.4
活动距离有点远	32.5	31.3	31.6	28.9	33.2	22.9

续表

问题类型	学历		全部样本	经历		预调查样本
	高中及以下	大学及以上		没有参加过	参加过	
总体上活动太少	25.8	29.6	28.7	30.3	27.8	21.4
适合家庭的活动少	29.2	40.5	37.9	37.2	38.3	23.3
小结	104.2	120.0	116.4	108.2	121.2	97.0
组织方经验不足	8.6	7.7	8.0	6.2	9.0	9.2
缺乏应有的培训	14.0	17.7	16.8	14.5	18.2	14.1
组织方走过场	7.5	11.1	10.3	8.6	11.3	4.2
缺乏有效的激励制度	9.6	10.4	10.2	6.6	12.3	11.1
服务效果不佳	5.8	5.4	5.5	4.0	6.3	3.1
小结	45.5	52.3	50.8	39.9	57.1	41.7
其他	24.1	16.4	18.1	27.2	12.9	17.9
总计	173.8	188.7	185.3	175.3	191.2	156.6

（三）小结

从上面的分析可以得出以下结论：①在"志愿家庭"家长的个人归因中，个人因素和组织因素都是影响志愿者不参加或不更多参加家庭志愿服务的主要因素，深入分析得出的结论是，志愿服务组织的影响是最主要的；②"志愿家庭"公益活动存在诸多问题，主要体现在较少考虑"志愿家庭"的参与便利性和可及性，"志愿家庭"也存在问题，但最终体现的还是目前"志愿家庭"活动组织方存在一系列严重的问题；③对组织方满意度的改进，不仅要让更多的专门从事志愿服务实务的组织参与进来，还要加强它们的能力建设。

第四章 "志愿家庭"行动的影响力

一般来说，家庭志愿服务以家庭成员共同参与同一项志愿服务活动（项目）这一独特的志愿服务方式，通过创新性方法，将蕴含在家庭中的志愿服务资源转化为满足社区居民需求的现实力量，同时为解决家庭关系问题提供契机。不过，从前面几章已经看到，北京的"志愿家庭"行动自身有着很多特殊之处，如行政机构推动成为主要的动员方式，大部分参与者是偶然为之，对"志愿家庭"的构成没有设置严格的限定条件，因而除了亲子合作、家人组合外还有多种参与形式，等等。如此状态下的"志愿家庭"行动究竟能产生怎样的影响？受收集资料方法的限制，本章将重点置于"志愿家庭"行动对参与者及其家庭的影响上，而暂不涉及"志愿家庭"行动对志愿服务组织（方）、志愿服务对象及社区的影响。为了彰显专业社会组织的介入对"志愿家庭"行动的意义，我们将继续使用预调查收集到的数据进行对比分析。

一 "志愿家庭"行动的家庭建设功能

志愿服务的无偿性和志愿性特点，并不意味着志愿者不在乎参与给自己带来的影响。从社会交换理论的角度看，不管是出于何种动机参加志愿服务，每个志愿者都有自己的收益预期。这种收益预期与志愿者的服务动机是相契合的。一旦实际收益与预期收益不一样，志愿者就会改变参与动机或放弃参与。以单位形式参与的"志愿家庭"的情况也一样。参与"志愿家庭"公益活动对家庭所产生的影响，就是"志愿家庭"的收益。了解"志愿家庭"的收益，可以更好地分析"志愿家庭"的实际收益与动机之间存在哪些差异。与前面关于"志愿家庭"的动机分类相对应，我们将"志愿家庭"行动的影响分为对家长、对孩子、对其他家庭成员以及对整个家庭四个方面的影响。其中，对前两者的影响是直接的，对后两者的影响则是间接的。

（一）"志愿家庭"家长收益

来自英美等西方国家的经验显示，父母参与家庭志愿服务，不仅可通过言传身教为自己的孩子以及周围的年轻人树立积极向上的榜样，帮助他们了解互惠的价值观，而且可在帮助他人的同时，获得社会认可、体现自我的价值。尤其对于全职妈妈来说，在服务过程中获得社会认同是她们最期待的，不仅有利于建立新的社会关系、扩大交际圈，而且有利于学习新的技能，提升自身的领导力、决策力以及竞争力，进而提高对生活的满意度以及对婚姻、家庭乃至工作的满意度。[①] 对于退休祖父母来说，与家人一起参加志愿服务不仅能结识更多的朋友，还可有效地利用闲暇时间，促进身体和精神健康，而且能在很大程度上缓解由职业角色转入闲暇角色而造成的冲击或者由失去配偶等而引起的不适应，降低抑郁程度，增进个体的幸福感。[②] 在参考西方经验的基础上，本次调查设计了10个选项来了解"志愿家庭"家长们的收获，涵盖个人知识、技能和情感方面的改变，社会联系网络的变化，对家人认知和态度的转变，个人价值的实现以及对家庭参与公益活动的态度等。

从统计结果看，599名调查对象没有做出选择，其中没有参与过活动的551人，占没有选择人数的92%，也就是说，没有对本题做出选择的人中有8%参与过服务，在没有参与过活动的调查对象中有45.8%的人做出了选择，而且其中有近一半选择了三项。基于此种复杂情况，为方便起见，这里将未做选择的情况作为"0"选择来处理，也就是说，各种比例的计算均以全部样本数为基数，下同。在限选三项的前提下，平均每个调查对象选择了1.8个收益项，说明不少"志愿家庭"的家长收益不是单方面的，其中选择三项的占40.5%，选择两项的占21.1%，还有16.8%的

①　张网成：《家庭志愿服务这样实现"三收益"》，《中国社会工作》2017年4月上（总第298期）。

②　Greenfield, E. A. and Marks, N. F. "Formal Volunteering as a Protective Factor for Older Adults, Psychological Well – being." *The Journals of Gerontology Series*, vol. 59（5），2004.

调查对象仅选择了一项。因为是三选题，所以调查对象实际收益的项可能还更多。从单项选择的情况看，"很高兴能为社会做贡献"和"更加认可公益活动"是"志愿家庭"家长选择最多的收益项，说明他们能够通过参与公益活动获得社会认可、体现自我价值，也说明志愿者的收益可以是利他取向的；选择较多的还有"认识了一些新朋友"，说明参加"志愿家庭"公益活动确实使部分家长扩大了社会交往网络，同样选择较多的"认识到公益活动可以和家庭责任相结合"说明部分"志愿家庭"家长已经初步接受了家庭志愿服务这种形式的活动；虽然选择"发现家人有很多优点"和"学会了换位思考"只是少数，但说明"志愿家庭"公益活动确实有利于提升参与者的人际关系，包括家庭关系的处理技巧；[1] 少量家长志愿者"学会了如何组织活动"和"学会了一些新技能"，这为"志愿家庭"行动的可持续发展增添了一丝希望。此外，也有少量家长称没有因参加"志愿家庭"而有任何收益。从性别差异看，男性家长在社会交往和组织活动方面的收获更多一点，而女性家长则在换位思考和贡献社会两方面收获更多；从选择总次数看，男性家长获得的收益更多。从学历差异看，低学历家长在社会交往、组织活动和习得技能等方面的收获略多一些，而高学历家长则在奉献社会和认可公益方面收获略多；但从选择总次数看，学历不同造成的差异几乎可以忽略不计。

将"志愿家庭"家长参加志愿服务活动的次数与各项收益进行双变量相关分析的结果表明，除了与没有什么收获呈显著负相关外，与其他各项都呈显著正相关，Pearson 相关系数分别为 0.166、0.080、0.234、0.088、0.106、0.071、0.278、0.061 和 0.182，也就是说，家长们参加公益活动的次数越多，就越有可能收获这些收益选择项。这说明，就家长个人而言，其实际收益还是与预期收益基本相吻合的。这也意味着，即便目前的"志愿家庭"活动的形式和内容不变，家长们也会更多地参与。当然，具体的发展趋势如何，还得看其他家庭志愿者及整个家庭的收益情况，如果

---

① 优势视角是一种着眼于人的优势与潜能，以开发和利用人的潜能为着力点，帮助自己及他人解脱于挫折与不幸的逆境之中，最终达成自身及他人理想的一种思维方式和待人方法。换位思考是指站在对方的立场上理解对方的想法、感受，从对方的立场来看事情，以对方的心境来思考问题。通过换位思考设身处地地理解别人能够给对方带来很大的好感，对方也会感到被尊重，从而愿意与自己交流和沟通。主动运用这两种人际关系技巧，可以帮助家长更好地处理与孩子、家人、亲戚、同事、朋友等的关系。

"志愿家庭"的未成年志愿者未能获得预期收益，则家长的参与积极性会受到打击。

表 4 – 1 "志愿家庭"家长收益情况（三选题）

单位：%

家长收益维度	男	女	高中及以下	大学及以上	全部样本
认识了一些新朋友	32.3	24.7	30.3	25.5	26.6
学会了如何组织活动	10.7	7.0	11.2	6.9	7.9
更加认可公益活动	31.0	31.6	27.2	32.7	31.5
心情变得更好	15.9	14.4	16.7	14.2	14.8
学会了一些新技能	9.4	9.1	12.1	8.3	9.1
发现家人有很多优点	5.1	6.2	6.1	5.9	5.9
很高兴能为社会做贡献	44.3	48.3	42.1	48.8	47.3
学会了换位思考	11.8	14.3	12.7	14.0	13.7
认识到公益活动可以和家庭责任相结合	22.1	21.9	20.6	22.4	22.0
没有什么收获	2.7	1.2	2.0	1.4	1.6
总计	185.3	178.7	181.0	180.1	180.4

做相关分析时我们发现，那些仅仅注册而还没有参加活动的"志愿家庭"家长也有收获。为进一步了解这一点，我们将是否参加过服务与上述收益项进行了交叉分析，结果见表 4 – 2。尽管我们在问卷中标明"没有参加的不填写"，但很显然有很多人将注册"志愿家庭"本身也理解为一种参与行为。这一点有些古怪，但无可厚非，因为政府在统计志愿者人数时也常常以注册人数计，更何况注册的过程也是一个受到影响的过程：在注册过程中认识其他人、更好地了解家人、了解了注册程序、了解到家庭责任可以在志愿服务中得以体现等都是可能的。这种情况难道提示我们，对于志愿服务事业来说，倡导本身也是有意义的？对于强调行政动员和偏好原则性倡导的中国志愿服务发展模式来说，这是一个值得深入研究但至今没有受到真正重视的问题。不过，就没有参与过"志愿家庭"公益活动的家长人均选择不到一项而言，还是有相当一部分人正确地了解了题意，并没有将注册"志愿家庭"本身视为一种参与行为。至于这部分没有选择的调查对象有没有受到影响，则无法根据本次调查的数据弄清楚。

与正式调查全部样本的表现相比较，参与过"志愿家庭"公益活动的家长在各项选择上都有所增加，这与上面的相关分析结论相一致。

仅就参加过的人而言，选择总次数仍然低于相应的预调查得出的数据，说明北京"志愿家庭"行动总体上的组织管理工作要弱于预调查对象的组织方，这种组织方面的弱势主要体现在提供社交机会、传授活动组织方法、传播公益理念和推广公益与家庭责任相融合的观念上。这与前面关于正式调查对象大多数记不清"志愿家庭"公益活动的组织方和参与时间的分析结论相一致。

表4-2 "志愿家庭"家长收益情况（三选题；参与过 VS. 未参与过）

单位：%

家长收益维度	未参加过	参加过	预调查数据	正式调查数据
认识了一些新朋友	17.1	32.1	48.1	26.6
学会了如何组织活动	5.1	9.5	13.0	7.9
更加认可公益活动	14.1	41.6	46.9	31.5
心情变得更好	7.7	18.9	19.8	14.8
学会了一些新技能	5.1	11.5	10.3	9.1
发现家人有很多优点	3.1	7.5	7.3	5.9
很高兴能为社会做贡献	23.5	61.1	56.6	47.3
学会了换位思考	8.1	17.0	18.3	13.7
认识到公益活动可以和家庭责任相结合	9.2	29.4	32.8	22.0
没有什么收获	2.6	1.0	1.9	1.6
总计	95.60	229.60	255.0	180.4

从家庭志愿服务的定义出发，家庭成员志愿者是要一起参与同一志愿服务活动的。作为一种独特的志愿服务组织方式，它是否能够对家庭志愿者产生"1+1>2"的整合效应，被认为是不言自明的。至今的研究都是从定性的角度以案例的形式指出这种整合效应确实存在，并没有人从统计的角度进行过整体性检验。本次研究在区分是否参与过服务的前提下，将参加过服务的情况继续区分为组团参加过和未组团参加过，又将组团参加过的情况区分为亲子合作过和亲子未曾合作过。从表4-2中我们了解到参加过服务的"志愿家庭"家长在志愿服务过程中的收益要远远好于未参加过服务的家长。从表4-3中可以看出，组团参加过"志愿家庭"公益活动的家长的收益情况要略好于参与过服务的作为一个整体的情况，更好于

参与过但未组团参与的情况。与组团参与过的样本群家长的收益情况相比，有过亲子服务经历的家长的收益要略好一些，但统计数据显示的差异不是很大。究其原因，可能与亲子合作的深度不足有关，而这一点又可以从家长记不起具体的合作阶段反映出来。总体上，可以得出的结论是，在相同条件下，家庭志愿服务过程中的亲子合作有利于提高参与者在多个维度上的收益率。

不过，与预调查数据相比，即便是在正式调查对象中有过亲子合作的"志愿家庭"家长的收益也要逊色不少。这就意味着，家庭志愿服务对参与父母的影响在很大程度上取决于志愿服务组织的管理和运作水平，而不单单取决于是否有亲子合作参与这种形式。全部预调查对象的收益情况与其中有过亲子合作参与的情况相比较，我们发现，一方面亲子合作确实有利于提升参与者的收益率，另一方面提升的幅度不大。这说明，预调查对象所在志愿服务组织的运作水平也是有限的，没能很好地照顾到家长的利孩子动机。

**表 4 - 3　"志愿家庭"家长收益情况（三选题；参与过 VS.
组团参与过 VS. 亲子合作服务）**

单位：%

家长收益维度	正式调查			预调查	
	全部样本	服务过	组团参加过	亲子合作过	全部样本	亲子合作过
认识了一些新朋友	26.6	32.1	32.8	33.5	48.1	47.8
学会了如何组织活动	7.9	9.5	9.5	9.6	13.0	12.7
更加认可公益活动	31.5	41.6	42.6	43.4	46.9	48.7
心情变得更好	14.8	18.9	18.6	18.5	19.8	19.3
学会了一些新技能	9.1	11.5	11.8	11.8	10.3	10.5
发现家人有很多优点	5.9	7.5	7.9	8.3	7.3	7.9
很高兴能为社会做贡献	47.3	61.1	61.7	61.7	56.5	57.5
学会了换位思考	13.7	17.0	17.1	17.0	18.3	18.0
认识到公益活动可和家庭责任相结合	22.0	29.4	30.8	31.8	32.8	35.1
没有什么收获	1.6	1.0	0.9	0.9	1.9	0.9
总计	180.4	229.6	233.7	236.5	254.9	258.4

　　将选择收益项的次数视为家长收益程度，将收益多少这个新变量与"志愿家庭"的参与情况进行双变量相关分析的结果表明，注册时间越早的、参加活动次数越多的、参与过服务的、组团参加活动的和在参与过程中有亲子合作的"志愿家庭"家长，其收益越多。如果将家长收益程度作为因变量，以家长的性别、学历、工作时长、家庭生活水平、最近一年是否捐赠、最近一年是否有其他志愿服务、注册时间和活动次数等作为自变量，进行线性回归分析，结果显示（$R^2 = 0.300$，调整 $R^2 = 0.298$，Anova 检验 $F = 118.137$，显著性为 0.000），性别、学历、活动次数、是否组团参加和是否亲子合作参与五个自变量对家长收益程度有显著性影响，其他自变量则没有显著性影响。这说明家庭志愿服务过程中的亲子合作对家长志愿者的个人收益是有影响的，不过相对于是否组团参加变量、亲子合作变量的影响要略小一些。

表 4 - 4　"志愿家庭"家长收益与参与表现交叉影响

	家长收益	合作参与	组团参加	是否服务过	注册时间	活动次数
家长收益	1	0.490**	0.512**	0.546**	-0.122**	0.431**
合作参与	0.490**	1	0.901**	0.779**	-0.138**	0.572**
组团参加	0.512**	0.901**	1	0.864**	-0.152**	0.619**
是否服务过	0.546**	0.779**	0.864**	1	-.186**	0.663**
注册时间	-0.122**	-0.138**	-0.152**	-0.186**	1	-0.219**
活动次数	0.431**	0.572**	0.619**	0.663**	-0.219**	1

　　** 在置信度（双侧）为 0.01 时，相关性是显著的。

（二）对未成年人的影响

　　西方国家的研究发现，对于未成年子女来说，与父母一起参与志愿服务不仅可以和家人一起分享有意义的时光、观察父母如何展示其在现实生活中所追求的价值观，而且能认识新的伙伴、学会如何与他人相处，尤其是如何与有帮助需要的人进行互动，并由此加深对社会需求及帮助对象需求的理解。研究还发现，家庭志愿服务为父母和孩子提供了一个增进亲子关系的机会，有助于儿童与父母形成和保持融洽和相互支持的关系，从而降低儿童反社会行为以及犯罪的发生概率。换句话说，家庭志愿服务对于未成年人来说，可以实现家庭团结、价值观教育、社会交往、社会认知、行为矫正等多种功能。[①] 基于对这些功能的认知，本次调查问卷设计了参与"志愿家庭"公益行动的未成年人可能会有的 10 个收益项，同时也规定了最多可以选三项。此外，问卷还规定没有参加过"志愿家庭"公益活动的家长不填写。考虑到调查对象是家长而不是未成年人，因此问卷设计的选项内容都是家长可以观察到的孩子的变化。

问卷统计的结果出人意料，但也证实了前面讨论"志愿家庭"家长收益时所提到的组织方未能很好地照顾到家长的利孩子动机的推测，应该是成立的。做出明确选择的只有 24 名家长，其中 7 人选择了"没有什么明显变化"，6 人认为自己的孩子通过参加"志愿家庭"公益活动变得"更有同情心和责任心"，3 人认为自己孩子的主要收益是"结交了新朋友"，3 人认为自己的孩子"社交能力有长进"，2 人认为自己的孩子"动手能力更强"，另外，认为自己的孩子在参与活动后"组织能力有提高""更愿意与家长交流""学习更自觉更主动"的各有 1 人。为什么做出选择的家长会如此之少？出现这种现象，理论上的可能有以下几种：一是因为家长和孩子之间沟通交流较少，家长不了解参与志愿服务对孩子的真实影响；二是调查对象并没有认真对待此次调查问卷；三是大部分家长并没有真实参与到家庭志愿服务中去，因而确实不了解参与对孩子产生的影响；四是由于大多数"志愿家庭"公益活动形式主义严重，因而实际上并没有对孩子产生什么影响；五是问卷设计的选项含义模糊，因此调查对象无从回答。

预调查问卷的分析结果显示，以上关于"志愿家庭"家长放弃选择的原因推测只有第四项是有可能成立的。从单项选择的情况看，参与"志愿家庭"公益活动对孩子的影响是多维度的、广泛的，有半数以上的家长称自己的孩子在参与"志愿家庭"公益活动后"结交了新朋友"及变得"更有同情心和责任心"，超过 1/3 的家长发现自己的孩子"社交能力有长进"，大约 1/6 的家长发现自己的孩子变得"更愿意与家长交流""学习更自觉更主动""动手能力更强"，有一成多家长认为自己的孩子"组织能力有提高"，还有少量家长觉得自己的孩子在参加活动后"更了解家长辛苦"及"更多参加家务劳动"，但也有个别家长没有观察到自己的孩子在参与

---

① 张网成、刘小燕、张婷：《家庭志愿服务：欧美经验及对我国政策设计的启示》，《社会发展研究》2017 年第 1 期。

前后有什么明显变化。

从选择总次数看，平均每个调查对象选择了2.28项，其中，选择三项的占52.7%，选择两项的占24.0%，仅选择一项的占18.7%，说明参加"志愿家庭"活动对多数孩子的影响并不局限于某一方面，而是多方面的。相对于没有亲子合作的情况来说，亲子合作对孩子的影响是很明显的。尤其在参加家务劳动和组织能力提升两项上，"志愿家庭"在参与过程中是否有亲子合作的影响是突破性的。在同情心和责任心培养、社交能力养成和了解家长辛苦等选项上，亲子合作的影响也是非常明显的。但在与家长交流方面，亲子合作的作用似乎适得其反，这可能与亲子合作过程中父母的行为不当有关，如父母更愿意与其他家长交流而不是与自己的孩子交流，父母更愿意说其他家庭孩子的优点而不愿意鼓励自己的孩子，父母在其他家庭面前出于面子更多突出自己的权威而不是与自己的孩子平等沟通等。这一点确实值得"志愿家庭"的组织方和家长反思。另外，亲子合作并没有使孩子在学习上变得更加自觉和主动，这一点对鼓励家长和孩子共同参与更多的家庭志愿服务是不利的。就其原因，可能是活动的组织方还没有意识到亲子合作在这方面的作用。

同样利用预调查问卷，将"志愿家庭"参与公益活动的次数与孩子收益项进行双变量相关分析的结果表明，"志愿家庭"参与的活动次数越多，则反映孩子没有什么变化的家长越少（Pearson相关系数为－0.122），说明"志愿家庭"公益活动总体上对孩子的影响是正面的；"志愿家庭"参与次数越多，孩子参加家务劳动的倾向越强，孩子的组织能力越能得到提高，在0.01置信水平下的Pearson相关系数分别为0.149和0.141。对于其他收益维度，"志愿家庭"参与次数则没有显著影响。这与上面关于家长收益的相关分析结果形成鲜明对比。对比家长收益项和孩子收益项选择总次数，我们发现家长从"志愿家庭"公益活动中收益要更多些。这种现象值得反思，因为它可能意味着，采用"小手拉大手"的策略确实可使家长出来从事志愿服务，但当反过来采用"大手拉小手"的策略时可能会遭遇孩子的反对或抗拒。出现这种情况的原因可能在于，"志愿家庭"公益活动的组织方对未成年人参与志愿服务的特点不够了解或者顾及较少。将选择次数多少视为孩子收益程度的衡量标准并将其作为因变量，将亲子合作、组团参加、是否服务过、注册时间和参与次数作为自变量，进行线性分析的结果表明，只有参与次数和亲子合作对孩子收益多少有显著影响，说明亲子合作形式对"志愿家庭"的未成年参与者是有益的。以孩子的收益项选择次数衡量其收益程度并以此为因变量，以家长的性别、学历、工作时长、家庭生活水平、最近一年是否捐赠、最近一年是否有其他志愿服务、注册时间和活动次数等作为自变量，进行回归分析，结果显示（$R^2 = 0.098$，调整 $R^2 = 0.062$，Anova 检验 $F = 2.729$，显著性为 0.003），只有亲子合作和活动次数两个自变量对孩子收益程度有显著性影响，其他自变量则没有显著性影响。这意味着，在参与"志愿家庭"公益活动的过程中是否有亲子合作，对孩子的收益程度是有影响的。遗憾的是，回归模型的拟合优度不高，而又无法使用正式调查数据证实或证伪这一点。

总的来说，预调查数据分析显示，"志愿家庭"公益活动如何组织得好，是可以对参与活动的未成年人产生诸多方面的良性影响的；但如果组织得不好，则有可能像正式调查的结果所反映的那样，对未成年人产生不了什么正面影响，反而会让他们产生疲劳感甚至反感。

表 4 - 5　"志愿家庭"未成年人的收益情况（三选题；预调查问卷数据）

单位：%

孩子收益维度	没有亲子合作	有过亲子合作	全部样本
结交了新朋友	52.9	55.3	55.0
更愿意与家长交流	23.5	16.7	17.6
学习更自觉更主动	17.6	17.1	17.2
更有同情心和责任心	44.1	59.2	57.3
社交能力有长进	20.6	41.2	38.5
更了解家长辛苦	2.9	6.1	5.7
更多参加家务劳动	0.0	7.5	6.5
动手能力更强	14.7	15.8	15.6
组织能力有提高	0.0	13.2	11.5
没有什么明显变化	2.9	3.5	3.4
总计	179.2	235.6	228.3

（三）对其他家人的影响

家庭志愿服务会对参与活动的父母和未成年人产生正向的影响。在参与者身上产生的变化会不会影响到其他家人也是本次研究想弄清的重要问题。这个问题涉及"志愿家庭"在家庭层面的溢出效应,对了解"其他家人"是否支持"志愿家庭"的参与以及是否会在以后的时间里加入"志愿家庭"或参与其他志愿服务至关重要。当然,能否产生溢出效应,首先要看参与活动的家庭成员是否有足够的收益。从上面的情况看,参与"志愿家庭"的家长未能观察到其未成年家庭成员的收益,而在"志愿家庭"的动机中利孩子动机又是非常重要的,因此可以推测,北京的"志愿家庭"行动总体上对"志愿家庭"其他家人的影响不会很大。

正式调查问卷和预调查问卷都设计了 10 个相关的选项,内容涉及"志愿家庭"未参加注册或活动的其他家人对公益活动("更热心公益活动""更愿意参加社区事务")、对子女("更加愿意陪孩子""对孩子教育更有信心")、对家庭("更愿意参加家庭活动""更愿意与家人交流")、对家庭从事公益活动("更加认可家庭公益活动")的态度和行为改变以及人际交往技巧改善("更善于换位思考""扩大了交际圈,更开朗")五个方面。问卷规定最多可选三项,并规定未参加过"志愿家庭"公益活动的可不选。

正式调查问卷的统计结果同样令人失望。仅有 5 人对此题给出了明确的选项,其中有 2 人选择"更善于换位思考",剩下的"对孩子教育更有信心""更愿意与家人交流""扩大了交际圈,更开朗"分别有 1 人选择。产生这种现象的可能性可以归结为以下几种:一是因为家长和其他家庭成员缺少沟通和交流,因此不了解对其他家人的真实影响;二是调查对象并没有认真对待此次调查问卷;三是大多数"志愿家庭"公益活动形式主义严重,因而实际上不可能对其他家人产生什么影响;四是问卷设计的选项含义模糊,因此调查对象无从回答。

预调查问卷的分析结果显示,以上关于"志愿家庭"家长放弃选择的原因推测只有第三项是有可能成立的。从单项选择看,预调查对象选择较多的几项分别是"更加认可家庭公益活动""更热心公益活动""更加愿意陪孩子""更愿意参与社区事务""对孩子教育更有信心",也就是说,集中在"其他家人"对孩子、对公益和对家庭参与公益的态度转变上。对家庭的态度和在人际关系技巧上有改变的则要少得多。从选择总次数看,平均每位调查对象选择了 2.24 次,说明"志愿家庭"对其他家人的影响并不局限在某些方面,而是多方面的、综合性的。从影响分类看,"其他家人"受影响较大的还是公益活动及家庭公益活动的参与态度和行为改变，影响较小的是对家庭活动和家人交流的态度和行为改变。这与目前"志愿家庭"行动"重动员参与、轻家庭建设"的现状是吻合的。与没有亲子合作的"志愿家庭"相比，"志愿家庭"在志愿服务过程中的亲子参与对其家人的影响效果要好得多，尤其表现在家人对公益及家庭公益的认可和支持上；对人际交往的影响虽然不大，但亲子合作参与引起的改变幅度还是很大的；对孩子的影响主要表现在对孩子的态度上，对陪伴孩子的行为则影响不大。

同样利用预调查问卷，将"志愿家庭"参与公益活动的次数与其他家人收益项进行双变量相关分析的结果表明，"志愿家庭"公益活动参加越多，则还没参加"志愿家庭"的其他家人越会变得更加认可家庭参与公益活动、更加热心公益活动和更加愿意参加社区服务，在 0.01 置信水平下的 Pearson 相关系数分别为 0.160、0.134 和 0.234，与其他各收益项则不存在显著的相关关系。为什么"志愿家庭"是否经常参加公益活动只影响家庭的公益倾向，而不影响家庭内部的人际关系？如果是这样，"志愿家庭"家长目前宣称的对其家人的其他方面的影响是从哪里来的？只要参与"志愿家庭"公益活动，就会对其他家人、对孩子和家庭的态度产生影响，但不会因为更多地参与产生更多的影响。这说明预调查对象所服务的志愿服务组织在策划和实施活动的过程中还是有"重动员参与、轻家庭建设"的倾向。以其他家人收益项选择次数衡量其收益程度并以此为因变量，以家长的性别、学历、工作时长、家庭生活水平、最近一年是否捐赠、最近一年是否有其他志愿服务、注册时间和活动次数等作为自变量，进行回归分析，结果显示（$R^2 = 0.125$，调整 $R^2 = 0.090$，Anova 检验 $F = 3.590$，显著性为 0.000），只有亲子合作和活动次数两个自变量对孩子收益程度有显著性影响，其他自变量则没有显著性影响。这说明，在参与"志愿家庭"公益活动的过程中是否有亲子合作对孩子的收益程度是有影响的。遗憾的是，回归模型的拟合优度不高，我们也无法使用正式调查数据证实或证伪这一点。

总体而言，根据预调查结果，"志愿家庭"行动如果组织得好，同样会对未参加活动的其他家庭成员产生积极的效果，说明西方国家发现的家庭志愿服务在家庭其他成员身上体现出来的溢出效应在我国同样会发生，只不过家庭志愿服务的溢出效应的生成是有前提条件的。

表 4-6 "志愿家庭"其他家人的收益情况（三选题；预调查问卷数据）

单位：%

家人收益维度	没有亲子合作	有过亲子合作	总计
更加愿意陪孩子	32.4	33.8	33.6
更加认可家庭公益活动	35.3	48.2	46.6
更愿意参加家庭活动	11.8	16.7	16.0
对孩子教育更有信心	14.7	23.3	22.1
更热心公益活动	29.4	42.1	40.5
扩大了交际圈，更开朗	5.9	14.0	13.0
更愿意与家人交流	5.9	7.0	6.9
更善于换位思考	5.9	14.5	13.4
更愿意参加社区事务	17.6	30.7	29.0
没有什么明显变化	8.8	2.2	3.1
总计	167.7	232.4	224.2

（四）对整个家庭的影响

西方先行国家的经验证明，对于整个家庭而言，一起参与志愿服务除了可以让一家人共度美好时光外，还能够增加家庭沟通，通过家庭在共同的志愿经历中增进孩子与家长之间的情感互动，促使家庭成员之间互相理解、互相尊重、彼此支持，共同创造能彼此分享的回忆。总的来说，家庭志愿服务可以强化家庭情感纽带、密切家庭成员关系、培育家庭公益文化、增进家庭凝聚力。简单地说，家庭志愿服务对整个家庭来说具有强化情感纽带和增进家庭合作的功能。[①] 为了了解"志愿家庭"行动对参与者家庭的影响，问卷设计了 6 个选项，分别测量家庭成员间的责任意识、沟通方式、情感表达、危机处理、相处时间和幸福感。

正式调查问卷的统计结果同样令人遗憾。仅有 5 人对此做出了选择，其中有 2 人选择"没有什么变化"，剩下的 3 人分别选择了"家人彼此间更有责任感""家人在一起的时间更多""家庭幸福感更强"。预调查数据

---

① Family Strengthening Policy Center, "Family Volunteering: Nurturing Families, Building Community." Policy Brief No. 17. Washington, DC: National Human Services Assembly, 2006.

的分析显示，这种情况既不是由于问卷题项设计造成的，也不是由于正式调查对象对家庭情况不了解所致，而是反映了"志愿家庭"行动组织工作方面存在的问题。这种情况证实了假设4关于"志愿家庭"在参与过程中较难获得"团体"方面的收益的预设是有道理的。

利用预调查问卷，我们分析后发现，从单项选择来看，参与"志愿家庭"公益活动对于整个家庭来说影响较多的是家庭成员之间的责任感、彼此间的沟通方式、共处时间和幸福感，对家庭危机处理和成员间情感表达的影响则较少。从选择总次数看，在最多三选的限制条件下，平均每个调查对选择了近2项，说明多数家庭是多方面收益的。与没有亲子合作的"志愿家庭"相比较，有亲子合作的家庭的收益情况要好得多，尤其表现在家庭幸福感更强、更经常地表达情感和更强的家庭责任感上。以家庭的收益项选择次数衡量其收益程度并以此为因变量，以家长的性别、学历、工作时长、家庭生活水平、最近一年是否捐赠、最近一年是否有其他志愿服务、注册时间和活动次数等作为自变量，进行回归分析，结果显示（$R^2 = 0.093$，调整后的$R^2 = 0.057$，Anova检验$F = 2.588$，显著性为0.005），只有活动次数一个自变量对孩子收益程度有显著性影响，其他自变量则没有产生显著性影响。这意味着，"志愿家庭"公益活动参与的越多，家庭收益程度越高，而在参与"志愿家庭"公益活动的过程中是否有亲子合作，则对整个家庭的收益程度没有显著性影响。换句话说，是家庭志愿服务活动的参与量而不是家庭志愿服务的参与质量对家庭从服务活动中获益的程度有影响。这一结论与前面关于参与"志愿家庭"对家长志愿者、未成年志愿者及其他家人影响的分析结果不一致。原因可能在于问卷设计的家庭收益项涉及的都是家庭关系的质性改变。遗憾的是，我们不能使用正式调查数据证伪或证实这一点。

总的来说，从预调查数据的分析结果看，"志愿家庭"行动如果组织得好，对整个家庭都是有益的，而且收益面是多方面的。这也说明了西方国家发现的家庭志愿服务的家庭关系建设功能在我国也是可以产生的，只不过有一些前提条件。需要说明的是，本节所涉及的各个收益项均没有测量改变的深度或广度，如孩子通过参与"志愿家庭"公益活动认识了新朋友但并没有继续了解认识了几个新朋友，家人在一起的时间更多但没有继续测量究竟增加了多长时间，家长更加认可公益活动但没有进一步了解认可程度究竟提高了多少，等等。这一方面可以解释为什么仅仅注册了但还没有参加相关活动的家庭也会收益，但另一方面则说明这里所描述的改变也许仅仅是稍微有些改变。

表4-7 "志愿家庭"的整体收益情况（三选题；预调查问卷数据）

单位：%

整个家庭收益项	没有亲子合作	有过亲子合作	全部样本
家人彼此间更有责任感	32.4	41.7	40.5
家人彼此间更经常地表达欣赏与情感	17.6	27.6	26.3
家人之间的沟通更积极	38.2	40.4	40.1
家人在一起的时间更多	41.2	36.4	37.0
家庭应对压力和危机的信心增强	8.8	10.1	9.9
家庭幸福感更强	20.6	40.8	38.2
没有什么变化	8.8	5.3	5.7
总计	167.6	202.3	197.7

（五）小结

从上面的描述和分析中可以得出以下结论：①"志愿家庭"行动会令参与行动的"志愿家庭"家长收益，收益面涉及多个维度，收益程度（广度）则受到参与次数和在参与过程中是否有亲子合作的影响；②"志愿家庭"行动会令参与行动的"志愿家庭"未成年人收益，收益面涉及多个维度，收益程度（广度）受到参与次数和在参与过程中是否有亲子合作的影响，前提是"志愿家庭"行动由专业组织实施；③"志愿家庭"行动同样会令未参与行动的"其他家人"收益，收益面涉及多个维度，收益程度（广度）受到参与次数和在参与过程中是否有亲子合作的影响，前提同样是"志愿家庭"行动由专业组织实施；④"志愿家庭"行动会令整个"志愿家庭"收益，收益面涉及多个维度，收益程度（广度）受到参与次数的影响，前提亦是"志愿家庭"行动由专业组织实施；⑤目前北京的"志愿家庭"行动对在活动过程中的亲子合作参与的重要性缺乏足够的认识，即便是一些所谓专业组织也存在"重动员参与、轻家庭建设"的问题，因此总体上对"志愿家庭"的影响力严重不足。

二 对"志愿家庭"功能的认识

前面曾对"志愿家庭"参与动机进行过描述和分析，从中我们了解到，家长和孩子一起参加"志愿家庭"公益活动的动机是多种多样的。上一节我们则描述和分析了"志愿家庭"在参与过程中的收益情况，从中我们看到，"志愿家庭"给参与家庭总体上未能带来太多的良性改变。"志愿家庭"的动机能否实现是决定其后续参与的重要影响因素，"志愿家庭"在参与过程中的收益程度则会增强或削弱其后续参与的动力。本节关注的是，参与"志愿家庭"行动究竟给"志愿家庭"的家长们带来了哪些新的认知，或者说改变了他们哪些看法。当然，调查对象对"志愿家庭"功能的认识，既可能直接来源于参与过程，也可能间接来源于其他途径的知识传递，包括从志愿服务功能和慈善捐赠功能中得出的自我推论。也就是说，没有参加过"志愿家庭"公益活动的家长了解"志愿家庭"的功能也是正常的。

（一）对"志愿家庭"功能的认知

"志愿家庭"行动是有北京特色的家庭志愿服务，它究竟实现了或者应该实现哪些功能？作为一场历时数年、波及数万人的行动，其影响面肯定是非常广泛的。"志愿家庭"的预期收益是否会实现以及实现到什么程度，会影响其后续参与的积极性；对"志愿家庭"功能的认识，则直接影响"志愿家庭"动机的形成。"志愿家庭"的动机如果与"志愿家庭"的功能相一致，"志愿家庭"就可能会参与或继续参与，如果不相一致，"志愿家庭"就很有可能采取观望或退缩态度。很多"志愿家庭"虽然注册了但没有参加活动，很多家庭参加活动后不准备再参加，应该与此有关。为此，调查问卷参照关于"志愿家庭"动机的分类，围绕"志愿家庭"对社会、对孩子、对志愿服务组织、对家长自己和对家庭（作为一个整体）五个方面设计了 10 个功能选项。问卷规定调查对象最多可选三项。同时，考虑到"志愿家庭"活动的家庭功能与"志愿家庭"的家庭收益之间的内在联系，问卷在设计"志愿家庭"活动对"志愿家庭"的家长及其家庭与孩子的功能项时也参考了关于家庭收益的各个选项，尽量保持含义相同但表述不同。需要指出的是，对"志愿家庭"功能的认知，不一定建立在"志愿家庭"行动的客观产出基础上，作为一种主观认识，它很有可能是"志愿家庭"家长的自主判断，甚至可能包含家长们内心的期望。

从问卷统计的结果看，没有放弃选择的，选择"其他"的很少，说明问卷设计的选项结构是比较合理的。平均每个调查对象选择了 2.66 次，其中选择了三项的占 75.2%，选择两项的占 16.0%，其余 8.8% 选择了一项，说明大多数调查对象都认为"志愿家庭"的功能是多元的。从单项选择的结果看，选择最多的是"培养孩子公益习惯"，其次是"传递正确价值观"，还有约四成的调查对象选择了"帮助有需要的人"和"提升亲子教育效果"，选择较少的是"利于公益组织招募志愿者"和"提升自己的技能"。从分类的角度看，选择孩子教育功能（"培养孩子公益习惯""提升亲子教育效果"）的比例最高（109.3%）；其次是选择社会服务功能的（"帮助有需要的人""传递正确价值观"），总选择率是 106.1%；再次是选择公益组织服务功能的（"吸引更多人为公益组织服务""利于公益组织招募志愿者"），总选择率是 24.9%；然后是选择家庭关系功能的（"改善家庭关系""增加家庭成员间交流"），总选择率是 19.4%；最后是选择自我建设功能的（"提升自己的技能"），选择率为 5.1%。如果我们将社会服务功能和公益组织服务功能都理解为利他功能（131.0%），将孩子教育功能理解为利孩子功能，将家庭关系功能理解为利家庭功能，将自我建设功能理解为利己功能，那么"志愿家庭"家长关于"志愿家庭"功能的认知和他们关于"志愿家庭"的动机的表述在重要性顺序上总体上是一致的，所不一致之处主要表现在家庭关系功能排在利己功能之前，而利己动机则排在家庭建设动机之前。这说明，一方面，北京的"志愿家庭"公益活动总体上有助于实现"志愿家庭"的动机，这为他们的后续参与提供了激励；但另一方面，目前的"志愿家庭"公益活动不利于实现其利己动机，这对他们的后续参与则会产生不利的影响。当然，"志愿家庭"的家长也可能因为认识到利家庭功能的意义而改变自己的参与动机。同样，家长们也可能因为认识到"志愿家庭"行动的公益组织服务功能而改变自己的参与动机，条件是他们认可他们所服务的公益组织存在的意义和必要性。①

---

① 比较难以理解的是，既然正式调查对象认为"志愿家庭"活动对其家庭及孩子有功能，为什么没有填写其家庭及家人通过参与活动获得的收益项？对此比较合理的解释是，"志愿家庭"的家庭功能要求调查对象给出的是综合性的、理解性的评估，不一定是其亲身体验后得出的结论，而"志愿家庭"的家庭收益则要求调查对象基于其具体的认知给出答案。

将家庭关系功能置于利己功能之前，可以说是一个进步，说明他们在参加"志愿家庭"行动后，对此有了新的认识。

与女性家长相比，男性家长更多强调"志愿家庭"的家庭关系功能，女性家长则更多强调"志愿家庭"的社会服务功能。与低学历家长相比，高学历家长更加强调"志愿家庭"的孩子教育观念和社会服务功能。从总选择率看，女性家长比男性家长的看法更坚决，高学历家长比低学历家长更坚决。这与前面关于动机选择的性别区分及学历区分的情形是一致的。

表 4-8　"志愿家庭"家庭功能交叉分析（三选题；分性别与学历）

单位：%

功能项	男	女	全部样本	高中及以下	大学及以上	预调查数据
改善家庭关系	15.2	8.9	10.5	10.2	10.6	15.3
提升亲子教育效果	44.2	37.0	38.8	34.9	40.0	42.4
培养孩子公益习惯	64.1	72.6	70.5	66.7	71.6	63.4
增加家庭成员间交流	10.4	8.4	8.9	8.2	9.2	3.8
利于公益组织招募志愿者	3.3	1.7	2.1	3.0	1.9	4.2
吸引更多人为公益组织服务	23.2	22.7	22.8	23.3	22.7	39.3
传递正面价值观	59.9	66.9	65.1	59.1	66.9	64.1
帮助有需要的人	34.2	43.3	41.0	43.6	40.3	26.7
提升自己的技能	4.2	5.4	5.1	6.9	4.5	6.1
其他	0.5	1.0	1.5	2.7	1.2	0.4
总计	259.2	267.9	266.3	258.6	268.9	265.7

预调查对象参与"志愿家庭"公益活动的次数更多，他们面临的组织方也更专业。与正式调查对象做出的选择相比，预调查对象选择"志愿家庭"行动的社会服务功能的比例大幅下降，选择公益组织服务功能的比例则大幅上升；选择提升亲子教育效果的更多，而选择培养孩子公益习惯的更少；选择改善家庭关系的更多，而选择增加家庭成员间交流的更少。这反映了由专业机构组织的"志愿家庭"公益活动更加强调组织的自身建设需要、更多使用亲子教育技巧、较多强调家庭关系建设。不过，与正式调查一致，预调查同样反映了目前的"志愿家庭"活动组织者重动员参与、轻家庭建设的行动策略。为了更好地说明这一点，我们将参与过 9 次及以上活动的视为参与较多的"志愿家庭"，将参加过 8 次及以下的视为参与

较少的"志愿家庭"。统计显示,参与较多的"志愿家庭"的家长选择家庭志愿服务功能的总频次为280.6%,而参与较少的总选择频次只有258.9%,说明参与较多的调查对象对家庭志愿服务功能有更为全面的认识。但是,交叉分析的结果则表明,参加"志愿家庭"公益活动越多,对"志愿家庭"的家庭建设功能的期望越少。使用正式调查数据分析的结果也类似,"志愿家庭"参与活动的多少,与其对"志愿家庭"行动功能的认识没有显著关联。这说明,假设6是成立的。

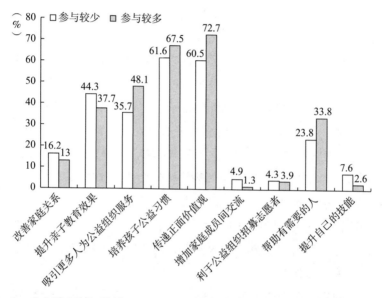

图4-1 "志愿家庭"的活跃程度对"志愿家庭"行动功能认知的影响(预调查)

(二)参与经历对"志愿家庭"功能认知的改变

了解"志愿家庭"的参与经历是否会改变其对"志愿家庭"功能的认知,最直接的方法就是对比参与过和未参与过"志愿家庭"公益活动的家长的看法。从表4-9可以看出,是否有参与经历对家长关于"志愿家庭"功能的认识总体上改变不大。相对而言,参与过的家庭选择公益组织服务功能的更多,选择社会服务功能的更少,这与上面关于预调查对象与正式调查对象的功能认知比较的结论相一致,说明"志愿家庭"活动组织方总体上存在重动员、轻服务的工作倾向;选择孩子教育功能的略有下降,而选择率下降主要是由家庭关系改善功能下降引起的,这与预调查与正式调查的比较结论相反,说明正式调查对象的组织方更多强调公益服务,更少重视家庭关系改善，也说明经历本身以及与什么样的组织方一起经历，均对家长们的认知改变很重要。为了了解"志愿家庭"公益活动的参与频度是否对其关于"志愿家庭"功能的认识有影响，我们进行了双变量相关分析，结果发现，参与次数越多，则参与者越不认可"志愿家庭"的家庭关系改善功能，但会越认可"志愿家庭"有"吸引更多人为公益组织服务"的功能，Pearson 相关系数分别为 -0.041 和 0.072，与其他功能项则没有显著的相关关系。

为了检验"志愿家庭"活动的组织方式对家长关于"志愿家庭"功能认知有何影响，我们将有无亲子合作与各功能项做了交叉分析，结果发现，如果组织方在"志愿家庭"公益活动过程中安排了亲子合作环节，则活动就能更好地呈现孩子教育功能，不过影响不是很大，选择率仅仅相差 4.2 个百分点。预调查问卷统计结果显示，与没有亲子合作的情况相比，有亲子合作的"志愿家庭"家长选择孩子教育功能的比例要高出 16.8 个百分点。这说明，亲子合作不仅是一种家庭参与形式，而且是有具体内涵的。与参与过的情况一样，有亲子合作参与的家长选择家庭关系改善功能的有所下降，选择增加家庭成员间交流的则有所上升，预调查问卷的分析也发现了同样的现象，说明目前的"志愿家庭"行动在家庭建设功能上更多地体现在外在行为（交流）的改变上，而在内在（关系）改变上则反映出组织方的能力和作为有限。

上一节利用预调查数据分析时提到，参与"志愿家庭"公益活动不仅会使家长和未成年参与者受益，同样会使其他家庭成员和整个家庭受益。家长对"志愿家庭"功能认知的改变应该与家庭收益情况有一定的关系。考虑到正式调查数据中缺乏完整的数据，这里利用预调查数据，将"志愿家庭"功能认知广度（用功能项选择频次来测量）作为因变量，将家长收益程度、孩子收益程度、其他家人收益程度、整个家庭收益程度、性别、学历、工作时长、家庭生活水平、"志愿家庭"注册时间、公益活动次数、是否捐赠和是否参加过其他志愿服务作为自变量，进行回归分析，结果显示（$R^2 = 0.324$，调整后的 $R^2 = 0.283$，$F = 7.857$，显著性为 0.000），只有家长收益程度和（一年内）是否参加过其他志愿服务两个自变量对因变量有显著正影响。这就是说，对"志愿家庭"功能更多的认可，受到家长收益的影响，而不受孩子收益、家人收益及家庭收益的影响。这说明，在家长收益和孩子收益、家人收益及家庭收益之间没有足够程度的交互作用和相互影响。参加其他志愿服务也会对家长关于"志愿家庭"功能的认知产生影响，这既可能是因为在比较"志愿家庭"活动和其他志愿服务活动时更容易得出相关认识，也可能是因为目前的"志愿家庭"活动与其他志愿服务活动相差不大，因而能共同增加家长收益程度，继而影响他们对"志愿家庭"功能的认知。

表4-9 "志愿家庭"的功能（三选题；亲子合作）

单位：%

功能项	全部样本	没有参加过	参加过	无亲子合作	有亲子合作
改善家庭关系	10.5	12.2	9.5	11.6	9.4
提升亲子教育效果	38.8	39.4	38.5	37.5	40.1
吸引更多人为公益组织服务	22.8	18.0	25.7	19.2	26.3
培养孩子公益习惯	70.5	70.6	70.4	69.4	71.5
传递正面价值观	65.1	64.5	65.5	64.5	65.7
增加家庭成员间交流	8.9	7.9	9.5	8.0	9.8
利于公益组织招募志愿者	2.1	1.8	2.3	1.9	2.4
帮助有需要的人	41.	43.0	39.9	43.3	38.9
提升自己的技能	5.1	4.9	5.1	6.1	4.1
其他	1.5	2.3	1.1	2.2	0.8
总计	266.3	264.6	267.5	263.7	269.0

（三）小结

从上面的分析可以得出四点结论：①"志愿家庭"功能依其重要性高低分为未成年人公益教育功能、社会服务功能、公益组织服务功能、家庭关系建设功能和家长自身建设功能五类；②"志愿家庭"功能项的分布反映了目前"志愿家庭"行动的组织者偏重公益服务动员而轻视家庭建设的取向及能力；③社会组织介入"志愿家庭"行动会带来更好的活动效果，也会吸引更多的人参与社会组织的公益活动，这证明了西方国家发现的家庭志愿服务有助于志愿服务组织招募更多志愿者的规律在我国也是有效的；④家长更多地参与"志愿家庭"公益活动及其他志愿服务都有助于增进其对"志愿家庭"功能的认可度。

三 对"志愿家庭"未来的期待

了解了"志愿家庭"的公益活动参与动机、表现和收益情况，也了解了"志愿家庭"不参与或不更多地参与的原因后，希望了解"志愿家庭"后续的参与意愿就成为一件自然而然的事。作为对上一节调查对象"志愿家庭"功能认知的呼应，这一节希望了解有了认知改变的调查对象未来参与"志愿家庭"行动的倾向如何。此外，考虑到学校－家庭－社区三结合教育模式在国内推广过程中碰到的重重阻力，[①] 鉴于家庭志愿服务可以很好地融入教育三结合模式，还要了解家长们对"志愿家庭"行动制度化的态度。

（一）未来参与倾向

为了了解注册的"志愿家庭"未来的参与倾向，问卷设计了从肯定会更多参加到肯定停止参与五种不同程度的情形，其中"不会更经常"是维持现状的意思。关于"志愿家庭"的家长及其家人未来是否会更多地参加"志愿家庭"公益活动的问题，六成多的调查对象选择了"肯定会更经常参加"，近三成选择了"是否更多参加，关键看活动吸引力"，两项相加超过九成，仅有少数家长表示不会再参加或会更少参加。这说明绝大多数"志愿家庭"将继续参加公益活动。这与大多数"志愿家庭"的家长、未成年人及其他家人和整个家庭都有收益有关，也与"志愿家庭"在动机上认可"志愿家庭"公益活动有关。与男性家长相比，女性家长的未来参与意向更强一些，这与前面发现的她们对"志愿家庭"功能的认可度更高是有关系的；与低学历家长相比，高学历家长的未来参与意向更强一些，但也更为理性。不过，总体而言，性别差异和学历高低对"志愿家庭"家长的未来参与意向影响并不大。

尽管预调查对象所服务的社会组织也存在专业能力不足和缺少家庭志愿服务领域项目经验等问题，但调查对象的未来参与态度是鲜明的。与预调查对象相比，正式调查对象的未来参与意向要弱一些，尤其是采取理性

[①] 苌自玉啸：《新时期学校、家庭、社会教育问题的若干思考》，《中华少年》2017 年第 27 期。

观望态度的比例要高得多。反过来，这说明目前北京"志愿家庭"行动总体上存在组织不力的问题。如果"志愿家庭"行动策划者在未来能够更多地委托社会组织来认真地操作和执行，不仅"志愿家庭"数量会增加、活跃的"志愿家庭"占比会有大幅度上升，而且其参与频率也会有很大的提高。当然，这不仅是一个意愿问题，还是一个能力问题；不仅涉及行动策划方的意愿，还涉及其他利益攸关方的意愿；不仅涉及推进方和委托方的能力，还涉及受委托的执行方或举办方的能力以及其他参与方的能力。

表 4 – 10 "志愿家庭"的未来参与倾向（正式调查 VS. 预调查）

单位：%

参与意愿	男	女	高中及以下	大学及以上	总计	预调查数据
肯定会更经常参加	58.7	64.0	65.4	61.9	62.7	87.4
是否更多参加，关键看活动吸引力	32.5	28.0	20.8	31.6	29.1	9.5
不会更经常	7.1	6.2	8.3	5.8	6.4	1.9
会适当减少	1.3	1.4	3.8	0.7	1.4	0.8
不会再参加	0.4	0.4	1.7	0.0	0.4	0.4

以往的经历显然会影响未来的决策。这里将从四个方面来描述"志愿家庭"的服务经历：一是是否参与过服务，二是服务过程中的参与方式，三是参与过程中承担的角色，四是参与的次数。首先看是否参与过服务对"志愿家庭"未来参与倾向的影响。需要事前说明的是，对于过去还没有服务过的家庭来说，实际上只有三种可能性：一是肯定会参加，二是肯定不会参加，三是视情况而定。交叉分析的结果显示，还没有参加过公益活动的"志愿家庭"中只有一半家长报告说她/他和家人将来肯定会参加"志愿家庭"行动，另一半的"志愿家庭"在将来则有可能不会或者肯定不会参加，其中有一部分是在等待合适的活动。这就意味着，目前整个北京的"志愿家庭"中有接近两成的"志愿家庭"可能不会参加"志愿家庭"公益行动。按总数两万"志愿家庭"计算，这将是一个为数近 4000家庭的庞大"僵尸"群体，而且会越来越大。与未参加过的相比较，已经参加过活动的"志愿家庭"中近七成将来肯定会参加，但也有 6.9% 的将来不会更多参与，其中少量的还表示不会再参与。

其次看"志愿家庭"在服务过程中的参与方式对其未来参与倾向的影响。在参与过的"志愿家庭"中有过亲子合作的家庭未来的参与倾向更为明确。与无亲子合作的调查对象相比，有过亲子合作经历的"志愿家庭"将来肯定会更经常参加的高出近 20 个百分点，视情况而定的"志愿家庭"则少了近 15 个百分点，表示不会更多只会更少参加的家庭少了一半。预调查对象基本上都参与过志愿服务，因此更适合用来做比较。预调查对象中，无亲子合作经历的"志愿家庭"中肯定会更多参与的比例为 82.4%，而有过亲子合作经历的"志愿家庭"中未来肯定会更多参加的比例则高达 88.2%，反过来，有过亲子合作的家庭中肯定不会更多只会更少参加的比例要比无亲子合作的家庭低。

再次看"志愿家庭"在参与过程中承担的角色对其未来参与倾向的影响。从预调查数据分析中我们看到，组织者、骨干、活跃分子、普通志愿者和顾问中肯定会更多参加的比例依次是：100%、94.1%、90.2%、87.%和40.0%。这样的未来参与率分布看起来比较正常。但对正式调查数据的分析则显示，五种志愿者角色中未来肯定会更多参加的比例分别为：50.3%、78.0%、85.3%、58.4%和79.8%。这样的未来参与率分布看起来就不太正常。承担过组织者角色的"志愿家庭"成员未来会更多参与的比例还低于平均水平，说明他们在以往的经历中遭遇了比其他角色更多的挫折。骨干志愿者的未来参与倾向还不如活跃分子，进一步说明已有"志愿家庭"公益活动的组织工作是普遍不顺畅的。

最后看"志愿家庭"在参与过程中的参与次数对其未来参与倾向的影响。从正式调查数据的交叉分析结果看，参与过 1~2 次、3~4 次、5~6 次、7~8 次和 9 次及以上的"志愿家庭"未来肯定会更多参与的比例分别为 63.4%、73.8%、77.2%、80.0% 和 84.3%。这说明"志愿家庭"参与过的次数越多，则未来肯定参与更多公益活动的倾向越强。

表 4-11　"志愿家庭"的未来参与倾向（服务过 VS. 未服务过）

单位：%

参与意愿	未参加过	参加过	无亲子合作	有亲子合作	总计
肯定会更经常参加	50.4	69.8	52.6	72.2	62.7
是否更多参加，关键看活动吸引力	39.1	23.3	36.5	22.1	29.1

参与意愿	未参加过	参加过	无亲子合作	有亲子合作	总计
不会更经常	8.1	5.4	8.5	4.4	6.4
会适当减少	1.4	1.4	1.8	1.0	1.4
不会再参加	1.0	0.1	0.7	0.2	0.4

为了了解"志愿家庭"服务动机与服务收益是如何影响其未来参与倾向的,我们利用预调查数据进行了双变量相关分析,之所以选用预调查数据是因为正式调查数据中缺少有关孩子收益、家人收益和家庭收益的完整资料。从分析的结果看,"志愿家庭"的家长、未成年人及其他家人和整个家庭的收益面越宽,其未来参与"志愿家庭"公益活动的倾向越强,反之则未来的参与倾向越弱。类似地,家长们对"志愿家庭"功能的认可面越宽,则其将来参与"志愿家庭"行动的意向就越强,反之亦然。关于动机的分析结果显得比较复杂,"志愿家庭"家长的利他动机越强,其未来的参与倾向也越强,但家长的利孩子动机和利家庭动机则均对其未来参与的意向无显著影响。对此的一种合理解释是,"志愿家庭"行动从一开始就非常强调"小手拉大手"地从事公益活动,因而最初被动员出来参加公益活动的家长也以利他动机为主动机,而"志愿家庭"行动在至今为止的发展过程中并未改变其强调家庭奉献公益事业的基调,而且以利他动机为主动机的公益活动参与并没有妨碍家长自己、参与活动的孩子及其他家人和家庭都有所收益,因此,即便未来的参与不会直接实现"志愿家庭"家长的利孩子动机和利家庭动机,也不会影响他们的参与倾向。换句话说,影响"志愿家庭"未来参与倾向的更重要的因素是参与过程中获得的各项收益。从表4-12中也可以看出,"志愿家庭"的收益程度对其未来参与倾向的影响要大于"志愿家庭"参与动机的影响。将"志愿家庭"公益活动次数与各个收益项及动机项进行双变量相关分析的结果也显示,各个收益项对参与频度的影响要大得多。收益和动机之间的关联性不强,一方面说明"志愿家庭"公益活动作为新鲜事物,家长的认知度不高,另一方面说明很多"志愿家庭"的参与是被动员的结果。

表4－12　"志愿家庭"的动机、收益与未来参与倾向（预调查数据）

	家长收益	孩子收益	家人收益	家庭收益	家庭功能	利他动机	利己动机	利孩子动机	参与倾向
家长收益	1	0.599**	0.552**	0.580**	0.500**	0.063	−0.035	0.238**	−0.282**
孩子收益	0.599**	1	0.584**	0.639**	0.421**	0.057	−0.132*	0.158*	−0.209**
家人收益	0.552**	0.584**	1	0.664**	0.413**	0.127*	−0.056	0.036	−0.299**
家庭收益	0.580**	0.639**	0.664**	1	0.404**	0.117	−0.056	0.044	−0.333**
家庭功能	0.500**	0.421**	0.413**	0.404**	1	0.011	0.005	0.237**	−0.307**
利他动机	0.063	0.057	0.127*	0.117	0.011	1	−0.141*	−0.489**	−0.169**
利己动机	−0.035	−0.132*	−0.056	−0.056	0.005	−0.141*	1	−0.184**	0.180**
利孩子动机	0.238**	0.158*	0.036	0.044	0.237**	−0.489**	−0.184**	1	0.004
参与倾向	−0.282**	−0.209**	−0.299**	−0.333**	−0.307**	−0.169**	0.180**	0.004	1

＊＊ 在置信度（双侧）为0.01时，相关性是显著的；＊ 在置信度（双侧）为0.05时，相关性是显著的。

（二）对"志愿家庭"制度化的态度

"志愿家庭"行动意在推动有北京特色的家庭志愿服务的发展，从长期来看，要确保已有成果得到继承和提升，制度化是不可避免的。为了了解"志愿家庭"对制度化的态度，考虑到亲子参与在"志愿家庭"行动中的主流性质以及政策制定者对中小学生参与志愿服务的重视，问卷设计了两个与中小学生志愿服务有关的问题：一个问题是关于在中小学设置志愿服务课程，另一个问题是关于将中小学生的志愿服务表现纳入综合素质评价体系。这两个问题合在一起涉及理论与实践的互动以及由此形成的双重激励，因此非常适合作为志愿服务制度化的研究案例。

1. 对中小学开设志愿服务课程的看法

2015年8月，北京市教委、北京市民政局、北京团市委、北京市志愿服务联合会曾联合下发的《关于北京市中小学开展志愿服务工作的意见》（京教基一〔2015〕8号）明确指出，将修订中小学生志愿服务教材，并在学校开设志愿服务课程，纳入地方课程或校本课程。该《意见》规定，"中小学生志愿服务以学校组织开展为主"，但14周岁以下的未成年学生也可以在其监护人陪同下自行参加志愿服务。据此，家庭志愿服务应该是中小学生参与志愿服务的重要形式之一。虽然《意见》还要求"力争实现中小学生100%成为实名注册志愿者"，但据笔者所知，这一目标还远远没有实现。在此背景下，询问家长的意见，将是改进工作的重要前提。

从问卷分析的结果看,接近3/4的"志愿家庭"家长非常赞同在中小学开设志愿服务课程,另有近两成家长的态度是比较赞同,持反对态度的寥寥无几。这说明,绝大多数"志愿家庭"家长是赞同在中小学开设志愿服务课程的。在这方面,无论是男性家长还是女性家长的看法基本上是一致的,相对而言,女性家长的态度更加坚决;同样,学历高低对家长的态度影响也不大,只是相对而言,学历低的家长更为明确一些。虽然相对于还没有参加过"志愿家庭"公益活动的家长而言,参加过的家长的态度更加鲜明,但二者之间的差异总体上不大。当然,"志愿家庭"家长并不能代表北京所有学生家长的意见。

表4-13 "志愿家庭"对在中小学开设志愿服务课程的看法

单位:%

支持程度	男	女	高中及以下	大学及以上	总计	未参加过	参加过
很好	67.2	75.1	75.6	72.4	73.1	70.4	74.7
较好	21.2	17.2	15.4	19.0	18.2	19.2	17.6
一般	9.8	6.9	7.7	7.7	7.7	9.3	6.7
不太好	1.2	0.5	0.6	0.7	0.7	0.8	0.6
不好	0.6	0.2	0.6	0.2	0.3	0.3	0.3

为了了解"志愿家庭"家长对在中小学开设志愿服务课程的看法受哪些非个人因素的影响,我们进行了简单的双变量相关分析,结果显示,家长参与"志愿家庭"公益活动的次数越多、自己从中收获的收益面越宽、对"志愿家庭"功能的认知度越高、越是认为"志愿家庭"可以满足社会服务功能和孩子教育功能,则越是支持在中小学开设志愿服务课程,而家长的教育方式越是现代,则越不赞成开设课程。这说明,"志愿家庭"行动在总体上对推动家长接受北京市教委和团委关于在中小学开设志愿服务课程的建议是有正向作用的。反过来说,北京市教委和北志联等联合出台的京教基一〔2015〕8号文件对推动"志愿家庭"的快速注册可能起了重要作用。

"志愿家庭"家长赞成开设中小学志愿服务课程对家长未来更多参与的正向影响,值得"志愿家庭"行动的推动方和组织方重视。由于学校组织开展的学生志愿服务有浓厚的仪式性色彩和行政动员色彩,在调动中小学生的积极性和参与意识方面有天然缺陷，因此学生参与校外组织的家庭志愿服务将成为新的潮流和趋势。多数家长赞同中小学开设志愿服务课程，必将增加对校外志愿服务实践的需求。由于 14 岁以下的初中生和小学生在校外参加志愿服务必须有监护人陪同，因此，中小学志愿服务的制度化在给家庭志愿服务发展提供巨大发展空间的同时也带来巨大压力。可以说，目前的"志愿家庭"行动即便能够在数量上满足中小学学生及其家长的注册要求，也很难提供足够的、高质量的家庭志愿服务机会。

表 4-14　"志愿家庭"对开设志愿服务课程看法的影响因素

变量	参与次数	家长收益	志愿家庭功能	未来参与倾向	孩子教育功能	社会服务功能	教育方式	开课意见
参与次数	1	0.431**	0.077**	-0.193**	0.014	0.015	-0.037	-0.088**
家长收益	0.431**	1	0.186**	-0.249**	0.066**	-0.01	-0.048*	-0.143**
志愿家庭功能	0.077**	0.186**	1	-0.226**	0.397**	0.378**	-0.059**	-0.219**
未来参与倾向	-0.193**	-0.249**	-0.226**	1	-0.163**	-0.023	0.079**	0.325**
孩子教育功能	0.014	0.066**	0.397**	-0.163**	1	-0.296**	-0.037	-0.145**
社会服务功能	0.015	-0.01	0.378**	-0.023	-0.296**	1	-0.059**	-0.066**
教育方式	-0.037	-0.048*	-0.059**	0.079**	-0.037	-0.059**	1	0.053**
开课意见	-0.088**	-0.143**	-0.219**	0.325**	-0.145**	-0.066**	0.053**	1

　　**在置信度（双侧）为 0.01 时，相关性是显著的；* 在置信度（双侧）为 0.05 时，相关性是显著的。

2. 对志愿服务记录纳入综合素质评价体系的看法

将中小学学生志愿服务记录纳入中小学学生综合素质评价体系，实际上是要建立一种针对中小学学生志愿者的激励机制，目的是通过将学生参与志愿服务活动的情况作为学生升学或其他奖励表彰的参考内容之一，有效激励更多的学生践行志愿精神、参与志愿服务活动。这种想法也是京教基一〔2015〕8 号文件明确提出的。与大多数"志愿家庭"家长都非常支持及很支持设置志愿服务课程不同，家长们对建立中小学学生志愿服务激励制度的态度显得更为谨慎。不到一半的家长选择了"很赞同"，另有不到两成的家长选择了"比较赞同"，选择"很不赞同"及"不太赞同"的占"志愿家庭"家长总数的 15.0%。从性别的角度看，男性家长和女性家长对设立中小学学生志愿服务激励制度的态度几乎没有什么差别；高学历家长与低学历家长的态度也相近；参与过"志愿家庭"公益活动的家长只比没有参加过的家长略微更加肯定些；而参加过的家长与在参与过程中有亲子合作的家长的态度也相差无几。

为了了解哪些因素会影响"志愿家庭"家长的态度选择，我们进行了双变量相关分析，结果显示，家长参与"志愿家庭"公益活动的次数越多、家长的收益面越广、对"志愿家庭"的教育功能越认可、未来参与倾向越高、孩子成长状况越好，家长就越有可能支持建立中小学学生志愿服务激励制度，反之亦然。而"志愿家庭"家长对将学生志愿服务纳入综合评价体系的态度越坚决，其在未来参与"志愿家庭"行动的意向越强。同样，由于家长以持积极支持态度的居多，且多数倾向于未来更多参与"志愿家庭"公益活动，因此"志愿家庭"行动的推进和组织方式将面临巨大的考验。

表 4 - 15　"志愿家庭"对中小学学生志愿服务激励制度建设的看法

单位：%

赞同程度	男	女	高中及以下	大学及以上	未参加过	参加过	亲子合作	总计
很赞同	48.1	46.5	46.4	47.0	42.0	49.7	51.9	46.9
比较赞同	17.9	17.4	16.8	17.7	16.2	18.3	17.6	17.5
赞同	17.9	21.6	23.9	19.7	20.6	20.7	19.8	20.6
不太赞同	12.4	12.4	10.4	13.0	17.7	9.3	9.0	12.4
很不赞同	3.8	2.2	2.5	2.6	3.5	2.0	1.7	2.6

（三）小结

综合上面的分析可以得出以下结论：①绝大多数"志愿家庭"将在未来继续参与"志愿家庭"公益服务，其中多数愿意更多参加；②"志愿家庭"的参与经历会影响到他们未来的参与倾向；③"志愿家庭"在参与过程中的收益而不是服务动机对他们未来的参与倾向影响更大；④即便是在有专业组织介入的情况下，"志愿家庭"的参与动机与家庭功能也缺少必要的关联，这使得志愿者与志愿服务组织方缺少一致的努力方向；⑤绝大多数"志愿家庭"家长赞成在中小学开设志愿服务课程；⑥近2/3的"志愿家庭"家长比较赞同将中小学学生志愿服务记录纳入中小学学生综合素质评价体系。

第五章 "志愿家庭"行动中
存在的问题

　　北京市志愿服务联合会启动的"志愿家庭行动",在三年的时间内动员了2万多家庭注册"志愿家庭",取得了不俗的成绩。不过,从推动方式看,该行动是典型的自上而下开展的倡导性行动,既缺乏明确的规划及与之相匹配的资源保障,在微观层面上又缺少有能力的执行组织及相应的理论指导。以宣传为主的倡导手段、缺少微观层面的组织载体、缺乏必要支持性的政策和指导性理论,决定了"志愿家庭"行动在总体上是一件"摸着石头过河"的事。在这种背景下,可以理解的是,"志愿家庭"的数量增长在很大程度上取决于家庭自身的需要,"志愿家庭"的服务质量在很大程度上则取决于参与者的能力和知识储备。"盲目"推动的北京"志愿家庭"行动,存在的问题是多种多样的。受研究方法的限制,我们无法全面描述"志愿家庭"行动存在的问题,而只尝试解释三个互相关联的问题:一是为什么超过1/3的"志愿家庭"注册了却没有参加公益活动;二是为何部分"志愿家庭"不再准备参加新的志愿服务行动;三是目前组织工作中存在的问题究竟是如何影响"志愿家庭"的。

一　注册而不参加的因素分析

　　志愿者注册后不参加志愿服务的,被称为"僵尸志愿者"或"僵尸义工",类似一种侮辱性的称呼。大量"僵尸志愿者"的存在,是志愿者管理部门的一个不愿被揭开的伤疤。尽管各地的志愿服务规章均要求注册志愿者每年必须参加服务,如团中央的《中国注册志愿者管理办法》(2013

年 11 月修订）将"每名注册志愿者每年参加志愿服务时间累计不少于 20 小时"规定为注册志愿者的"义务"，但具体执行中这样的规定很难奏效，以至于中央文明委 2015 年 8 月颁布的《全国文明城市（地级以上）测评体系》不得不将注册志愿者参加志愿服务活动的人数应该占注册志愿者总人数的 70% 以上视为合格。事实上，很多城市的"僵尸志愿者"比重远远高于 30%，如地处珠江三角洲的江门市在 2015 年统计发现，在 35.8 万注册义工中，零服务时长人数达 23 万多人，占比高达 64.9%，所成立的 1598 个义工服务队中，零服务时长队伍有 890 支，占比高达 55.7%。①

本次正式调查发现，注册而未参加公益活动的"志愿家庭"占全部"志愿家庭"的 36.8%。与此形成鲜明对比的是，本次预调查对象中只有 6.1% 的"志愿家庭"在注册后还没有参加过活动，仅为正式调查的 1/6。这说明，高比例的"僵尸志愿者"并非必然现象。在上面的分析中，我们已在多处以交叉和相关分析的方式探讨了影响注册"志愿家庭"是否参加"志愿家庭"公益行动的多种因素。从调查对象的主观归因看，人们没有参加或没有更多参加的原因不是单一的，平均每个调查对象选择了 1.55 项；从单项选择的情况看，不知道哪里有"志愿家庭"公益活动是已经注册的"志愿家庭"还没有参加过活动的最主要原因，次重要的原因是没有时间，再次重要的原因是有过负面经历，从次重要的原因是已有活动没有吸引力，其他各项原因的选择率都很低。从排在前四的原因看，"志愿家庭"个体原因有一定的影响，但与组织者相关的原因更为重要。为了更加全面地分析究竟是哪些因素影响了已经注册的"志愿家庭"没有出来参加服务，同时为了排除变量间的交叉影响，有必要建立回归模型进行分析。如果将没有参加"志愿家庭"公益活动的主观理由没有时间、家人反对、宁愿以捐赠代替和身体/健康原因归结为个人（及家庭）原因，而将其他的理由项归结为组织原因，那么二者之间的选择频次比是 30.5:69.5，说明组织原因是"志愿家庭"尚未参加"志愿家庭"公益活动的主要原因，尽管个人原因也起到很重要的作用。为了清晰地说明这一点，我们分析了加拿大统计局 2007 年的调查数据。将没有时间、无法做出长期承诺、已经提

---

① 梁绮桦：《市义工联：用制度消灭"僵尸义工"》，《江门日报》2014 年 4 月 4 日，http://news.ycwb.com/2014 - 05/04/content_20157723.htm。

供了足够的服务时间、宁愿以捐赠替代、没有兴趣、健康原因或生理失能归结为个人原因，而将其他选项归结为组织原因，则二者的选择频次比为72.8:27.2，说明个人原因是调查对象在过去一年内没有参加更多志愿服务的主要原因。[1]

表 5 - 1　没有参加或没有更多参加主观归因之中加比较

单位：%

	理由	没有参加志愿活动	没有更多参加志愿活动
志愿家庭正式调查2017年	没有时间	40.4	62.4
	家人反对	0.7	0.5
	花费太多	0.9	1.2
	宁愿以捐赠代替志愿服务	2.2	2.2
	有过负面经历	13.6	13.8
	不知道哪里有活动	70.4	44.6
	收益不大	0.8	1.2
	现有活动不吸引人	8.4	10.7
	身体/健康原因	3.9	7.2
	其他	13.6	13.8
加拿大统计局2007年	没有时间	68	75
	无法做出长期服务承诺	62	52
	已经提供了足够的服务时间	15	41
	宁愿以捐赠代替服务	53	31
	没有被要求	40	30
	没有兴趣	26	20
	健康原因或生理失能	27	16
	不知道如何参与	24	15
	志愿服务产生了过高费用	18	11
	有过不良体验	8	9

采用同样的方法，利用预调查数据进行统计分析，得到的关于人们没

---

[1] Michael Hall, David Lasby, Steven Ayer, William David Gibbons, Caring Canadians, Involved Canadians: Highlights from the 2007 Canada Survey of Giving, Volunteering and Participating, Ottawa, Catalogue No. 71 - 542 - XPE, 2009.

有参加志愿活动的主观解释中的个人原因与组织原因选择频次比为61.8:38.2。这一比例关系与正式调查数据分析结果相对立，但与加拿大的数据相近。由此可以得出两个结论：一是正式调查问卷的选项设计并不存在问题；二是在专业机构介入的情况下，个人原因会逐渐上升为人们没有参加或没有更多参加的主要原因。

（一）文献回顾和回归模型

由于动员志愿者注册和动员志愿者服务通常不属于同一主体，加上两种行为在时间上不连贯，注册志愿者不参与服务逐渐成为一种比较奇特的现象。西方学者也研究影响志愿行为的因素，基本上围绕两个主题展开：一是为什么有些人不参加志愿服务或哪些人更倾向于参加志愿服务，二是为什么志愿者不更多地或不持续地参与志愿服务。而我国学者在研究志愿行为的影响因素时还会关注第三个主题，即为什么注册的志愿者不参加志愿服务。因为志愿者注册，就其本义而言，意味着一种服务承诺，也就是说，一旦注册成为志愿者，就应该提供志愿服务。按照这种逻辑，注册但不参加志愿服务是一种背信弃义的行为。因此，初步涉及这一问题的学者通常会站在志愿服务组织的立场上批评此类志愿者缺乏责任意识和诚信意识。[1] 但随着研究的深入，更多的学者发现，除了志愿者个人因素外，志愿服务组织管理缺陷以及志愿服务制度的缺位和错位也难辞其咎。

从定量研究的角度看，多数学者研究的是上述第一个主题，比较典型的研究如王新松和赵小平利用北京师范大学 2011 年开展的一项调查收集的数据（样本总量为 1420），以"过去一年内是否参与过志愿活动"为因变量，以人力资本（受教育程度、经济条件和健康状况）为自变量，以年龄、性别、政治面貌、户籍、就业状况、受助可能性和社区类型等为控制变量（实际上可以分为个体因素和社会环境因素两类），进行了二元回归分析。[2] 郑永森则利用深圳市三所高校的问卷调查数据，运用多元回归模型分析了大学生的人口学特征、志愿服务参与动机、志愿服务激励机制和志愿服务社会支持度对大学生志愿服务参与度（过去一年内参加志愿服务

---

① 李燕平：《基于心理契约论的非营利组织志愿者管理》，《中国青年政治学院学报》2014年第 2 期。

② 王新松、赵小平：《中国城市居民的志愿行为研究：人力资本的视角》，《北京师范大学学报》（社会科学版）2013 年第 3 期。

的频次，没有参加过的视为 0 次）的影响。[①] 与本节研究主题比较接近的是刘程程等利用上述北京师范大学的调查数据（样本量为 3105）进行的关于志愿态度与行为差异的研究。作者从计划行为理论的视角区分了志愿态度和志愿行为，认为志愿行为意向受到行为态度、主观规范以及知觉行为控制三个方面的共同影响。作者将因变量定义为"志愿态度和行为的差异"，但实际上检验的则是有意愿参加志愿活动的调查对象是否参与了服务活动，自变量则由主观规范（家庭是否阻挠、单位是否要求、有无宗教信仰、是否中共党员等）和知觉行为控制（是否有经验技术、有无社交能力、时间是否充裕、健康状况、经济状况、受教育程度等）两个方面构成。[②] 与王新松和赵小平的分析模型一样，刘程程等的分析模型也缺少对志愿服务组织因素的考察，因此，模型的解释力不高。

有参与志愿活动的愿意，并不一定会注册成为志愿者。但反过来，注册成为志愿者，不管是被动员的结果，还是主观自愿的决策，都或多或少有参与活动的意愿。就此而言，注册但不参加志愿活动，可以理解为"志愿态度与行为的差异"的一种表现形式。不过，与仅有志愿服务意愿所不同的是，注册本身也是参与过程中一个有意义的环节。正如前述的分析所显示的那样，注册过程可能会改变注册者对可能参与的志愿服务及其组织者的看法、态度、认知甚至人际交往，进而产生收益或损失（挫折），在"志愿家庭"的注册过程中可能还会伴有家庭成员间的简单交流和协商，因此，至少在理论上是不能将注册志愿者与有志愿服务愿意者等同处理的。另外，计划行为理论过于强调主观规范与知觉行为控制对态度的调节和矫正，而忽略了预期收益在行为决策中的影响。

按照布劳的社会交换理论，注册后的志愿者是否会参加活动是志愿者基于收益最大化和代价最小化而做出的选择。[③] 换言之，志愿者会预先对从某项志愿活动及其组织者中获利的潜在可能做出估计，再与其他活动及其组织方进行比较，希望从中挑选出有望给予最大"比较期望"（预期收

---

① 郑永森：《大学生志愿服务参与度的影响因素分析——基于深圳市三所高校的问卷调查》，《人民论坛》2013 年第 17 期。

② 刘程程、刘杨、赵小平：《影响志愿态度和行为差异的因素分析——以计划行为理论为视角》，《青少年研究与实践》2016 年第 4 期。

③ 彼得·布劳：《社会生活中的交换与权力》，李国武译，商务印书馆，2008。

益减去预期成本）的活动及组织；如果注册后的志愿者觉察到无法通过参与受邀的志愿服务活动而实现其"比较期望"，他们就有可能选择不参加志愿活动；在其他地方参与志愿服务的经验，尤其是来自同类活动或同类组织的经验，既可以增加预期收益或减少预期成本，也可能减少预期收入或增加预期成本。"比较预期"值越大，志愿者注册后参加活动的可能性越大，反之亦然。注册志愿者可以接受不同的"比较预期"值，但"比较预期"为零，则是注册志愿者参加活动的底线。

由于志愿服务是志愿者通过志愿服务组织向服务对象提供的，因此，与一般社会交换相比，发生在一定的社会环境之中的志愿活动的主体间关系更为复杂。除了志愿者与志愿服务组织之间、志愿者与服务对象之间会形成核心的交换关系外，志愿者与志愿服务组织的员工及其他志愿者、志愿服务组织与服务对象之间也会发生社会交换。这意味着，志愿者能否实现预期收益、规避损失不仅受多重交换关系的交叉影响，而且受周围环境乃至社会环境的影响。[①] 换句话说，注册志愿者在参与具体活动前的"比较预期"估算是一件非常复杂的事，受到多种因素的交叉影响。作为一种主观行为，对"比较预期"的估算首先受到个人特质及参与动机的影响，有着多元服务动机的不同个体可能会对同一服务活动产生不同的"比较预期"；其次，对"比较预期"的估算还受到活动信息和组织方信息的影响，面对不同的志愿服务活动及组织者，人们的"比较预期"可能相差甚远；再次，对"比较预期"的估算也会受到服务对象信息的影响，针对不同的服务对象，人们所能接受的"比较预期"值会有差异；最后，对"比较预期"的估算还会受到社会环境（尤其是家庭环境）信息的影响，在不同的社会情景下，注册志愿者能够接受的"比较预期"值会有差别。"志愿家庭"公益活动，就其本质而言，应该属于家庭志愿服务，也就是说，同一家庭有多名成员参加是正常现象。因此，与个体志愿者不同的是，"志愿家庭"的参与者不仅要考虑自己的预期收益和预期成本，而且要考虑家庭其他参与成员及整个家庭的预期收益和预期成本。

基于以上考虑，我们从此次调查收集到的数据中梳理出九个方面的自

---

① 张网成、吴姗姗：《社会交换论视角下志愿者中断服务的影响因素研究——基于北京师范大学学生志愿者的一项调查》，《社会发展研究》2015 年第 2 期。

变量，包括家庭（及家长）基本特征变量、家庭关系变量、家庭教育变量、原来家庭公益传承变量、"志愿家庭"注册信息变量、"志愿家庭"参与动机变量、"志愿家庭"功能变量、"志愿家庭"收益变量及活动与组织者变量。其中"志愿家庭"参与动机变量与"志愿家庭"功能变量相对应，参与动机提供"志愿家庭"参加活动的动力，功能则修正"志愿家庭"参与的预期。如果动机与功能重合，则有利于动员"志愿家庭"积极参与公益活动；如果动机与功能方向相反，则不利于动员其参加。"志愿家庭"收益变量比较复杂，它由"注册过程收益"和"服务过程收益"两部分构成，对于没有参加过"志愿家庭"公益活动的家庭来说，其收益来自注册过程，对于参与过活动的家庭来说，其收益则由注册过程收益和服务过程收益两部分组成。活动与组织者变量在本次调查中采用的是负指标，所反映的是志愿服务组织自身及其所开展的活动方面所存在的问题，涉及志愿服务组织的基本能力（如运作是否规范、能否设计方案等）、服务态度（如是否尊重志愿者、服务对象及委托方等）、服务经验（如是否做过类似活动、执行程序是否有条不紊等）、活动效果（如服务对象是否真正受益、志愿者是否受益等）和资源筹集能力（如能否开展连续或系列活动等）等多个方面，因此也比较复杂。活动与组织者变量不仅会直接影响"志愿家庭"活动的功能表达，还会影响"志愿家庭"的参与收益。组织方越是不规范、不专业、不认真，"志愿家庭"的收益就越少，"志愿家庭"功能就越弱。需要指出的是，受到资料收集目的的限制，本次调查没有收集社会环境变量数据，也没有收集"志愿家庭"其他志愿者及家庭参与成本数据（除参与频次外），更没有收集服务对象的相关数据，这都将在一定程度上影响回归模型的解释力。

由于涉及自变量众多，我们在建立回归模型时进行了分步处理。第一步，以反映"志愿家庭"家长的个体特征的 9 个变量（性别、年龄、信仰、文化程度、收入、工作/学习时长、家务劳动时长、家庭休闲时长、照料孩子时长和社会交往时长）等为自变量，以是否参加过服务为因变量，建立二元回归分析模型。统计显示，模型的解释力很低，Cox & Snell R^2 值仅为 0.009，Nagelkerke R^2 仅为 0.012，自变量中只有工作/学习时长对因变量有显著影响。

第二步，在第一步的基础上加入 10 个家庭特征自变量（家庭人口规

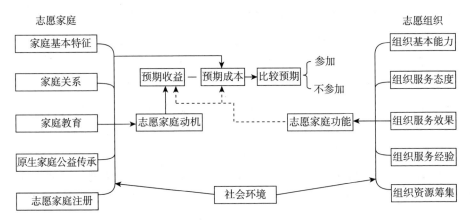

图 5 – 1　"志愿家庭"参与决策影响因素示意

模、家中有无未成年人、家庭游戏频率、家庭外出频率、孩子成长状况、夫妻关系、亲子关系、家教价值观、教育方式、教育主体），建立新的回归模型的解释力有了一定幅度的提升，Cox & Snell R^2 值升为 0.028，Nagelkerke R^2 值升为 0.038。

第三步，在第二步的基础上加入 3 个原生家庭公益传承变量（祖辈志愿服务经历、最近一年慈善捐赠次数及是否提供其他志愿服务）为自变量，建立新回归模型，分析结果显示，Cox & Snell R^2 值升为 0.106，Nagelkerke R^2 值升为 0.144，新模型的解释力有了较大幅度的提高。

第四步，在第三步的基础上增加 3 个"志愿家庭"参与表现变量（注册人数、注册时间、承担角色）为自变量后，新模型的解释力有了进一步的小幅提升，Cox & Snell R^2 值升为 0.133，Nagelkerke R^2 值升为 0.182。

第五步，在第四步的基础上添加 4 个"志愿家庭"动机变量（利他动机、利己动机、利孩子动机、利家庭动机）为自变量，建立新分析模型，结果显示，模型的解释力几乎没有变动，Cox & Snell R^2 值略升为 0.134，Nagelkerke R^2 值略升为 0.184。

第六步，在第五步的基础上添加志愿家庭收益变量（家长收益）为自变量后，建立的新模型的解释力有了大幅度提升，Cox & Snell R^2 值升为 0.325，Nagelkerke R^2 值升为 0.445。

第七步，在第六步的基础上引入 5 个志愿家庭功能变量（家庭关系功能、孩子教育功能、公益组织服务功能、社会服务功能及家长自我建设功能）为自变量建立新回归分析模型，结果表明，模型解释力增加很有限，Cox & Snell R^2 值仅升为 0.330，Nagelkerke R^2 值仅升为 0.451。

第八步，在第七步的基础上引入 9 个组织方问题变量（活动类型单一、活动距离太远、活动总体上太少、适合家庭参加的活动少、组织者经验不足、缺少应有的培训、组织方走过场、服务效果不佳和缺乏激励措施）为自变量建立新模型，分析结果表明，模型解释力的提升幅度不大，Cox & Snell R^2 值仅升为 0.340，Nagelkerke R^2 值仅升为 0.465。

第九步，在第八步的基础上引入 4 个个人问题变量（没有时间、家人反对、宁愿捐赠、健康原因）为自变量建立最终的回归模型，分析结果表明，最终模型的 Cox & Snell R^2 值仅升为 0.360，Nagelkerke R^2 值升为 0.492。

（二）统计结果与分析

从最终模型的分析结果看，以上九个方面的自变量组均对因变量产生了影响，共有 17 个自变量有显著性影响。"志愿家庭"家长每天的工作/学习时间越长，则未参与过的可能性越大，但从其优势比值看，影响力很小，远不如调查对象主观归因中显示的那么重要。家中有未成年人的"志愿家庭"，其至今尚未参加"志愿家庭"公益活动的可能性要小得多，但作用并不显著。这可能反映了目前"志愿家庭"公益活动设计很少关注儿童需求的现实。

原生家庭的公益传承对"志愿家庭"是否参加服务有显著影响：祖辈有过志愿服务经历的，"志愿家庭"未参加活动的可能性要小；过去一年内参加过其他志愿服务的"志愿家庭"参加"志愿家庭"公益活动的概率是未参加过的 1.68 倍；在过去一年内家庭捐赠的次数越多，参加"志愿家庭"公益活动的可能性也越大。

注册时间越早的家庭，参与过"志愿家庭"活动的可能性越大；注册人数越多的"志愿家庭"，参加过"志愿家庭"公益活动的可能性是没有参加过的 1.31 倍。

家庭关系对是否参加"志愿家庭"公益活动没有显著影响，但孩子的成长状况则对"志愿家庭"是否参与有显著影响，孩子成长状况越好，则其家庭越可能参加"志愿家庭"公益活动。这与前文分析的目前的"志愿家庭"公益活动很少关注家庭志愿服务的家庭关系改善功能有关，而下面的分析恰恰显示，这会反过来影响"志愿家庭"的参与决策。

家庭教育的价值观取向对"志愿家庭"是否参加过公益活动没有显著影响，但教育方式和教育主体对此有显著影响。与选择积极沟通方式处理亲子关系问题的"志愿家庭"相比，采用其他教育方式的家庭参与过"志愿家庭"公益活动的可能性只有前者的57.8%；父母双方共同为教育主体的家庭，不参加"志愿家庭"公益活动的可能性要低于其他教育主体形式的家庭。家庭志愿服务应该有助于家长传递价值观念，而这里的结论却显示家长没有这种意识。反过来，这也反映出目前的"志愿家庭"公益活动多数不具有这样的功能。

"志愿家庭"的参与动机对其是否参与"志愿家庭"公益活动也有影响，利他动机以及利己动机越强的，越有可能已经参加过"志愿家庭"公益活动。但令人诧异的是，家长们设想的对孩子成长有利的动机竟然没有影响到他们是否带着孩子真实地参与活动，这与前文发现的参加"志愿家庭"的未成年人未有明确收益的情况是一致的。利他动机和利己动机是一般志愿服务中都会有的，而利孩子动机只有在家庭志愿服务中才能体现。反过来说，目前的"志愿家庭"行动还不是真正意义上的家庭志愿服务。

家长的收益面越广，则参加过"志愿家庭"公益活动的可能性越大，这与利他动机和利己动机有显著影响是一致的。没有参加活动的家长也能有收获，这是研究者事先没有想到的。原因前面已经做了解释。遗憾的是，正式调查没有收集到关于未成年人、其他家人及整个家庭收益的有效资料。关于志愿者动机的研究向关于志愿者收益的研究转变，这是近年来的 个新趋势。原因很简单，在解释志愿者服务的持续性方面，收益可能比动机更重要。对于重视和强调志愿服务奉献精神的政府和社会来说，这涉及一场观念变革。

"志愿家庭"的各项功能也对家庭是否参与过"志愿家庭"公益活动有影响。社会服务功能、孩子教育功能、家庭关系功能越强，则"志愿家庭"越有可能已经参加过"志愿家庭"公益活动；但公益组织服务功能和自我建设功能的强弱，则没有对因变量产生显著影响。将对孩子有利、对家庭关系有利也看作对自己有利，将自我建设看作对家庭有利，并由此组成新的变量"家庭建设功能"，代入回归模型后发现，家长越认可"志愿家庭"的家庭建设功能，则越有可能已经参与过活动。但是，将公益组织服务功能也视为有利于社会的，并将之与社会服务功能合并生成新的变量，代入同样的回归模型后发现，新变量对因变量没有显著影响。这意味着，在"志愿家庭"家长眼里，抽象的社会和具体的公益组织是有明显区别的。这可能是目前公益服务机构面临的普遍问题。

"志愿家庭"公益活动的组织方自身存在的一些严重问题，对"志愿家庭"是否已经参加过公益活动也有影响。发现活动类型单一而没有参加"志愿家庭"活动的比参加的多0.807倍；发现适合家庭的活动少而没有参加"志愿家庭"公益活动的是仍然参加的1.236倍；不知道哪里有活动但仍然参加的是不会参加的近3倍；因为"志愿家庭"公益活动服务效果不佳而没有参加的是仍然参加的1.514倍；其他衡量组织方的能力和效果问题的变量则没有对因变量产生显著影响。组织方存在的问题实际上可以分为两类：一是与志愿服务活动有关，如活动类型单一、活动距离远、适合家庭参加的不多等；二是与志愿服务组织管理有关，如缺少经验、不提供必要的培训等。上一章在讨论组织方存在的各种问题时，曾进行过正式调查对象和预调查对象的比较，从中已经发现了有无专业社会组织介入"志愿家庭"行动对组织方存在问题所产生的影响。此外，上一章也对比过有无专业社会组织的介入对"志愿家庭"参与收益的影响，尤其是未成年参与者的收益问题集中反映了目前北京"志愿家庭"行动组织工作存在严重问题。遗憾的是，由于预调查问卷对象中还没有参与过服务的人数太少，无法通过类似的回归模型分析进一步清楚地说明问题。

从上面分步建立的模型的解释力变化看，家庭收益变量对"志愿家庭"是否已经参加过公益活动的影响是最大的，其次是原生家庭公益传承变量，再次是反映志愿者个人问题和志愿服务组织方问题的变量，而"志愿家庭"功能变量和"志愿家庭"动机变量产生的影响几乎可以忽略不计。尽管在正式调查中只收集到家长的收益数据，但家庭收益变量仍然影响最大。对此，难以理解的是，收益作为一种过程变量，其获取过程应该在行动之中，而是否参与的决策应该在行动之前，既然如此，收益怎么能反过来影响决策？在前文的解释中，我们发现有必要将注册视为"志愿家庭"行动的一个组成部分，这样就可以将有些家长注册后没有参加"志愿家庭"公益活动视为一种理性抉择的结果，即当继续参加活动带来的收益增值不符合他们的预期时，他们会选择暂不参加或不再参加。"志愿家庭"

的家长们之所以能够预期活动带来的增值而不参与行动，是因为他们了解或自认为了解"志愿家庭"功能、组织方存在的问题及自己家庭的参与动机。前文的交叉分析发现，一方面，无论是了解组织方存在的问题，还是了解"志愿家庭"的功能，都不一定要以参与过具体的公益活动为前提；另一方面，参与过的和未参与过的家长在对组织方存在问题及"志愿家庭"功能的认知上并没有太大的差异，这说明关于"志愿家庭"本身或者与"志愿家庭"组织方及其功能相关联的正面及负面形象是广泛流传的。因此，收益的影响才那么明显。

表 5 - 2　"志愿家庭"是否参加过服务影响因素的二元回归分析

变量	B	S. E.	Wald	显著性	Exp（B）
工作时长	- 0.097	0.022	18.832	0.000	0.908
有无未成年人	- 0.314	0.266	1.391	0.238	0.730
祖辈志愿服务	- 0.187	0.071	6.942	0.008	0.830
慈善捐赠次数	- 0.211	0.054	15.210	0.000	0.810
其他志愿服务	0.519	0.110	22.268	0.000	1.680
注册时间	- 0.212	0.035	37.485	0.000	0.809
注册人数	0.272	0.066	17.027	0.000	1.312
孩子成长状况	- 0.211	0.081	6.876	0.009	0.810
夫妻关系	- 0.029	0.060	0.239	0.625	0.971
亲子关系	- 0.040	0.044	0.829	0.362	0.961
家教价值观	- 0.037	0.073	0.261	0.610	0.963
教育方式	- 0.547	0.228	5.771	0.016	0.578
教育主体	- 0.326	0.111	8.591	0.003	0.722
利他动机	- 0.217	0.079	7.456	0.006	0.805
利孩子动机	0.108	0.094	1.328	0.249	1.114
利己动机	- 0.246	0.112	4.808	0.028	0.782
家长收益	1.055	0.049	465.647	0.000	2.872
家庭关系功能	- 0.497	0.142	12.200	0.000	0.608
孩子教育功能	- 0.251	0.099	6.426	0.011	0.778
社会服务功能	- 0.195	0.095	4.219	0.040	0.823
公益组织服务功能	0.036	0.137	0.068	0.795	1.036

续表

变量	B	S. E.	Wald	显著性	Exp（B）
家长自我建设功能	-0.382	0.244	2.452	0.117	0.683
活动类型单一	0.592	0.143	17.211	0.000	1.807
活动距离太远	0.097	0.112	0.741	0.389	1.102
总体上活动太少	-0.081	0.117	0.488	0.485	0.922
适合家庭参加的活动少	0.212	0.110	3.743	0.053	1.236
不知哪里有活动	-1.049	0.111	88.593	0.000	0.350
组织者经验不足	0.134	0.197	0.461	0.497	1.143
缺少应有的培训	0.227	0.145	2.440	0.118	1.255
组织方走过场	0.273	0.172	2.507	0.113	1.313
缺乏激励措施	0.268	0.185	2.096	0.148	1.307
服务效果不佳	0.415	0.238	3.042	0.081	1.514
常量	3.496	0.625	31.269	0.000	32.999

注：Cox & Snell $R^2 = 0.360$；Nagelkerke $R^2 = 0.492$；对数似然值：2399.956；"参加过"预测值：89.0%；"未参加过"预测值：68.2%；总预测值：81.3%。

（三）小结

从上面的分析可以得出以下结论。①注册但未参加过"志愿家庭"公益活动的比例高达36.8%，而且其中多数并不是近期新注册的，说明"志愿家庭"行动作为一种新型的志愿服务在行政依然主导志愿者动员的前提下并不能解决"僵尸志愿者"问题。②调查对象对注册而未参加的主观归因既涉及"志愿家庭"个人因素，也涉及志愿服务组织因素。③影响"志愿家庭"是否参与活动的因素是多种多样的，其中家庭收益的影响最为明显，其次是原生家庭公益传承，再次才是志愿者及志愿服务组织方存在的各种问题。这说明"志愿家庭"是否在注册后参与活动目前还主要是由个人因素和家庭因素决定的。进一步讲，虽然"志愿家庭"行动的推动者和活动的组织者掌握着行政动员的主动权，但并不掌握真正吸引"志愿家庭"参加活动的内在能力。④"志愿家庭"的参与动机对其是否参与活动没有显著影响，说明家庭志愿者与家庭志愿服务的组织者不存在一致的偏好。⑤"志愿家庭"行动所产生的功能对"志愿家庭"是否参加活动的影响很微弱，反映出"志愿家庭"活动的组织方还不能为"志愿家庭"提供足够的内在激励。"志愿家庭"的动机与"志愿家庭"行动的功能对注册志愿者是否参加活动没有产生很大的影响，这说明假设5关于北京"志愿家庭"中观生态系统还未形成的预测是成立的。

二 未来不更多参加的影响因素现象分析

一个社会的志愿服务供给总量受志愿服务参与率和人均服务时长两个因素的制约，因此，扩大志愿服务供给量无非有两个途径：一是努力提高志愿服务参与率，二是不断增加人均志愿服务时长。然而，即便是在志愿服务发达的西方国家，在一定的时间限度内的志愿服务参与率和人均服务时长也都是有增长极限的，如美国16岁及以上人口的志愿服务参与率20世纪以来一直维持在25%左右（2002年为26.2%，2008年为26.8%，2010年为26.3%，2014年为24.9%），平均服务时长则稳定在50小时上下。[①] 因此，除了追问为什么总有一定比例的人不参加志愿服务外，为什么不更多地参加志愿服务也成为实务界和学术界常常思考的问题。在上一节，我们分析了那些影响"志愿家庭"注册后却不参加活动的因素，这一节分析哪些因素影响"志愿家庭"未来更积极地参加志愿服务活动。

（一）文献回顾和回归模型

由于西方国家的志愿服务更早达到"增长极限"，因此关于人们为什么不更多地参加志愿服务也最早由西方的调查者提出。不过，目前的研究还主要局限于调查对象的主观陈述，如加拿大统计局2004年的调查发现，人们给出的在过去一年没有参加更多志愿服务的理由有10项，依据调查对象的选择频次高低分别是：没有时间、无法做出长期服务承诺、已经提供了足够的服务时间、宁愿以捐赠替代服务、没有被要求、没有兴趣、健康原因或生理失能、不知道如何参与、志愿服务产生了过高费用及有过不良体验。如果将没有时间、无法做出长期服务承诺、已经提供了足够的服务时间、宁愿以捐赠替代服务、没有兴趣和健康原因或生理失能归结为个人原因，而将其他选项归结为组织原因，则二者的选择频次比为79.2:20.8，说明个人原因才是调查对象在过去一年内没有参加更多志愿服务的主要原因。从选项用词皆为过去式看，调查者所要了解的并不是志愿者的未来倾

---

① 纪秋发：《美国人参与志愿服务现状及启示》，《北京青年研究》2016年第4期。

向，而是朝向过去的决定。[①] 在借鉴西方研究的基础上，笔者在 2010 年主持的一项全国性问卷调查中将人们不准备参加更多志愿服务的理由分为 14 项，依据选择频次高低分别是：没有时间、不能做出长期承诺、不知道如何参与、捐款可以替代志愿服务、健康/身体原因、志愿者权益得不到保障、没有被要求、服务还要花钱、社会对志愿者有偏见、对以往经历不满、已奉献足够时间、家人不支持、没有兴趣及"其他"。[②] 将这些理由分为个人（及家庭）原因和组织（及社会）原因，则二者的选择频次比为 61.8:38.2，说明个人原因是调查对象不准备参加更多志愿服务的主要原因，但组织原因也很重要。与加拿大研究不同的是，笔者的问题是未来取向的。本次调查与加拿大采取了同样的提问方式，所不同的是，加拿大调查将有效时段设定为"过去一年内"，而本次调查设置的有效手段为"自注册成为'志愿家庭'至今"。从"志愿家庭"的主观归因看，之所以没有参加更多的"志愿家庭"公益活动，最主要的原因是没有时间，其次是不知道哪里有活动，再次是有过负面经历及现有活动不吸引人，其他各项原因的被选率都不高。利用表 5 - 1 的数据，将调查对象的 10 项主观归因分为家庭（及个人）原因和组织原因，则二者的选择频次比为 46.6:53.4，说明参加过服务的"志愿家庭"之所以没有更多参加的原因更主要与组织方的能力和表现有关，尽管家庭原因仍然非常重要。需要说明的是，下面的模型检验的不是过去取向的，而是未来取向的，所关心的问题是，为什么有些家庭未来肯定会更多参与"志愿家庭"公益活动而其他家庭则不肯定。之所以关注这样的问题，是因为本次正式调查对象中绝大多数参与的频次不高，在假设"志愿家庭"推进模式不变的前提下，弄清哪些因素会推动"志愿家庭"更频繁地参与就成为检验现有推进模式的内在活力及存在问题的首选方法。

运用回归模型分析相关问题的研究还不多见。靳利飞利用 2006 年北京市团委调查数据（有效问卷 1752 份），以集中一段时间参加和时间分散但比较连续性地参加为因变量，以调查对象的年龄、身份、家庭经济情况、

---

① Michael Hall, David Lasby, Steven Ayer, William David Gibbons, Caring Canadians, Involved Canadians: Highlights from the 2007 Canada Survey of Giving, Volunteering and Participating, Ottawa, Catalogue No. 71 - 542 - XPE, 2009.

② 张网成：《中国公民志愿行为研究》，知识产权出版社，2011。

机构同志愿者签订相关协议、提供培训与补贴和购买人身保险的经常性为自变量，进行了二元回归分析，结果发现，志愿者的年龄、身份和人身保险三个自变量对因变量有显著影响。[①] 不过，持续性地参加志愿服务并不等同于更多参加，阶段性地参加也不表示以后不会更多参加。笔者曾利用在北京师范大学调查的数据（有效数据 696 份）分析了志愿者服务中断的影响因素，结果发现，志愿服务组织存在的各种问题是导致志愿者中断服务的最重要原因，这与志愿服务组织在与志愿者及志愿服务对象之间的关系中处于强势地位有关。[②] 如果将未来更多地参与理解为志愿者受到正向激励的结果，那么中断服务则可以反过来理解为志愿者受到负面刺激的结果。两项研究的主题显然都不是志愿者的未来服务倾向，但对志愿服务组织因素的重视还是有启示价值的。

本节依然沿着社会交换理论的指引建立分析模型，将是否参加更多"志愿家庭"公益活动视为"比较期望"下的决策。与上一节回归分析模型不同的是，这里增加了两个方面的变量：一是"志愿家庭"参与表现变量，由"志愿家庭"的服务频次和担当角色两个自变量组成；二是政策诱导变量，由是否同意在中小学开设志愿服务课程和是否同意将志愿服务表现纳入学生综合考核体系两个自变量组成。与上一节一样，我们将以是否未来肯定会更多参与为因变量进行分步回归分析。第一步，以性别、年龄、文化程度、收入、信仰、工作时长、家务劳动时长、家庭休闲时长、照料孩子时长和社会交往时长为自变量建立回归模型，分析结果显示，模型的解释力很低，Cox & Snell R^2 值仅为 0.014，Nagelkerke R^2 值只有 0.019。

第二步，在第一步个体特征变量的基础上添加 10 个家庭特征变量（家庭生活水平、家庭人口规模、家庭游戏频率、家庭外出频率、夫妻关系、亲子关系、孩子成长状况、家教价值观、教育方式、教育主体）为自变量，建立新的回归模型，结果显示，模型解释力有了小幅提升，Cox & Snell R^2 值升为 0.040，Nagelkerke R^2 值升为 0.054。

第三步，在第二步的基础上加入 3 个原生家庭公益传承变量（祖辈志

---

① 靳利飞：《对志愿者参与志愿服务持续性的影响因素分析》，《广东青年干部学院学报》2009 年第 78 期。

② 张网成、吴珊珊：《社会交换论视角下志愿者中断服务的影响因素研究——基于北京师范大学学生志愿者的一项调查》，《社会发展研究》2015 年第 2 期。

愿服务经历、最近一年慈善捐赠次数及是否提供其他志愿服务）为自变量建立模型，统计显示，新模型的解释力又有了一定幅度的提升，Cox & Snell R^2 值上升为 0.071，Nagelkerke R^2 值上升为 0.096。

第四步，在第三步的基础上加上 5 个"志愿家庭"参与表现变量（注册时间、注册人数、承担角色、参与次数、未成年人参与）建立新模型，模型解释力提升幅度略大于上一步，Cox & Snell R^2 值上升为 0.115，Nagelkerke R^2 值上升为 0.156。

第五步，在第四步的基础上引入 4 个"志愿家庭"的参与动机变量（利他动机、利孩子动机、利己动机、利家庭动机）为自变量建立模型，结果显示，新模型的解释力提升幅度略低于上一步，Cox & Snell R^2 值升为 0.142，Nagelkerke R^2 值升为 0.194。

第六步，在第五步的基础上增加家庭收益变量（家长收益）为自变量建立新的回归分析模型，结果显示，尽管只有一个新增自变量，模型的解释力度还是有了一定程度的提高，Cox & Snell R^2 值上升为 0.160，Nagelkerke R^2 值上升为 0.218。

第七步，在第六步的基础上添加 5 个"志愿家庭"功能变量（家庭关系功能、孩子教育功能、社会服务功能、公益组织服务功能、家长自我建设功能）后建立新的回归模型，结果显示，新模型的解释力较上一步的模型又有了小幅提升，Cox & Snell R^2 值上升为 0.175，Nagelkerke R^2 值上升为 0.239。

第八步，在第七步的基础上引入志愿家庭组织方问题变量（适合家庭参加的活动少、组织者经验不足、缺少应有的培训、组织方走过场、缺乏激励措施、服务效果不佳）为自变量建立新模型，分析结果表明，模型解释力的提升幅度依然不大，Cox & Snell R^2 值上升为 0.194，Nagelkerke R^2 值上升为 0.265。

第九步，在第八步的基础上增加志愿家庭自身问题变量（没有时间、家人反对、收益不大、宁愿捐赠、现有活动吸引力不足、有过负面经验、花费太高、健康原因、活动信息不足）为自变量建立新模型，结果表明，新模型的解释力又有了小幅提高，Cox & Snell R^2 值上升为 0.214，Nagelkerke R^2 值上升为 0.292。

第十步，在第九步的基础上引入 2 个政策诱导变量（中小学开设志愿服务课程、志愿服务纳入考核体系)作为自变量建立最终的回归分析模型,结果显示,最终回归模型的解释力 Cox & Snell R^2 值上升为 0.245, Nagelkerke R^2 值上升为 0.334。

(二)统计结果与分析

从最终回归模型的分析结果看,"志愿家庭"未来是否肯定会更多参与受到多重因素的影响,多个自变量对因变量产生了显著性作用。在 6 个家庭基本情况变量中文化程度、照料孩子时长和亲子关系三个自变量最终对因变量有显著影响。"志愿家庭"家长的文化程度越高,则今后越有可能更多参与"志愿家庭"行动,这与上面分析"志愿家庭"是否参加过服务时家长学历没有进入显著影响因素不同。究其原因,虽然学历在至今为止是否参加"志愿家庭"公益活动的决策过程中并未产生影响,但对于未来的"志愿家庭"活动,高学历家长有着更高的参与倾向。花在照料孩子上的时间越长,未来参与的态度也越积极,这可能与部分家长在此前的活动中认识到亲子参与志愿服务也可以是一种照料有关。亲子关系越好的"志愿家庭",越有可能在未来参与更多的"志愿家庭"公益活动,这与上面分析"志愿家庭"是否参加过公益活动时发现亲子关系不产生显著影响是不同的,原因可能在于,"志愿家庭"家长虽然有利孩子动机,但至今为止的公益活动并没有起到改善亲子关系的作用,不过在面向将来的公益行动中,亲密的亲子关系还是可能推动家长们积极参与的。

原生家庭的公益传承对"志愿家庭"更积极的未来参与取向有显著影响。祖辈有过志愿服务经历的家庭,会在未来更多参加"志愿家庭"公益活动;与过去一年内没有参加过其他志愿服务的家庭相比,参与过的家庭在未来肯定会更多参与的概率要高出 28.8 个百分点;过去一年来的慈善捐赠经历则不产生显著影响。

家庭教育变量对"志愿家庭"是否肯定会在未来更多参与活动没有显著影响,这可能反映出家长们对未来的"志愿家庭"公益活动在增强或补充家教价值观、在支持或补充家庭教育方式等方面能起到何种作用并没有什么期待。

家庭注册信息变量对家庭未来是否肯定会更多参与"志愿家庭"活动有显著影响,注册越早的、注册人数越多的"志愿家庭",其未来积极参与的意愿越强。相比较而言,注册人数变量的影响要远大于注册时间变量。这也说明家人之间相互的正向影响是有利于志愿者供给增加的。

　　"志愿家庭"的参与表现变量对其未来是否积极参与的态度也有显著影响。在此前参加"志愿家庭"活动越多的家庭，在以后肯定更多参与的比例也越高，这说明，尽管存在各式各样的问题，但至今为止的参与给"志愿家庭"带来的影响总体上是正面的；在此前的参与中扮演的角色越是活跃的"志愿家庭"，在未来更多参与的态度也更明确，这可能与承担更重要的志愿者角色不仅意味着更多的责任而且意味着更多的收获有关。

　　上面的分析指出，"志愿家庭"的参与动机并不全部对其是否参加具体"志愿家庭"公益活动的决策产生显著影响，但在朝向未来的参与意向上都有显著影响。这再次提醒我们，在具体行动前的多元动机是推动主体形成行动意向的重要因素，但在具体行动的决策中则可能是某些动机发挥作用，另一些动机则被"屏蔽"，在志愿者参与是被动员的情形下，志愿者的动机可能全部被"屏蔽"。不过，正常的情况是，志愿者会拥有全部或部分的选择自由，在这种情况下，与志愿者动机完全不符合的活动可能会遭到志愿者拒绝。

　　在家庭收益变量中，此次正式调查只收集到了"志愿家庭"家长的相关数据，这是令人遗憾的，但也反映出目前的"志愿家庭"行动组织工作中存在一些问题。从统计分析的结果看，家长收益越多，则其未来更多参加"志愿家庭"行动的可能性越大；反过来，家长收益少的，则其未来更多参与的可能性就更小。

　　"志愿家庭"解释其至今为止不参加或不更多参加"志愿家庭"公益活动的理由会不会影响其未来的参与意愿？这是很值得关心的问题。有些理由与个人有关，如健康原因及花费太高，有些则与行为意向相关联，如不知道哪里有活动，有的是没有明确意涵的，如"其他"，之前都没有进入回归模型，但大部分理由都与志愿服务组织或多或少有关，因此这里均进入模型。从分析的结果看，如果曾经因为家人反对、没有时间、现有活动吸引力不足和有负面经历而没有参加过或没有更多参加过"志愿家庭"公益活动的"家庭"，未来肯定更多参与的可能性也小得多，反之亦然。

　　考虑到活动类型单一、活动距离太远和总体上活动太少都是与过去的具体经验有关，并不适宜用来分析组织方存在的问题对"志愿家庭"未来参与倾向的影响，因而这三个变量没有进入分析模型。从分析结果看，曾经因为观察到适合家庭参与的活动少、组织方走过场、组织者经验不足或服务效果不佳而没有参加或没有更多参加的家庭，在未来肯定会更多参加"志愿家庭"公益活动的可能性也更小，反之亦然。与不更多参加主观原因变量一样，这里的组织方问题变量也呈现某种经验锁定效应。

"志愿家庭"功能是"志愿家庭"行动能够给社会、志愿服务组织及"志愿家庭"带来的影响。"志愿家庭"对它的认知，不管有多少是基于经验事实，又有多少是出于感性希望，也不管有多少与其参与动机重合，都会对其进一步的参与行动产生影响。从模型分析的结果看，对"志愿家庭"的社会服务功能、公益组织服务功能、孩子教育观念和家庭关系功能认知越多、认可越深的家庭，未来肯定会更多参与的可能性就越大，反之亦然；家长自身建设功能则对家庭未来是否肯定会更多参与"志愿家庭"公益活动没有显著影响。

政策诱导变量对家庭未来参与倾向的影响也是显著的。越是认可在中小学设置志愿服务课程的"志愿家庭"家长，其家庭未来肯定会更多参与的可能性就越大；越是赞成将中小学学生的志愿服务表现纳入综合素质评价体系的家长，其家庭未来更多参与"志愿家庭"公益活动的倾向也越强。这说明，家庭志愿服务的制度化将有利于动员更多的家长与孩子一起参与志愿服务。在上面建立的"志愿家庭"参与活动的影响因素分析模型中，我们也尝试将这两个变量纳入模型进行分析，结果发现，它们没有对因变量产生显著影响。这至少说明，尽管北京市教委和北京市志愿服务联合会等联合下发的京教基一〔2015〕8号文件已有两年的历史，而且在此过程中北京市志愿服务联合会推动的"志愿家庭"行动"一路高歌"，但"志愿家庭"制度化并未在学生家长中产生足够大的影响。反过来，这也提示我们，"志愿家庭"行动的制度化显然不能依赖现在的行动推进模式，否则，几年后关于注册"志愿家庭"为何不参加活动的调查将同样显示，中小学学生志愿服务制度化的尝试并未产生显著影响。

表5-3　未来是否更多参与的影响因素二元回归分析

自变量	B	S. E.	Wald	显著性	Exp（B）
文化程度	-0.212	0.067	9.824	0.002	0.809
照料孩子时长	0.039	0.014	7.208	0.007	1.040
家庭外出频率	-0.064	0.055	1.331	0.249	0.938

续表

自变量	B	S. E.	Wald	显著性	Exp（B）
夫妻关系	− 0.026	0.054	0.236	0.627	0.974
亲子关系	− 0.068	0.040	2.948	0.086	0.934
孩子成长状况	0.053	0.073	0.517	0.472	1.054
祖辈志愿服务	0.106	0.062	2.929	0.087	1.112
慈善捐赠次数	− 0.080	0.050	2.599	0.107	0.923
其他志愿服务	0.253	0.102	6.120	0.013	1.288
家教价值观	− 0.068	0.066	1.069	0.301	0.934
教育方式	− 0.206	0.206	0.991	0.319	0.814
教育主体	− 0.002	0.097	0.000	0.987	0.998
注册人数	0.227	0.059	14.660	0.000	1.255
注册时间	0.054	0.031	3.064	0.080	1.055
参加次数	0.186	0.044	17.637	0.000	1.205
承担角色	− 0.248	0.066	14.211	0.000	0.780
利他动机	0.305	0.072	17.932	0.000	1.357
利孩子动机	− 0.151	0.084	3.221	0.073	0.860
利己动机	0.315	0.100	9.995	0.002	1.371
家长收益	0.339	0.044	58.729	0.000	1.404
家人反对	− 1.766	0.642	7.578	0.006	0.171
收益不大	− 0.453	0.458	0.980	0.322	0.635
没有时间	− 0.233	0.096	5.917	0.015	0.792
宁愿捐赠	− 0.226	0.310	0.532	0.466	0.798
现有活动吸引力不足	− 1.004	0.154	42.386	0.000	0.366
有过负面经历	− 0.917	0.491	3.487	0.062	0.400
适合家庭参加的活动少	− 0.261	0.096	7.335	0.007	0.770
组织者经验不足	− 0.343	0.168	4.162	0.041	0.709
缺少应有的培训	0.067	0.127	0.277	0.599	1.069
组织方走过场	− 0.507	0.151	11.206	0.001	0.602
缺乏激励措施	− 0.235	0.156	2.256	0.133	0.791
服务效果不佳	− 0.371	0.200	3.452	0.063	0.690
家庭关系功能	0.304	0.128	5.647	0.017	1.355
孩子教育功能	0.459	0.091	25.420	0.000	1.583
社会服务功能	0.147	0.087	2.877	0.090	1.159

自变量	B	S. E.	Wald	显著性	Exp（B）
公益组织服务功能	0.478	0.124	14.847	0.000	1.613
家长自我建设功能	-0.194	0.214	0.819	0.365	0.824
中小学开设志愿服务课程	-0.537	0.079	45.834	0.000	0.584
志愿服务纳入考核体系	-0.185	0.044	18.011	0.000	0.831
常量	1.090	0.657	2.750	0.097	2.973

注：Cox & Snell R^2 = 0.245；Nagelkerke R^2 = 0.334；对数似然值：2877.297；"肯定会"预测值：86.3%；"不肯定会"预测值：54.3%；总预测值：74.3%。

为了比较哪些自变量对"志愿家庭"未来更积极行动产生了更大的影响，我们采用了逐步建模分析法。比较不同步骤的模型的解释力变化可以发现，影响家庭未来是否更多参与的因素是非常复杂的，没有特别突出的影响因素。相对而言，"志愿家庭"参与表现变量的影响最大，其次是原生家庭公益传承变量和政策诱导变量，再次是家庭特征变量和家庭参与动机变量，影响较小的是家庭功能变量和家庭收益变量。政策诱导变量影响较大，这提示北京市志愿服务联合会在下一步开展"志愿家庭"行动时应该加大与教育系统的合作。尽管只有家长收益一个自变量，但家庭收益变量仍有影响，这提醒"志愿家庭"行动的推进方在未来的工作中，应该更多重视参与家庭的收益，而不是一味鼓励家庭的"奉献"与"追随"。

组织方问题变量的影响相对较小，不应该错误地解读。事实上，如果将个人主观归因变量中的"现有活动吸引力不足""花费太高""活动信息不足""有过负面经历"这4个与组织方密切相关的自变量划入组织方问题变量，则上述第八步模型的 Cox & Snell R^2 值将升至0.206，较第七步模型的同类值增加3.1个百分点，Nagelkerke R^2 值会上升至0.281，较第七步模型的同类值增加4.2个百分点，组织方问题变量的解释力也将与政策诱导变量相当。

如果去除政策诱导变量、组织方问题变量和家庭功能变量，剩下的自变量则主要是与"志愿家庭"的家长及其家庭有关的变量（包括家长个人特征变量，家庭特征变量，家庭关系变量，家庭教育变量，原生家庭公益传承，家庭参与"志愿家庭"行动的动机、表现及收益变量），由此形成的新回归分析模型的 Cox & Snell R^2 值为0.169，Nagelkerke R^2 值为0.230，说明影响"志愿家庭"未来参与取向的各要素中来自"志愿家庭"的各要素所起到的作用要远远超过组织方问题要素和政策诱导要素。进一步剔除与"志愿家庭"的家长及其家庭有关的变量中受组织方影响的志愿家庭收益变量和参与表现变量，则新生模型中的 Cox & Snell R^2 值降为 0.106，Nagelkerke R^2 值降为 0.145，即便如此，来自"志愿家庭"的影响也远大于来自组织方变量（组织方问题变量和家庭志愿服务功能变量）的影响。这里的分析说明，在影响"志愿家庭"决策将来是否更多参加的各项因素中，"志愿家庭"本身的各项因素仍然占主要地位，而"志愿家庭"组织方仍然缺乏足够的影响力。这当然不是说"志愿家庭"活动的组织方不重要，相反，在目前北京"志愿家庭"行动低度发展的情况下，强化组织方的服务意识和服务能力才是突破现有模式的出路所在。

（三）小结

从上面的分析可以得出以下结论：①超过半数的"志愿家庭"将来肯定会更多地参加相关公益活动，影响其决策的因素中既有个人和家庭因素，也有组织方因素，但以前者为主；②"志愿家庭"组织方的影响力弱，集中体现了北京"志愿家庭"行动现有模式的不足；③在各类影响因素中，政策诱导变量有较大的影响，说明北京"志愿家庭"行动未来仍有一定的政策操作空间；④家庭收益变量和家庭功能变量的影响都比较小，印证组织方存在的问题确实已经产生了深远的影响。

三　专业机构介入与未来取向

在前述分析中，曾经多处提到预调查数据与正式调查数据的差异，也曾就专业组织介入的意义做过延伸性的说明。[1] 如果预调查数据所反映出来的"志愿家庭"推进模式是值得推广的，又有哪些因素会制约预调查对象在未来更为积极地参加公益活动？这是本节关心的核心问题。

（一）"志愿家庭"行动推进模式

关于我国志愿服务发展模式，邓国胜曾分为三种："自下而上发起，

---

[1] 本书将 SG 社工机构开展的"志愿家庭"活动视为一种有专业机构介入的情形，理由有二：一是有项目资金支持，二是有专业的项目团队。正因为这两个特点，SG 社工机构开展的"志愿家庭"活动可以视为北志联"志愿家庭"行动的"反面"典型，因为北志联"志愿家庭"行动的组织者在总体上正好缺乏这两个特点。

自上而下推广"、"自上而下发起并推广"和"自下而上发起，自下而上扩展"。① 这种广为流传的三分法存在三个方面的问题：首先，明明是两个维度（发起者、推动者）的交叉分类却没有得出四种类型，也未对此进行解释；其次，将"发展"区分为"推广"和"扩展"，使人无法考察不发展（不发达）的可能性；最后，三种模式都预设了内在的致命局限——前面两种模式欠缺志愿性而第三种模式缺少合适的文化与体制环境，使人看不到中国志愿服务发展的前景。为什么会缺少可以描述为"自上而下发起，自下而上扩展"的第四种模式？② 邓国胜本人没有进行解释。因为逻辑上解释不通，因此合理的解释是，邓国胜当时还没有观察到此种类型，而这应该与他使用的被动观察方法有关。

要改进邓国胜的志愿服务发展模式分类，关键不是要厘清"自下而上"还是"自上而下""发起"的问题，而是要澄清两种不同的志愿服务推进形式即"推广"与"扩展"的内涵差异。从邓国胜一文的用语环境推测，向下"推广"作为政府或类政府机构采用的一种行动策略，是上层组织者对下层组织者产生影响的过程，而向上"扩展"作为非政府组织采用的一种行动策略，则是下层组织者影响上层组织者的过程。向下"推广"式发展模式不仅仅涉及谁"推广"的问题，还涉及谁承接"推广"任务及承接能力的问题。如果缺乏足够数量的、有能力的和有效率的下层组织者，那么志愿服务就极有可能陷于某种推而不广的局面，向下"推广"模式也就成为一种失败的尝试。向上"扩展"式发展模式也不仅仅涉及谁在推动"扩展"的问题，以及谁负责或谁有能力负责向上传递的问题，还涉及受到影响的上层组织者是否"向下推广"的问题。也就是说，即使解决了向上"扩展"的问题，向上"扩展"式模式还不是一种发展模式，因为它必须重新面对向下"推广"式发展模式遭遇的问题。③ 这就意味着，不论采用何种志愿服务发展模式，都必须解决下层组织者的数量和能力问题。因何如此？必须做一些更为深度的解释。

———————————

① 邓国胜：《中国志愿服务发展的模式》，《社会科学研究》2002年第2期。
② 这是套用邓国胜的分类而推出的，并不表示笔者接受邓国胜的表述方式。事实上，邓国胜本人并未就何为"自上而下"、何为"自下而上"进行过精确的描述，也未曾就"自下而上扩展"与"自上而下推广"的路径和方式及二者之间的差异做过说明。
③ 在这个意义上，邓国胜将"自下而上发起，自上而下推广"、"自上而下发起并推广"和"自下而上发起，自下而上扩展"三种发展模式并列本身就是有问题的。

从社会交换理论的视角看，在"志愿家庭"公益活动的核心交换关系中，家庭志愿者、志愿服务组织和服务对象都是交换主体，但三者在交换行动中的地位并不相同。有效地组织家庭志愿者为服务对象提供合乎需要的志愿服务是志愿服务组织存在的前提和合法性基础，这是由志愿服务组织的使命决定的。相对于志愿服务组织而言，家庭志愿者是被动的：他们事先既不了解服务对象的具体需求，也不知道服务对象的需求将在何种程度上以何种方式得到满足。即便是积极主动寻找机会提供服务的家庭志愿者，包括在志愿服务组织中成长为骨干力量的家庭志愿者，在有组织的志愿服务中，其主动性及责任也是有限的。在某种意义上，家庭志愿者在服务过程中也是被帮助的对象，没有组织方的协助，家庭志愿者能否顺利完成组织方交代的任务是两可的事，更不用说自身能在服务过程中得到锻炼和成长。相对于志愿者和志愿服务组织，服务对象则更加被动。因此，准确了解服务对象的需求，据此招募和筛选能力相当、志趣相符的家庭志愿者，在进行必要的培训后再合理分配志愿者工作，并在志愿者服务过程中提供适当的督导以及在事后进行必要的分享与总结，被业界认为是志愿服务组织开展服务活动的标准流程。基于以上认识，必须将志愿服务组织置于观察和分析的中心位置，而将家庭志愿者和志愿服务对象均视为志愿服务组织服务的对象。然而，还必须注意的是，志愿服务组织是非营利性质的，其自身的正常运行有赖于志愿服务委托方的足额支持。如果志愿服务组织得不到足够的、合理的委托－代理合同，相对强势的志愿服务组织将采取"惩罚"家庭志愿者及其服务对象的形式换取自己的生存，而这将削弱家庭志愿者的服务热情和参与意愿。[1]

就北京"志愿家庭"行动而言，表面上属于"自上而下发起并推广"的发展模式，但无论是市级的发起者还是区县级的推进者，实际上都寄希望于第四种发展模式，即在它们的倡导和推动下，基层社会组织无条件地广泛响应并认真行动，从而形成"自上而下发起，自下而上扩展"的局面。这种"四两拨千斤"的战略能否成功，并不仅仅在于基层社会组织的响应意愿，更重要的还取决于它们的行动能力，包括动员、组织和保留

---

① 张网成：《规制失效与志愿者中断服务——基于北京师范大学的一项调查》，《青年研究》2015 年第 5 期。

"志愿家庭"的能力。一旦这种"四两拨千斤"战略不成功，"自上而下发起并推广"就成为一种"不接地气"的形式上的外延扩展，而不是行动上的深化发展。遗憾的是，这就是北京"志愿家庭"行动目前总体上的发展格局，其核心的问题在于目前具体开展"志愿家庭"公益活动的基层组织存在从活动策划到执行再到反思和改进等多方面的能力问题。

预调查数据所反映的是一种"自下而上发起，自下而上扩展"的发展模式。由于专业机构的介入，"志愿家庭"公益活动从策划方案到信息发布，从"志愿家庭"招募到管理和陪伴，从"志愿家庭"活动方案的执行到反思总结，都有专门的小组负责，显示出更强的专业性、组织性和持续性。因此，无论是从参与频率、家庭收益，还是从信息传递途径、组织方问题，都可以看出，专业机构介入带来了更好的效果和更少的问题。由于专业机构的介入，在启动时间一致的情况下，无论是从参与率还是从参与次数看，预调查对象参与"志愿家庭"公益活动的表现均要远远好于正式调查对象；同样，由于专业机构的介入，"志愿家庭"家长在多个方面的收益普遍增加。专业机构介入后，"志愿家庭"家长的活动信息来源不再主要依靠行政渠道（学校）和新闻媒体，而是主要来源于人际关系传播渠道。信息传播途径的改变，一方面表明"志愿家庭"与组织方之间的关系更加密切，另一方面则使信息传播更加有效。从"志愿家庭"活动组织方存在的问题看，专业机构介入后，不仅总体活动量大幅上升，而且不适宜家庭参加的、距离太远的活动则大幅减少，不仅对服务效果和培训的重视程度有提升，而且形式主义的活动大幅减少。不过，随着"志愿家庭"更加积极地参与，现有介入机构的问题也暴露出来，如活动类型单一的问题更加尖锐、缺乏激励制度的问题显得更为突出等。这与现有介入机构本身不够专业、规模不大、资源有限有关，也与缺少与其他机构协调互补的机会有关。北京市目前仅有个别区有个别专业服务组织介入"志愿家庭"行动，由于服务同构的现象明显，加上相互隔离，无法互相推介、取长补短。

尽管从发展模式必须包含"使命"定义、承担主体及实施机制三个方面的内容看，[1] 邓国胜所谓志愿服务发展模式充其量是一种切入路径，但对

---

[1] 张网成：《从"发展"到"创新"——对"中国模式"的解读》，《当代世界》2008年第2期。

邓国胜一文的分析还是使我们看到，不管是自下而上发起，还是自上而下发起，向下"推广"式发展模式必须有大量有能力的下层组织者承接方能取得良好的效果；而向上"扩展"式发展模式除了要解决上层组织的认可和支持问题外，还要解决自身数量不足、能力不强的问题。因此，比较理想的符合国情的发展模式是，上层组织将承接"推广"的任务直接交给下层专业机构而不是类行政组织，并采取切实措施为下层专业机构提供足够的资源，在大力发展基层专业组织的同时，协助基层组织解决服务供给不足的问题。

图 5 - 1 不同模式下的"志愿家庭"行动效果比较

参与活动次数

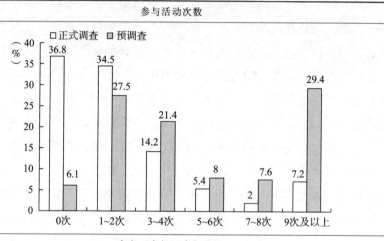

家庭（家长）参与收益

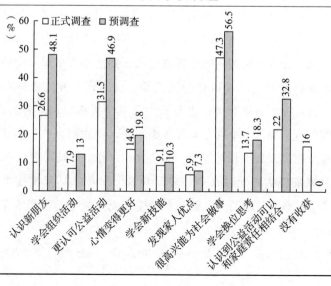

续图

信息来源

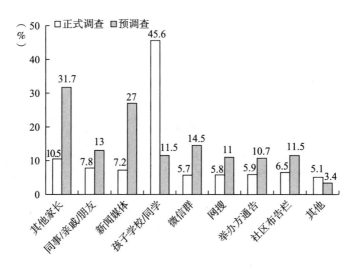

组织方存在的问题

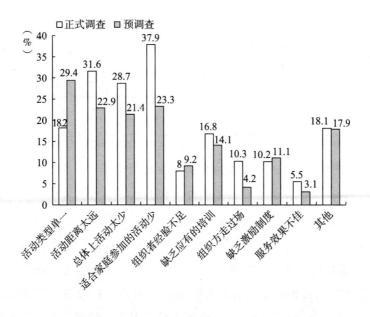

续图

与未成年人组团参加

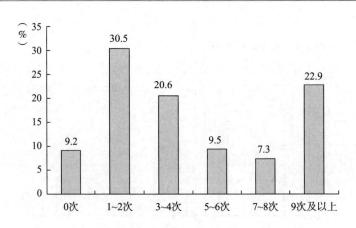

亲子合作参加

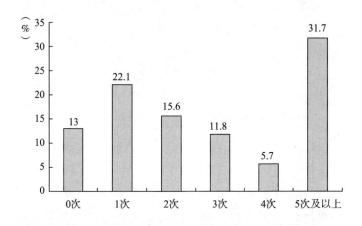

（二）专业机构介入与未来取向的制约因素

假设北京"志愿家庭"行动的推进各方会采纳本研究的建议，大力支持专业机构介入，北京市的家庭志愿服务发展肯定会上一个新的台阶。在这种情况下需要思考的问题就变成，应该如何加强现有专业机构的自身建设，以便更好地服务"志愿家庭"活动的开展。为此，首先必须弄清制约"志愿家庭"更加积极参与的各项因素。利用预调查数据，以是否肯定会更多参与"志愿家庭"公益活动为因变量，逐步进行回归分析，将有助于我们找出这些制约因素。

第一步，以调查对象的性别、年龄、学历、收入水平、工作时长、家务时长、休闲时长、照料时长和社交时长 9 个与调查对象个人特征有关的变量为自变量进行二元 logistics 回归分析，结果发现，模型的解释力度很差（Cox & Snell R^2 = 0.023，Nagelkerke R^2 = 0.044），且没有自变量对因变量产生显著性影响，说明个人因素对"志愿家庭"未来是否肯定会更多参与没有什么影响。

第二步，在第一步的基础上添增家庭人口规模、家庭生活水平、家庭游戏频率、家庭外出频率 4 个与家庭特征相关的自变量，在因变量不变的情况下，构成新的模型，统计结果显示，新模型的解释力度有了一定幅度的提升（Cox & Snell R^2 = 0.074，Nagelkerke R^2 = 0.140），新增自变量中仅有家庭生活水平对"志愿家庭"的未来倾向有显著影响。

第三步，在第二步的基础上加入祖辈志愿服务、慈善捐赠和其他志愿服务 3 个原生家庭公益传承自变量建立新的回归分析模型，统计分析结果显示，新模型的解释力度有了进一步的提升（Cox & Snell R^2 = 0.109，Nagelkerke R^2 = 0.205），新增自变量中家人是否在过去一年内参加过"志愿家庭"活动之外的志愿服务对"志愿家庭"的未来倾向产生了显著影响。这意味着，随着志愿服务整体环境的改善，家庭志愿服务的参与情况也将得到改善。

第四步，在第三步的基础上添加注册时间、注册人数、参与次数、承担角色和（是否有）亲子合作 5 个与"志愿家庭"参与表现相关的变量作为自变量建立新分析模型，统计结果表明，新模型的解释力提升极为有限（Cox & Snell R^2 = 0.116，Nagelkerke R^2 = 0.218），且新增自变量中无一对因变量产生显著影响。这意味着，已有的活动参与经历并不影响"志愿家庭"的未来倾向。

第五步，在第四步的基础上引入"志愿家庭"动机变量，由于调查对象没有在家庭关系动机项上做选择，因此该变量组中只有利他动机、利己动机和利孩子动机 3 个自变量。对新的回归模型分析的结果显示，新模型的解释力有了一定幅度的提高（Cox & Snell R^2 = 0.138，Nagelkerke R^2 = 0.260），但新增自变量中并没有对因变量产生显著影响的变量。

第六步，在第五步的基础上加入家庭志愿服务收益变量，包括家长收益、孩子收益、其他家人收益和家庭收益 4 个自变量，对新建立的回归模型进行统计分析后发现，新模型的解释力有了显著提升（Cox & Snell R^2 = 0.233，Nagelkerke R^2 = 0.438），新增自变量中家庭收益和孩子收益对因变量产生了显著影响。与第五步模型相比较可发现，与动机相比，"志愿家庭"在参与过程中的收益要重要得多。

第七步，在第六步的基础上引进家庭志愿服务功能变量，包括家长自我建设功能、家庭关系功能、孩子教育功能、公益组织服务功能和社会服务功能 5 个自变量，新模型的解释力又有了一定幅度的提高（Cox & Snell R^2 = 0.256，Nagelkerke R^2 = 0.483），新增自变量中公益组织服务功能和社会服务功能对因变量产生显著影响。与动机变量相比，功能变量的影响略大一点，但功能变量的影响明显要比收益变量小得多。

第八步，在第七步的基础上添增"志愿家庭"的组织方表现变量，包括是否培训志愿者、组织方是否走过场、是否有激励措施、是否适合家庭参加、是否花费太高、活动是否有吸引力、类型是否单一、活动是否充分宣称、服务效果是否好、活动距离是否太远、活动是否太少等 13 个自变量，建立最终回归模型。最终模型的解释力较上一步又有了很大幅度的提高（Cox & Snell R^2 = 0.327，Nagelkerke R^2 = 0.616），从分类表的预测值看，对于肯定会更多参加的预测正确率达到 98.7%，对不肯定会更多参加的预测正确率为 66.7%，对总体的预测正确率达到 94.7%，说明模型的拟合优度也很好。

在最后的回归模型中，最终有 8 个自变量对"志愿家庭"的未来倾向产生了显著影响。家庭生活水平越高，未来更多参与"志愿家庭"活动的可能性越大；家庭关系越不融洽（以家人之间游戏频率衡量），未来更多参与的可能性越小；参加"志愿家庭"行动之外的其他志愿服务，有助于增加人们未来更多参加"志愿家庭"活动的概率；孩子在"志愿家庭"活动中收益越多，则"志愿家庭"未来肯定更多参加的可能性越大，类似地，"志愿家庭"的家庭收益越多，其未来更多参与的态度也越坚决；参加"志愿家庭"活动给家庭带来的花费越高、已有活动吸引力越小、组织方越是走过场（糊弄志愿者、糊弄服务对象），则"志愿家庭"未来肯定更多参与的可能性越小。

从上面分步建立的模型看，家庭收益变量对"志愿家庭"未来取向的影响最大,其次是组织方问题变量,再次是家庭特征变量,之后是原生家庭公益传承变量,动机变量的影响居最后。预调查问卷中没有设计政策诱导变量,抛开政策诱导变量不谈,其他变量项的重要性排位与前述关于正式调查数据的回归分析结果类似。从各变量可以改变的角度看,"志愿家庭"组织方自身的态度和能力是决定家庭志愿服务进一步发展的关键。

表5-4 "志愿家庭"未来取向的影响因素分析(预调查)

	B	S. E.	Wald	显著性	Exp（B）
性别	0.232	1.056	0.048	0.826	1.261
年龄	-0.764	0.652	1.375	0.241	0.466
学历	0.033	0.686	0.002	0.961	1.034
收入水平	-0.108	0.324	0.111	0.739	0.898
工作时长	-0.105	0.159	0.436	0.509	0.901
家务时长	-0.144	0.218	0.439	0.508	0.866
休闲时长	0.191	0.145	1.723	0.189	1.21
照料时长	0.162	0.128	1.599	0.206	1.176
社交时长	0.031	0.26	0.014	0.905	1.032
家庭人口规模	-0.083	0.419	0.04	0.842	0.92
家庭生活水平	2.76	1.171	5.558	0.018	15.796
家庭游戏频率	-1.597	0.705	5.129	0.024	0.202
家庭外出频率	0.382	0.479	0.635	0.426	1.465
慈善捐赠	0.45	0.418	1.159	0.282	1.568
其他志愿服务	-2.512	0.998	6.342	0.012	0.081
祖辈志愿服务	0.675	0.486	1.928	0.165	1.963
注册人数	-0.661	0.49	1.821	0.177	0.516
注册时间	0.41	0.33	1.543	0.214	1.506
参与次数	0.418	0.307	1.857	0.173	1.519
承担角色	-0.595	0.483	1.521	0.217	0.551
亲子合作	-1.771	1.172	2.285	0.131	0.17
利他动机	-0.028	0.578	0.002	0.962	0.973
利己动机	-1.653	1.024	2.602	0.107	0.192
利孩子动机	-1.19	0.721	2.72	0.099	0.304
家长收益	-0.16	0.627	0.065	0.798	0.852

	B	S. E.	Wald	显著性	Exp （B）
孩子收益	-1.494	0.663	5.075	0.024	0.224
其他家人收益	0.007	0.449	0.000	0.988	1.007
家庭收益	2.968	0.857	12.007	0.001	19.462
家长自我建设功能	1.517	1.399	1.176	0.278	4.558
家庭关系功能	-0.285	1.528	0.035	0.852	0.752
孩子教育功能	-0.704	1.461	0.232	0.630	0.495
公益组织服务功能	0.554	1.502	0.136	0.712	1.74
社会服务功能	0.435	1.388	0.098	0.754	1.545
缺少活动信息	1.301	0.858	2.298	0.130	3.671
花费太高	-5.748	2.236	6.609	0.010	0.003
未满足预期收益	-1.241	3.379	0.135	0.713	0.289
活动吸引力不足	-3.008	1.467	4.201	0.040	0.049
活动类型单一	-1.073	1.057	1.030	0.310	0.342
活动距离过远	-1.498	0.831	3.250	0.071	0.223
活动数量少	0.551	1.035	0.283	0.595	1.734
适合家庭的活动少	0.380	1.075	0.125	0.724	1.462
组织者经验不足	-0.510	1.171	0.189	0.663	0.601
组织方走过场	-4.96	1.606	9.541	0.002	0.007
缺乏激励措施	-1.479	1.215	1.481	0.224	0.228
服务效果不佳	-2.588	1.942	1.775	0.183	0.075
缺乏应有培训	-0.568	0.985	0.332	0.564	0.567
常量	1.709	6.413	0.071	0.790	5.523

（三）家庭收益的影响因素分析

既然"志愿家庭"参与过程中的家庭收益对其未来取向影响很大，就有必要继续探讨家庭收益究竟受到哪些因素的影响。本次调查将"志愿家庭"在参与过程中的收益分解为家长收益、其他家人收益、孩子收益和家庭收益四个方面，并做了限选3项的规定。为了分析方便，我们将这四个方面合成新的变量"家庭总收益"。由于正式调查中只收集到家长收益情况，这里仍使用预调查数据进行分析。受问卷收集方法的限制，这里仍然以调查对象选择项数的多少来反映其家庭收益多少。因此，"家庭总收益"

变量的赋值在 0 到 12 之间，从统计的结果看，有 11.1% 的"志愿家庭"的"家庭总收益"值在 4 以下，属于收益很少的家庭，有 30.2% 的"志愿家庭"的"家庭总收益"值达到 12，属于收益丰厚的家庭。为了分析方便，这里将得分值在 9 及以上的视为收益较多的，将得分值在 8 及以下的视为收益较少的，由此生成二分的"家庭总收益"变量，并以此为因变量逐步建立二元 logistics 回归模型进行分析。

第一步，以调查对象的性别、年龄、学历、收入水平、工作时长、家务时长、休闲时长、照料时长和社交时长 9 个个人特征变量为自变量，以"家庭总收益"二分变量为因变量进行建模分析，结果发现，模型的解释力度很差（Cox & Snell $R^2 = 0.024$，Nagelkerke $R^2 = 0.033$），且没有自变量对因变量产生显著性影响。这说明个人特征变量对"志愿家庭"的总收益没有什么显著影响。

第二步，在第一步的基础上添加家庭人口规模、家庭生活水平、家庭游戏频率和家庭外出频率 4 个反映家庭特征的自变量建立新的回归分析模型，结果发现，新模型的解释力有了一定程度的提高（Cox & Snell $R^2 = 0.066$，Nagelkerke $R^2 = 0.089$），新增自变量中家庭人口规模对因变量产生了显著性影响。

第三步，在第二步模型的自变量中加入反映"志愿家庭"公益传承的 3 个变量，包括祖辈志愿服务、慈善捐赠和其他志愿服务，建立新的回归分析模型。新模型的解释力仅有小幅提升（Cox & Snell $R^2 = 0.083$，Nagelkerke $R^2 = 0.113$），新增自变量中没有对因变量产生显著影响的变量。

第四步，在第三步模型的自变量中引入反映"志愿家庭"参与表现的 5 个自变量，包括注册时间、注册人数、参与次数、承担角色和亲子合作。对新模型进行分析，结果显示，模型的解释力提高幅度较大（Cox & Snell $R^2 = 0.174$，Nagelkerke $R^2 = 0.236$），且"志愿家庭"参与活动的次数与参与过程中是否有亲子合作 2 个自变量对家庭总收益有显著影响。

第五步，在第四步的基础上加入"志愿家庭"的动机变量（包括利他动机、利己动机和利孩子动机 3 个自变量）建立分析模型，结果显示，新模型的解释力有了一定幅度的提高（Cox & Snell $R^2 = 0.208$，Nagelkerke $R^2 = 0.282$），且新增自变量中有 2 个对因变量"家庭总收益"产生了显著性影响。

第六步，在第五步建立的分析模型基础上引入家庭志愿服务的功能变量，包括家长自我建设功能、家庭关系功能、孩子教育功能、公益组织功能和社会服务功能 5 个自变量，建立新的回归分析模型，结果发现，新模型的解释力有了较大幅度的提升（Cox & Snell $R^2 = 0.339$，Nagelkerke $R^2 = 0.461$），不过，仅有 1 个新增自变量（家长自我建设功能）对因变量产生了显著性影响。

第七步，在第六步的基础上添加"志愿家庭"的组织方表现变量，包括是否培训志愿者、组织方是否走过场、是否有激励措施、是否适合家庭参加、是否花费太高、是否遭遇挫折、活动是否有吸引力、类型是否单一、活动是否得到充分宣传、服务效果是否好、活动距离是否太远、活动是否太少等 13 个自变量，建立最终回归模型。最终模型的解释力较上一步有了一定程度的提高（Cox & Snell $R^2 = 0.379$，Nagelkerke $R^2 = 0.514$），从分类表的预测值看，对家庭收益较多的预测正确率达到 87.6%，对家庭收益较少的预测正确率为 68.3%，对总体的预测正确率达到 80.2%，说明模型的拟合优度还比较好。

从上面的分步建模分析可以看出，对"家庭总收益"产生影响最大的因素是家庭功能变量，在最终模型中体现为"志愿家庭"行动实现的"家庭功能"越全面，参与活动的家庭收益面也越广。与正式调查的结论显示"志愿家庭"活动仅对家长收益有影响不同，预调查数据显示，有专业组织介入的"志愿家庭"活动不仅对家长，而且对孩子甚至其他家人及整个家庭都有正面的影响，换句话说，"志愿家庭"行动在一定条件下能够产生满足家庭全方位建设的功能。正因为"志愿家庭"行动能实现多种家庭功能，所以它不仅能直接影响"志愿家庭"的未来参与取向，还能通过增加家庭的总收益量来间接提高"志愿家庭"未来参与的积极性。

对于"家庭总收益"影响排在第二位的是"志愿家庭"的参与表现，在最终模型中体现为"志愿家庭"参与活动的次数越多，其总收益面就越宽。上面的分析没有发现"志愿家庭"已参与活动的次数会显著影响其未来取向，但这里的分析发现"志愿家庭"已参与活动的次数对其"家庭总收益"有显著影响。联系上面发现的家庭收益对"志愿家庭"未来取向的显著影响，可以得出结论："志愿家庭"参与频率的提升会增加家庭总收益量，继而引导"志愿家庭"在未来更积极地参与行动，前提是"志愿家庭"组织方能够保障参与服务的家庭有收益增值。类似地，参与过程中有亲子合作的经历并不显著影响"志愿家庭"未来取向，但对其"家庭总收益"有显著影响，而家庭收益多少又显著影响"志愿家庭"的未来参与倾向，说明家庭状况尤其是家人关系会间接影响"志愿家庭"的参与倾向，也说明西方文献中强调的家庭志愿服务过程中亲子合作的重要意义在北京有专业组织介入活动策划和实施的"志愿家庭"行动中同样存在。

对"家庭总收益"影响排在第三位的是家庭因素，在最终模型中体现为家人之间游戏的频率越低，则其"志愿家庭"的总收益越少。这与上面的回归模型分析结论是一致的，说明家庭特征尤其是融洽的家庭关系，对其参与倾向和参与收益有正面影响。反过来也说明，西方文献中宣称的家庭志愿服务可以改善家庭关系的结论在我国是成立的，前提是要有专业组织介入活动的策划和执行。

居第四位的影响因素是"志愿家庭"组织方存在的各类问题，其影响力度与家庭因素相当，在最终模型中集中体现为适合家庭参与的活动越多，"志愿家庭"越可能获得更多收益。适合家庭参加的活动是否过少，对"志愿家庭"的未来参与取向并无显著影响，但显然会通过对"志愿家庭"收益的影响间接影响其未来参与取向。与上面的分析相比可以得出结论：组织方存在的问题不仅会直接消极地影响"志愿家庭"的未来取向，还会通过减少参与活动的"志愿家庭"的总收益量间接消极地影响其未来参与的积极性。

前面的回归分析发现"志愿家庭"响应号召参与公益行动的动机对其未来参与倾向有影响，这里又发现"志愿家庭"的动机对其家庭总收益也有影响，但在两个最终模型中均未有单个自变量产生显著性影响。动机的实际影响不像动机理论所强调的那样重要，也许正是问题的关键所在。尤其是志愿者的动机与收益之间一定程度的偏差在理论上是可以理解的，但动机与收益之间的偏差过大则反映了志愿服务组织对志愿者意愿的漠视。这种漠视不仅会直接打击志愿者的参与积极性，还会通过减少志愿者收益而间接影响志愿者的未来参与取向。前面在利用正式调查数据建立回归模型分析为什么有些"志愿家庭"注册了但不参加活动的原因时发现，"志愿家庭"动机变量几乎没有什么影响，在同样利用正式调查数据分析"志愿家庭"的未来取向时也发现"志愿家庭"动机的影响甚微，由此我们推测，正式调查涉及的"志愿家庭"活动组织方很可能是不考虑"志愿家庭"的自身意愿的。难怪正式调查的受访者多数都记不起组织方是谁。与此相比，预调查涉及的"志愿家庭"组织方显然更多地考虑到了"志愿家庭"的服务动机，但或者是由于主观上的轻视，或者是因为自身能力限制，"志愿家庭"的参与动机还是没有被足够地考虑到。

表 5-5 "志愿家庭"家庭收益的影响因素分析（预调查）

自变量	B	S. E.	Wald	显著性	Exp （B）
性别	0.177	0.621	0.081	0.776	1.193
年龄	-0.329	0.356	0.856	0.355	0.719
学历	0.363	0.357	1.036	0.309	1.438
收入水平	-0.113	0.155	0.53	0.467	0.893
工作时长	-0.011	0.08	0.018	0.892	0.989
家务时长	0.092	0.107	0.731	0.393	1.096
休闲时长	0.064	0.077	0.695	0.404	1.067
照料时长	-0.082	0.071	1.356	0.244	0.921
社交时长	-0.045	0.102	0.195	0.659	0.956
家庭人口规模	-0.337	0.205	2.691	0.101	0.714
家庭生活水平	-0.324	0.529	0.376	0.54	0.723
家庭游戏频率	-0.61	0.3	4.137	0.042	0.544
家庭外出频率	-0.022	0.256	0.007	0.932	0.978
慈善捐赠	-0.042	0.2	0.044	0.834	0.959
其他志愿服务	-0.509	0.431	1.392	0.238	0.601
祖辈志愿服务	-0.119	0.238	0.249	0.618	0.888
注册人数	-0.354	0.251	1.99	0.158	0.702
注册时间	-0.041	0.152	0.074	0.786	0.96
参与次数	0.374	0.129	8.382	0.004	1.454
承担角色	-0.399	0.246	2.63	0.105	0.671
亲子合作	1.23	0.565	4.744	0.029	3.422
利他动机	0.484	0.287	2.836	0.092	1.622
利己动机	-0.847	0.559	2.302	0.129	0.429
利孩子动机	0.406	0.34	1.427	0.232	1.5

续表

自变量	B	S. E.	Wald	显著性	Exp（B）
家长自我建设功能	1.938	0.761	6.492	0.011	6.946
家庭关系功能	0.29	0.795	0.134	0.715	1.337
孩子教育功能	0.362	0.74	0.24	0.624	1.437
公益组织服务功能	−0.066	0.707	0.009	0.926	0.936
社会服务功能	−0.009	0.722	0.000	0.990	0.991
花费太高	−0.464	1.714	0.073	0.786	0.628
活动吸引力不足	3.571	2.037	3.072	0.080	35.561
有负面经历	−0.425	0.897	0.224	0.636	0.654
活动类型单一	0.281	0.421	0.447	0.504	1.325
活动距离过远	0.346	0.442	0.612	0.434	1.413
活动数量少	0.382	0.452	0.713	0.398	1.465
适合家庭的活动少	0.997	0.499	3.993	0.046	2.711
组织者经验不足	−0.322	0.652	0.244	0.622	0.725
缺应有培训	−0.596	0.897	0.442	0.506	0.551
组织方走过场	0.072	0.652	0.012	0.912	1.075
缺乏激励措施	0.941	1.59	0.35	0.554	2.563
服务效果不佳	0.917	0.637	2.072	0.150	2.501
常量	−1.756	3.058	0.33	0.566	0.173

（四）小结

本节利用预调查收集的问卷数据，分析了有专业机构介入的情形下，影响"志愿家庭"的各项收益和未来参与取向的因素，从中可以得出以下结论。①与前面利用正式调查数据分析"志愿家庭"未来取向得出的结论相类似，在有专业机构介入的情况下，"志愿家庭"未来是否会更积极地参与也同样受到多类因素的影响；所不同的是，正式调查对象的未来参与取向更多受到个人与家庭因素的影响，而预调查对象的未来参与取向则更多地受到组织因素的影响。②前面在利用正式调查数据对"志愿家庭"未来取向的影响因素做回归分析时发现家庭收益变量影响甚微，这种情况显然是不正常的；在有专业机构介入的情况下，"志愿家庭"的收益大小对其未来行动取向至关重要，说明预调查对象与"志愿家庭"组织方之间的关系是比较正常的。③正式调查对象家庭的未来参与取向受到组织方存在问题的影响不大，这种情况是不太正常的；在有专业机构介入的情况下，预调查对象家庭的未来参与取向却在很大程度上受到"志愿家庭"活动的组织者存在/不存在问题的影响，这种情况更为正常。④在有专业机构介入的情况下，"志愿家庭"在参与过程中的家庭收益受到多种因素的影响，其中受到"志愿家庭"活动所蕴含的家庭功能变量的影响最大，这说明"志愿家庭"行动的产出和"志愿家庭"的收益之间存在较为健康的关系。⑤在有专业机构介入的情况下，预调查对象的家庭收益在很大程度上受到其参与表现的影响，尤其是否有亲子合作对家庭收益的影响格外明显，说明"志愿家庭"活动是比较正常的。⑥"志愿家庭"活动组织方对参与者的影响通过两个方面表现出来：一是透过活动输出的功能表现出来，二是从活动过程中暴露出来的问题表现出来。对参与者有利的（不一定是利己的）功能越强大，参与者得益越丰；存在的问题越少，参与者得益越多。前面利用正式调查数据分析"志愿家庭"未来取向的影响因素时发现，家庭功能变量和组织方问题变量仅能反映最后模型解释力的1/7，利用预调查数据进行的分析发现，这两个变量能够提供近1/3的模型解释力，而在分析家庭收益的影响因素时发现这两个变量能够提供最终模型解释力的五成以上，说明专业机构介入有助于"志愿家庭"行动组织者开展活动的正常化。

第六章　发现与讨论

在前面的章节中，我们介绍了在志愿北京网上注册的"志愿家庭"家长们的人口统计学特征及其时间利用情况，描述了"志愿家庭"的家庭特点、教育方式及构成特征，展示了"志愿家庭"的参与表现、亲子合作和收益状况，分析了"志愿家庭"的未来参与倾向及制约因素，探讨了"志愿家庭"行动的推行特点与组织方存在的问题，阐释了专业机构介入"志愿家庭"行动可能带来的变化，并在具体章节后就主要发现做了小结。本章将在简单回顾研究结论后，反思北志联"志愿家庭"行动和SG"志愿家庭"项目中存在的不足，并尝试为北京"志愿家庭"更好地发展提出简单的对策。

一　主要发现

在前面几章中有很多发现，这里仅综述六点，以回答这样的问题：如何理解"志愿家庭"规模的增长与"志愿家庭"行动组织能力不足之间的矛盾。

第一，家庭志愿服务有助于解决目前社区志愿服务中中青年及专业人才动员不足的问题，但仍然缺乏动员男性中青年、职业下层、低学历者、无信仰人士的能力。

参加北志联"志愿家庭"行动、在志愿北京网上注册的"志愿家庭"的家长们相对集中于以下几类人群中：以30岁以上50岁以下的女性为主；近八成受过高等教育；大多数有信仰，尤其以共产党员、共青团员和民主党派人士为主；职业中上层人士居多，尤以职业中层为主。

第二，虽然所有家庭都有可能加入"志愿家庭"行动，但并非所有家庭都具有同样的潜在参与倾向。

目前注册成为"志愿家庭"的家庭多数是：家庭人口规模大于北京市的平均水平；家庭生活水平属于中层和中上层的偏多；夫妻关系比较和谐；亲子关系比较密切；孩子成长状况良好；家庭教育主要由父母双方或母亲一方承担；家庭教育观念的现代取向非常明显；积极沟通成为主导的家庭教育方式；两成原生家庭父母提供过志愿服务；九成家庭在过去一年有过捐赠；近半数"志愿家庭"在过去一年参加过其他志愿服务。

第三，"志愿家庭"的参与表现可谓喜忧参半。

目前北京"志愿家庭"的参与表现有以下几个特征：注册数量一直处于增长状态，但增长速度似乎已经开始下降；注册人数以 2 人和 3 人为主，但也有一部分仅由 1 人注册，不符合以家庭为单位的标准；"志愿家庭"中亲子档是比较常见的，而且大部分亲子档是由 1 名未成年人与其父母一方或双方组成的，中老年家庭成员搭配的比较少见；超过 1/3 已经注册的"志愿家庭"至今并未参加过"志愿家庭"公益活动，包括不少"志愿家庭"行动启动期就注册的；已经参加过"志愿家庭"公益活动的家庭中大多数仅参与过有限的几次，每年参加的次数就更加有限；"志愿家庭"公益活动主要发生在北京的城区，郊区则几乎还没有开始，例外的是通州区和大兴区。

第四，"志愿家庭"行动的推进方和公益活动的组织方自身存在严重的问题，"志愿家庭"行动的效果欠佳。

"志愿家庭"行动组织方的问题体现在："志愿家庭"行动的"四无计划"特征，使相应组织只能"摸着石头过河"，得不到必要的支持和指引；组织方很少考虑"志愿家庭"的需要，活动少且形式主义，致使大多数参加过活动的"志愿家庭"都不清楚活动的举办方是谁；组织方不重视"志愿家庭"的利孩子动机，致使绝大多数"志愿家庭"的家长不清楚孩子的参与收益；组织方不关注家庭志愿服务的家庭建设功能，致使绝大多数家庭没有从参与中受益；组织方不了解如何发挥"志愿家庭"的参与作用，致使志愿者角色金字塔结构存在严重问题；组织方不理解亲子合作的重要意义，致使绝大部分"志愿家庭"的家长不知道亲子合作发生在哪个阶段。

第五，目前的北京"志愿家庭"行动具有明显的"短缺经济"特征。

短缺经济的特点是"求过于供"与"供过于求"相对立。①造成经济短缺的基本原因是生产体系的供给能力不足，包括供需不匹配。与之类似，北京"志愿家庭"行动的推行方的"四无"特征和活动组织方对"志愿家庭"动机的漠视和不了解，也造成了符合"志愿家庭"特征和需求的服务活动供给不足。供给上的短缺，表现在以下几个方面：近四成"志愿家庭"注册后没有参加过活动；"志愿家庭"行动的功能对"志愿家庭"是否参加活动以及未来是否会更多参加活动的影响都很小；"志愿家庭"的动机对其是否参加活动以及未来是否会更多参加活动的影响也都很小；"志愿家庭"的参与频率更多地受到其自身因素的影响，而不是组织因素的影响；"志愿家庭"的动机和"志愿家庭"行动的功能之间缺乏必要的内在联系；"志愿家庭"的收益严重不足，且与动机不对称。另外，"志愿家庭"的数量还在不断增长之中，而且多数"志愿家庭"愿意在未来参加更多的"志愿家庭"活动，这意味着在现有"志愿家庭"行动模式下北京的"志愿家庭"还有一定程度的发展空间。但是，这也意味着，如果"志愿家庭"组织方的供给能力得不到增强，那么"求大于供"的短缺现象还会更加严重；随着供求矛盾的不断加剧，"志愿家庭"行动有可能戛然而止。在此意义上，假设5关于"志愿家庭"行动的未来取向不明的说法是成立的。

第六，专业机构的介入能力虽然还需要提升，但专业机构介入本身为北京的"志愿家庭"行动带来一种新的希望。

专业机构介入的优势来源于资金支持和相对稳定的项目团队，具体表现在：大幅提升注册"志愿家庭"的参与率和参与频度；大幅增加"志愿家庭"的收益面和收益程度；提升"志愿家庭"活动的服务效果；会使组织因素对"志愿家庭"的未来参与倾向的影响超过个人因素；会使"志愿家庭"的收益大小成为决定其未来行动取向的至关重要因素；会使"志愿家庭"的家庭收益更多受到"志愿家庭"行动功能的影响，使"志愿家庭"行动的产出和"志愿家庭"的收益之间形成比较健康的关系；会使"志愿家庭"的家庭收益在很大程度上受到其参与表现的影响，尤其是过

---

① 亚诺什·科尔奈：《短缺经济学》，张晓光等译，经济科学出版社，1986。

程中的亲子合作的影响；会使"志愿家庭"的动机成为影响其参与的重要因素。总的来说，专业机构介入有助于"志愿家庭"组织运作的正常化、高效化。

二 反思

近年来，要求我国志愿服务"专业化"的呼声越来越高，但对于究竟什么是"专业化"却鲜见明确的阐述。不少人认为，志愿服务专业化不足的原因在于缺少专业志愿者，即缺少专业技术人员从事志愿服务；也有人认为，志愿服务专业化不足的原因在于缺少专业的志愿服务组织，即志愿者组织工作的专业能力不足。维基百科中既没有出现"professional volunteer"（专业志愿者），也没有出现"professional volunteering"（专业志愿服务），从一个侧面反映了概念界定的复杂性。事实上，拥有一定专业技术能力的人（如医生）从事的志愿服务并不一定是专业志愿服务（如医生为患者组织众筹），专业志愿服务（如搜救志愿服务）也不一定要专业人士才能参与（如运动员也可以从事搜救志愿服务）。萨拉蒙将业余性（amateurism）视为非营利组织（志愿服务组织）的（缺陷性）特征之一。但对此论点的正确理解是，业余性是志愿部门的业态（生态）特征，即目前各国的多数志愿服务组织都具有业余性特征（规模不大、组织规范化不足）。在这个意义上，"业余"一词所对应的并非"专业"，也不是"专门"，而是"职业"。志愿部门之所以呈现"业余"特征，根本的原因在于多数志愿服务需求的满足并不依赖于专业的志愿者或正式的志愿服务组织。换句话说，要求所有志愿服务组织都"专业化"并不符合"客观规律"。因此，志愿服务专业化不足，实际上是针对那些客观上需要一定的专业技能才能最大限度地为服务对象提供福利或最低程度地给服务对象带来附带损伤的志愿服务，而组织者或实施者却没有能力提供这种保障的情况而言的。既然不是所有的正式志愿服务组织都必须专业地提供服务，也不是所有专业的志愿服务都必须由正式的志愿服务组织才能提供，那所谓"专业化"一词就需要更加明确地界定。沿着萨拉蒙对业余性概念的界定，这里使用"职业"一词来区分正式和非正式志愿服务组织，将正式志愿服务组织界定为需要"职业化"的以专门组织志愿者提供志愿服务为己任的志愿服务组织，而非正式志愿服务组织（如自娱性文体自组织）的特征是非职业化。使用"职业能力"来区分正式志愿服务组织的正式化或规范化程度，职业能力不足是指正式志愿服务组织由于自身缺陷而不能忠实地履行专门组织志愿者提供服务的"职业"使命。在这样的定义下，绝大部分政府机关、企事业单位、社区组织内设的志愿服务组织以及多数草根志愿服务组织都存在不同程度的职业能力不足问题。

为了更好地说明"职业能力"对正式志愿服务组织的重要性，这里按组织的功能状态差异将正式志愿服务组织分为两类。一是"任务型"志愿服务组织。这类组织是为完成某项任务而临时召集起来的，其负责人也是临时委任的，并非专职于此，即便是成立管理团队（领导小组）也是临时的，一旦任务结束就会解散。其志愿者（组织成员）也是临时召集的，具有双重被动性：既不参与活动策划，也不自主管理组织。二是"功能型"志愿服务组织。这类组织是为了完成某项使命而组织起来的，其负责人即便不是全职的，也会长期尽责，其管理团队通过明确的内部分工服务于组织使命的实现，且会长期维持活跃状态，其志愿者即便不能稳定地提供服务，也是认可组织使命的。借用德国社会学家齐美尔的术语说，"任务型"志愿服务组织是"机械团结"类组织，而"功能型"志愿服务组织则是"有机团结"类组织。

严格地讲，"任务型"志愿服务组织并不符合组织的定义，因为它既没有自己的使命，也缺乏内在的团体动力机制。"任务型"志愿服务组织虽然也属于志愿服务组织，但其存在的真正目的并不是为服务对象提供志愿服务，而是为了完成某项任务，是"以任务为中心"的，不是"以服务对象为中心"的，更不是"以志愿者为中心"的。因此，同一"任务型"志愿服务组织可能会在不同的时间点被"激活"起来完成不同的任务，同一批志愿者也可以在不同的时间点被召集起来完成不同的任务。就数量而言，我国志愿服务组织中"任务型"占大多数。"任务型"志愿服务组织的一个重要特点（也是任务委托方眼中的最大优点）是，它不需要任何日常的运行管理费用，也不需要固定的办公场所，唯一需要费点心力的是召集志愿者，因为没有任何"以志愿者为中心"的意识和工作习惯最终会导致志愿者"保留"（volunteer retaining）困难。为了配合"任务型"志愿服务组织对志愿者的需求，注册志愿者制度被创新出来。制度设计者希望通过储存大量志愿者信息，以使"任务型"志愿服务组织可以"随用随取"志愿者。但即便志愿者不以报酬为目的，一般也不愿意被随意地"招之即来，挥之即去"。正是因为志愿者内心的抗拒——以拒不参加注册和"僵尸志愿者"的表现形式，注册志愿者制度很难单独发挥效用。制度设计者不得不从"激励制度"着手，希望以此拉拢和"捆绑"志愿者。但这一附加制度，目前基本处于失效状态，不仅仅因为制度承诺的"激励措施"基本没有落实，即便落实了也会因为受到激励的概率太小而得不到志愿者重视，更重要的是因为它违背了志愿者的"内在激励"偏好。这样看来，北志联的"志愿家庭"注册制度未取得预期的效果，也就不足为奇了。越来越多的"僵尸志愿家庭"在注册系统中累积，就是一个明证。

北志联的"志愿家庭"行动正是借助于大量"任务型"志愿服务组织迅速推广开来的，但这样的行动策略也付出了代价。"任务型"志愿服务组织临时组建、曲终人散、无"志愿者中心"观念和缺乏"职业能力"的特点，决定了它自身是没有发展潜力和自我进化能力的，也不可能形成真正的专心做志愿服务的合作"团队"，更不用说形成与家庭志愿服务内涵相符合的"团队"动机了。受此影响，"志愿家庭"的"团体"动机也就很难形成，即便有个别"志愿家庭"偶尔了解到家庭志愿服务的本质内涵，也很难通过参与"志愿家庭"活动而转化为"团体"动机，因为动机会被服务过程中的收益所矫正。这就可以解释为什么"志愿家庭"的动机中的"利家庭动机"很弱而且与"志愿家庭"的参与表现（注册早晚、服务多少）并不相关了，也可以解释为什么"志愿家庭"的家长说不清其他家人和整个家庭究竟有哪些方面的收益了。与"志愿家庭"组织没有形成"团队"动机不同，"志愿家庭"的"团体"动机还是有所呈现的，如家长会有"利孩子动机"，年龄大一点的孩子也可能会有"利父母动机"，但这并不是因为家长和孩子共同参与志愿服务才形成的，而是源于现存的亲子关系。在以个体形式参与志愿服务的父母中，也会有给孩子树立榜样这样的"利孩子动机"。①

在上文的分析中，人们很容易将 SG 社工机构开展的"志愿家庭"活动看作北志联"志愿家庭"活动的"反例"。SG 社工机构下设的"志愿家

---

① 张网成：《中国公民志愿行为研究》，知识产权出版社，2011。

庭"项目团队是职业化的，显然不是"任务型"志愿服务组织，但也不属于典型的"功能型"志愿服务组织。与"任务型"志愿服务组织不同，SG"志愿家庭"项目团队是职业化的，但与"功能型"志愿服务组织也不同，一方面 SG"志愿家庭"项目团队需同时参加机构的其他非志愿家庭项目，另一方面它的存在周期明显受制于项目委托方的意志。在这个意义上，SG"志愿家庭"项目团队是一个介于"任务型"和"功能型"之间的志愿服务组织。基于职业化和项目化的特点，SG"志愿家庭"项目团队是有发展潜力和自我进化能力的，因此有可能形成与家庭志愿服务内涵相符合的"团队"动机。不过，从 SG"志愿家庭"活动和北志联"志愿家庭"活动的功能比较看，最明显的区别在于 SG 项目团队使得公益活动和公益组织更具吸引力，在服务"志愿家庭"方面却没有多大区别，由此我们推测，SG 项目团队也没有真正形成与家庭志愿服务内涵相符合的"团队"动机。与北志联的"任务型"志愿服务组织相比，SG"志愿家庭"项目团队的"职业能力"无疑要强得多，这使他们在组织活动时会更多地考虑"志愿家庭"的需要。因此，我们在利用预调查数据分析时发现，即没有参加"志愿家庭"活动的其他家人和整个家庭也获得了收益，应该是由 SG 团队给参与"志愿家庭"活动的家人带来了更多的收益而产生的间接传导效益引起的，而不是因为与 SG 项目团队互动的"志愿家庭"形成了与家庭志愿服务内涵相符合的"团体"动机。比较预调查对象和正式调查对象的参与动机可以发现，它们的动机结构是类似的，且"利家庭动机"都极弱。

　　"志愿家庭"的"团体"动机与"志愿家庭"组织的"团队"动机的形成过程是相互影响的，既可以彼此促进，也可能互相抑制。就主体的自我进化能力而言，"任务型"志愿服务组织不如"志愿家庭"，而"志愿家庭"则不如职业化的"志愿家庭"组织。在 SG 项目案例中，我们观察到的仍然是相互抑制。宏观社会环境中缺少关于家庭志愿服务内涵的诠释和传播主体，致使 SG 项目团队和广大的"志愿家庭"无从学习，这应该是造成目前这种格局的重要背景因素，但 SG 项目团队的学习意识和借鉴能力不足则是关键原因，因为并非没有可供借鉴的"他山之石"。从进一步发展的前景看，更令人忧虑的是 SG 团队的非独立性和非持久性。与委托资源不足有关，SG"志愿家庭"项目团队不可能专注于开发"志愿家庭"活动与项目；与委托项目周期短和委托方缺少相关认识有关，SG "志愿家庭"项目团队极有可能随项目结束而解散，正如其母体机构的"公益家庭"项目一样。

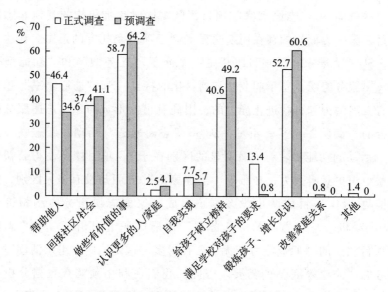

图 6-1　北志联"志愿家庭"与 SG 项目"志愿家庭"的动机比较

从前面的分析可以看到，如果 SG 社工事务所这样的专业机构退出"志愿家庭"行动，或者说"任务型"志愿服务组织仍然是北京"志愿家庭"行动的主要推手，那么北京"志愿家庭"仍然可以低效运行一段时间，但不久就会陷入"低度发展"困境。如果北志联能够改变策略并能够筹集到更多资源，让更多与 SG 社工事务所类似的专业机构介入，北京"志愿家庭"行动的参与率、参与频次将会有更大的上升空间。不过，从长期发展的角度看，仍将面临两个方面的发展瓶颈。一个是"志愿家庭"的来源瓶颈：从上面归纳的"志愿家庭"家长特征和"志愿家庭"特征看，目前参与"志愿家庭"活动的家庭很少有问题需要通过参与"志愿家庭"的活动来解决，"改善家庭关系"也不在"志愿家庭"的需求之列。这就是说，在"志愿家庭"功能不变的前提下，最终只会有一小部分家庭成为"志愿家庭"的招募对象。另一个是"志愿家庭"组织的功能瓶颈：从预调查数据分析看，"志愿家庭"参与活动的次数越多，就越不可能认为"志愿家庭"具有家庭建设功能（"改善家庭关系"、"增加家庭成员间交流"和"提升亲子教育效果"）。这意味着，像 SG 社工事务所和心飞扬志愿者协会这样的机构，目前在组织家庭志愿服务活动时也很少有能力去帮助家庭解决问题。可以看出，北京"志愿家庭"长期发展所面临的两个瓶颈是相互关联的。破解这两个发展瓶颈的关键在于推动介入"志愿家庭"行动的专业机构的专业化，包括专业地管理和运行志愿服务组织、专业地理解家庭志愿服务和专业地设计好"志愿家庭"活动及项目。如果能在此过程中诞生一批"功能型"家庭志愿服务组织，不管是独立注册的，还是隶属于社会服务机构的，都会有助于"志愿家庭"的"团体"动机和"志愿家庭"组织的"团队"动机的形成。也只有这样，才能逐步建成有利于家庭志愿服务健康发展的中观生态系统。

参考文献

彼得·布劳:《社会生活中的交换与权力》,李国武译,商务印书馆,2008。

苌自玉啸:《新时期学校、家庭、社会教育问题的若干思考》,《中华少年》
2017 年第 27 期。

陈宗胜、周云波:《文化程度等人口特征对城镇居民收入及收入差别的影
响》,《南开经济研究》2001 年第 4 期。

陈英和、姚端维、郭向和:《儿童心理理论的发展及其影响因素的研究进
展》,《心理发展与教育》2001 年第 3 期。

曾锦华:《亲子义工现象探究——以广东省中山市为例》,《少年儿童研究》
2010 年第 13 期。

邓国胜:《中国志愿服务发展的模式》,《社会科学研究》2002 年第 2 期。

范明林:《社会工作理论与实务》,上海大学出版社,2007。

盖荣华、高军晖:《基于 GIS 的中国宗教信仰人口比例的地理分布研究》,
《科技创新导报》2016 年第 1 期。

共青团北京市委:《小手拉大手:做志愿,家庭一起来》,《中国共青团》
2015 年第 9 期。

何九梅:《北京市居民休闲方式探究》,北京第二外国语学院硕士学位论
文,2008 年第 13 页。

胡侠玲:《家庭濡养视角下的慈善伦理教育路径探析》,《学校党建与思想
教育》2016 年第 21 期。

湖北省妇联:《家庭志愿者在行动》,《中国妇运》2009 年第 11 期。

胡育:《试论亲子教育的内涵与功能》,《教育科学》2009 年第 3 期。

纪秋发:《美国人参与志愿服务现状及启示》,《北京青年研究》2016 年第

4 期。

金雪芬:《论休闲之"成为人"的价值意蕴》,《旅游学刊》2012 年第
9 期。

教育部关心下一代工作委员会《新时期家庭教育的特点、理念、方法研
究》课题组:《我国家庭教育的现状、问题和政策建议》,《人民教育》
2012 年第 1 期。

靳利飞:《对志愿者参与志愿服务持续性的影响因素分析》,《广东青年干
部学院学报》2009 年第 78 期。

亚诺什·科尔奈:《短缺经济学》,张晓光等译,经济科学出版社,1986 年。

李俊娟等:《家庭志愿者督导下的流动人口肺结核患者遵医行调查》,《医
学动物防制》2013 年第 12 期。

李生兰:《关于上海市区幼儿双休日活动的调查》,《学前教育研究》1997
年第 2 期。

李珊、李小艺、杨健羽:《探析新加坡儿童权益保护法律体系》,《广西青
年干部学院学报》2016 年第 3 期。

李慧芸:《主客观双视角下的北京市中等收入群体研究》,北京工业大学硕
士学位论文,2013,第 28 页。

李玉洁:《小学亲子义工活动现状研究与调试——以西岗区石道街小学为
个案研究》,辽宁师范大学教育管理硕士学位论文,2013。

李燕平:《基于心理契约论的非营利组织志愿者管理》,《中国青年政治学
院学报》2014 第 2 期。

李仲广、卢晶:《基础休闲学》,社会科学文献出版社,2004。

联合国教科文组织教育丛书,《教育——财富蕴藏其中》,教育科学出版
社,1996,第 96 页。

廖丰淇:《志工家庭亲子关系之研究》,天津师范大学学前教育学硕士学位
论文,2012,第 25 页。

刘程程、刘杨、赵小平:《影响志愿态度和行为差异的因素分析——以计
划行为理论为视角》,《青少年研究与实践》2016 年第 4 期。

刘德谦、夏杰长、杜志雄等编著《2015－2017 年中国休闲发展报告》,社
科文献出版社,2017。

刘艳丽、尚立富:《家庭公益教育的障碍及其破解机制研究》,《当代教育

与文化》2016 年第 3 期。

卢长怀：《中国人的休闲观》，《世纪桥》2007 年第 10 期。

罗伯特·斯特英斯：《休闲与幸福：错综复杂的关系》，刘惠梅译，《浙江
    大学学报》（人文社科版）2012 年第 42 卷第 1 期。

马晓强：《"科尔曼报告"述评——兼论对我国解决"上学难、上学贵"
    问题的启示》，《教育研究》2006 年第 6 期。

马和民、高旭平：《教育社会学研究》，上海教育出版社，1998。

牛文元主编《中国新型城市化报告2012》，科学出版社，2012。

欧阳洁：《家庭系统理论对当前亲子教育的启发与思考》，《长江论坛》
    2015 年第 5 期。

上海市妇联：《人人参与　人人分享——记上海"星期六家庭志愿者活动
    日"活动》，《中国妇运》1997 年第 9 期。

邵兰芳、冯舒明：《因为我们是上海世博志愿者——记南码头社区家庭志
    愿者分队二三事》，《浦东开发》2010 年第 10 期。

宋燕、周鸿：《双休日亲子教育实施现状调查》，《学前教育研究》2009 年
    第 12 期。

佟新、戴地：《积极的夫妻互动与婚姻质量——2011 年北京市婚姻家庭调
    查分析》，《学术探索》2013 年第 1 期。

王新松、赵小平：《中国城市居民的志愿行为研究：人力资本的视角》，
    《北京师范大学学报》（社会科学版）2013 年第 3 期。

王务均：《美国公益教育的理论基础、路径选择与经验启示》，《黑龙江高
    教研究》2013 年第 2 期。

王琪延：《中国城市居民生活时间分配分析》，《社会学研究》2000 年第
    4 期。

王琪延、韦佳佳：《北京市居民休闲时间不平等研究》，《北京社会科学》
    2017 年第 9 期。

杨菊华：《时间利用调查的性别差异——1990～2010 年的变动趋势与特点
    分析》，《人口与经济》2014 年第 5 期。

姚海涛：《论和谐家庭的内涵及其构建》，《学术论坛》2010 年第 8 期。

张翠娥：《家庭社会工作》，中国人民大学出版社，2015。

张莉萍：《亲子关系促进工作坊——家庭社会工作的示范作用》，《华东理

工大学学报》2006年第1期。

张璐斐、张琦光：《亲子教育中的误区》，《开放时代》2001年第4期。

张文霞、朱东亮：《家庭社会工作》，社会科学文献出版社，2005。

章苏静、金科：《亲子关系与儿童网瘾防治策略》，山东教育出版社，2005。

张网成：《中国公民志愿行为研究》，知识产权出版社，2011。

张网成：《我国公民个人慈善捐赠流向研究》，《中国软科学》2013年第
　　8期。

张网成、吴珊珊：《社会交换论视角下志愿者中断服务的影响因素研
　　究——基于北京师范大学学生志愿者的一项调查》，《社会发展研究》
　　2015年第2期。

张网成：《规制失效与志愿者中断服务——基于北京师范大学的一项调
　　查》，《青年研究》2015年第5期。

张网成：《从"发展"到"创新"——对"中国模式"的解读》，《当代世
　　界》2008年第2期。

张网成：《我国宗教信徒志愿行为的殊异性及其解释——基于一项调查的
　　实证分析》，《社会建设》2016年第1期。

张网成、林伟伟：《大学生志愿者的挫折反应及其对策调查》，《中国青年
　　社会科学》2016年第3期。

张网成：《什么是家庭志愿服务》，《中国社会工作》2016年10月上。

张网成：《家庭志愿服务这样实现"三收益"》，《中国社会工作》2017年4
　　月上（总第298期）。

张网成：《家庭志愿服务：欧美经验及对我国政策设计的启示》，《社会发
　　展研究》2017年第1期。

张网成：《台湾地区模范家庭志愿服务评选》，《中国社会工作》2017年11
　　月上。

郑春玲：《志愿家庭让志愿服务更暖心》，《北京教育（普教）》2016年第9
　　期。

郑永森：《大学生志愿服务参与度的影响因素分析——基于深圳市三所高
　　校的问卷调查》，《人民论坛》2013年第17期。

Alexis Palmer（April 2005）． "Family Deepening: A Qualitative Inquiry into
　　the Experience of Families who Participate in Service Missions." Master of

Science Department, Brigham Young University.

Baumrind, Diana, "The Influence of Parenting Style on Adolescent Competence and Substance Abuse," *Journal of Early Adolescence*, Vol. 11 (1), 1991, pp. 55 – 95.

Cackowski, E. , Sanders, J. , and Styers, D. (n. d.). Family Volunteer Primer. Washington, DC: Points of Light Foundation.

Canada Survey of Giving, Volunteering and Participating, Ottawa, Catalogue No. 71 – 542 – XPE, 2009.

Clary, E. G, Snyder, M. , & Ridge, R. (1992). "Volunteers' Motivations: A Functional Strategy for Recruitment, Placement and Retention of Volunteer. " *Nonprofit Management and Leadership* 2 (4) 333 – 350.

Family Strengthening Policy Center of National Human Services Assembly (2006). Family Volunteering: Nurturing Families, Building Community, Policy Brief No. 17.

Family Strengthening Policy Center of National Human Services Assembly. Family volunteering: Nurturing Families, Building Community. Policy Brief No. 17, Nov. , 2006.

Family Strengthening Policy Center, "Family Volunteering: Nurturing Families, Building Community. " Policy Brief No. 17. Washington, DC: National Human Services Assembly, 2006.

Freeman, P. , & Zabriskie, R. B. "Leisure and Family Functioning on Adoptive families: Implications for Therapeutic Recreation. " *Therapeutic Recreation Journal*, 2003, Vol. 37 (1), pp. 73 – 93.

Greenfield, E. A. and Marks, N. F. "Formal Volunteering as a Protective Factor for Older Adults' Psychological, Well-being. " *The Journals of Gerontology Series*, Vol. 59 (4), 2004.

ISUMA. Volunteering Parents: Who Volunteers and How are their Lives Affected? Jones, Frank, 2001.

Jones, Frank. (2001). Volunteering Parents: Who Volunteers and How are their Lives Affected? ISUMA. (Summer, pp. 69 – 74).

Luhmann, Niklas. Soziologische Aufkl? rung, Band 6: Die Soziologie und der

Mensch. Opladen: Westdeutscher Verlag. 1995.

Metro Volunteers and the Young Philanthropists Foundation. Youth and Family Volunteering Toolkit.

Michael Hall, David Lasby, Steven Ayer, William David Gibbons, Caring Canadians, Involved Canadians: Highlights from the 2007

Minister for Social and Family Development. Protecting Children in Singapore. June 2016.

Musick, M. A. and Wilson J. "Volunteering and Depression: The Role of Psychological and Social Resources in Different Age Groups." *Social Science and Medicine*, Vol. 56 (2), 2003.

National & Community Service. The Health Benefits of Volunteering-A Review of Recent Research, Apr. , 2007.

Paddy Bowen, A. J. McKechnie. Family Volunteering: A Discussion Paper. Volunteer Canada, 2002.

POLF (n. d.) . Business Leadership Forum Monograph. Washington, DC: Points of Light Foundation. http://www. pointsoflight. org/downloads/pdf/resources/CVDBusLeaderForum 2005. pdf, accessed on 8/23/06.

Policy Brief No. 17, November 2006. Family Volunteering: Nurturing Families, Building Community.

Policy Brief No. 17. Family Volunteering: Nurturing Families, Building Community, Nov. , 2006.

Porritt, K. (1995) . "Family Volunteering: The Ties that Bind. An Introduction to Preparing Y our Agency for Family Volunteers. " Volunteer Action Centre of Kitchener-Waterloo and Area. Voluntary Action Program. Department of Canadian Heritage, Ottawa.

Psychology & Marketing. Trust and Relationship Commitment in the United Kingdom Voluntary Sector: Determinants of Donor Behavior. Adrian Sargeant & Stephen Lee, 2004.

Rosemary C. Reilly & Vesna Vesic (2002) . "Family Volunteering: Making a Difference Together. " Department of Applied Human Sciences, Concordia University, Montreal, Quebec.

Scott McCabe, "Family Leisure, Open a Window on the Meaning of Family", *Annals of Leisure Research*, Vol. 18 （2）, 2015, pp. 174 - 179.

Statistics Canadian: Caring Canadians, involved Canadians: highlights from the 2007 Canada Survey of Giving, Volunteering and Participating, 2009; Australian Bureau of Statistics: Voluntary work Australian, 2007;

Volunteer Canada. Volunteer Connections: Family Volunteering-Making It Official. Canadian Volunteers Association, 2004.

后 记

接触家庭志愿服务，与朝阳区社会志愿者公益储蓄中心申报 2015 年北京市政府购买社会组织公共服务项目有关。我们申报"公益家庭"项目，一方面是回应北京市社工委对社会组织持续"创新"的压力要求，另一方面是因为一线工作者明显地感受到动员志愿者参加常态服务的艰难，因而对寻找新的"动员机制"有强烈的内在需求。业内人士都清楚，虽然经历了 2008 年"中国志愿服务元年"的洗礼，尽管 2008 年以后政府加大了对志愿服务发展的引导、激励和支持力度，但我国志愿服务始终未能破茧化蝶。公民的志愿服务参与率低、服务时长短、志愿者流失率高等一系列问题依然困扰着志愿服务的组织者。在这种背景下，"公益家庭"项目希望借助十家庭内在动力（源于家长的责任意识和亲子之间的情感纽带）形成一种新的志愿者"动员机制"，推动更多的人投身志愿服务。

2016 年拜访当时的北京市志愿服务联合会负责人郭新保先生时，才了解到北志联于 2015 年在北京市启动了"志愿家庭"行动计划，其目的也是要通过"小手拉大手"推动更多的家庭和个人参与志愿服务。但此时的郭新保先生和我一样，对西方国家已经开展了 20 多年的家庭志愿服务运动基本上也是一无所知。基于对家庭志愿服务潜在功能的模糊意识，我们决定由我组建课题组共同开展探索性研究（exploratory study）。在此后的一年里，课题组在尽可能收集和阅读西方文献的同时，对北京市及部分区县志愿服务联合会的"志愿家庭"行动项目负责人和"心飞扬"等社会组织进行了半结构化访谈。鉴于访谈对象对家庭志愿服务也没有什么了解，课题组最后决定对"志愿家庭"的家长进行问卷调查。2017 年 5 月，课题组在 SG 社工机构严则秀主任的帮助下进行了试调查。试调查的结果喜忧参半。

2017年7月，在"志愿北京"网络平台负责人王虎先生的大力支持下，课题组进行了正式的问卷调查。

本书主要在这些调查问卷分析的基础上写成。作为国内家庭志愿服务方面的第一份探索性研究报告，作者希望本书的出版能为我国实务界带来一些新知，也能抛砖引玉，引起国内学界对家庭志愿服务研究的兴趣。在某种程度上，本书能为业界理解我国志愿服务的发展困局提供一些启发。尽管付出了很大的努力，但由于时间、资源及研究者个人水平有限，本书还存在诸多方面的不足，欢迎批评指正。

此次北京市"志愿家庭"的调查研究能够顺利告一段落，首先得感谢杨娜、邓艺轩等研究助理的辛勤付出。特别要感谢的是那些在百忙之中抽出宝贵时间来阅读和填写问卷的3000多位热心、诚实的家长志愿者，本书的主要价值正是基于他们的贡献。没有SG社工机构严则秀主任和"志愿北京"平台王虎部长的尽心配合和大力支持，调研也不可能顺利完成，在此深表感谢。北京市志愿服务联合会提供的小额资金支持，为调研工作的开展提供了物质基础，这里也深表谢意。

本书能得以面世，离不开北京师范大学中国社会管理研究院的慷慨资助，在此深表感谢，同时献上我对魏礼群院长的感谢和祝福。社会科学文献出版社的佟英磊先生对文稿进行了耐心、细致的审阅，并提出了多处修改意见，他的辛勤工作让我发现自己尚有很大的进步空间，他的热诚服务让我备受鼓舞，在此谨致感谢。

在历时两年的研究过程中，我还得到了不少人的帮助和支持。安静的研究也离不开家人的理解和支持。在此谨向所有关心和支持过我的人表示最诚挚的感谢。

张网成

2018年7月9日于木耳斋

图书在版编目（CIP）数据

志愿家庭：北京经验与反思／张网成，郭新保著
. -- 北京：社会科学文献出版社，2018.9
（中国社会治理智库论坛丛书）
ISBN 978 - 7 - 5201 - 3117 - 9

Ⅰ.①志…　Ⅱ.①张…②郭…　Ⅲ.①志愿者 - 社会
服务 - 研究 - 北京　Ⅳ.①D669.3

中国版本图书馆 CIP 数据核字（2018）第 161701 号

中国社会治理智库论坛丛书
志愿家庭：北京经验与反思

著　　者／张网成　郭新保

出 版 人／谢寿光
项目统筹／佟英磊
责任编辑／佟英磊

出　　版／社会科学文献出版社·社会学出版中心（010）59367159
　　　　　地址：北京市北三环中路甲 29 号院华龙大厦　邮编：100029
　　　　　网址：www.ssap.com.cn
发　　行／市场营销中心（010）59367081　59367018
印　　装／三河市龙林印务有限公司

规　　格／开　本：787mm × 1092mm　1/16
　　　　　印　张：12.5　字　数：205 千字
版　　次／2018 年 9 月第 1 版　2018 年 9 月第 1 次印刷
书　　号／ISBN 978 - 7 - 5201 - 3117 - 9
定　　价／69.00 元